2022年度浙江省哲学社会科学规划课题:基金会举办非营利
与政策选择(项目编号：22NDJC172YB)

基金会举办
非营利性民办高校的
办学模式研究

吕宜之　著

中国财经出版传媒集团

经济科学出版社
Economic Science Press
·北　京·

图书在版编目（CIP）数据

基金会举办非营利性民办高校的办学模式研究／吕
宜之著. -- 北京：经济科学出版社，2024.6
ISBN 978 - 7 - 5218 - 5718 - 4

Ⅰ.①基…　Ⅱ.①吕…　Ⅲ.①非营利组织－民办高校
－办学模式－研究－中国　Ⅳ.①G648.7

中国国家版本馆 CIP 数据核字（2024）第 060577 号

责任编辑：周胜婷
责任校对：齐　杰
责任印制：张佳裕

基金会举办非营利性民办高校的办学模式研究

JIJINHUI JUBAN FEIYINGLIXING MINBAN GAOXIAO DE
BANXUE MOSHI YANJIU

吕宜之　著

经济科学出版社出版、发行　新华书店经销
社址：北京市海淀区阜成路甲 28 号　邮编：100142
总编部电话：010 - 88191217　发行部电话：010 - 88191522
网址：www. esp. com. cn
电子邮箱：esp@ esp. com. cn
天猫网店：经济科学出版社旗舰店
网址：http：//jjkxcbs. tmall. com
固安华明印业有限公司印装
710 × 1000　16 开　17 印张　260000 字
2024 年 6 月第 1 版　2024 年 6 月第 1 次印刷
ISBN 978 - 7 - 5218 - 5718 - 4　定价：88. 00 元
（图书出现印装问题，本社负责调换。电话：010 - 88191545）
（版权所有　侵权必究　打击盗版　举报热线：010 - 88191661
QQ：2242791300　营销中心电话：010 - 88191537
电子邮箱：dbts@ esp. com. cn）

序

　　自 1994 年国家批准民办教育机构实施专科层次的学历教育以来，我国现代真正意义上的民办高校（即具备高等学历教育资格，且能独立颁发高等学历文凭）走过了三十年历程。三十年间，民办高校在萌发与探索中从无到有、在扩张与规范中从小到大、在提质与创特中从弱到强，历经了创办、发展、提高三个重要生命周期的嬗变，并以民办体制机制所特有的适应性、灵活性和创新性，在经济社会发展的大潮和高等教育发展的赛道上，展现出了旺盛的生命力、蓬勃的发展力，为我国高等教育体制机制的活力激发、教育规模的快速增长、办学模式的丰富多样作出了应有贡献。

　　在取得来之不易的成绩和经验的同时，我国民办高校也面临着办学经费短缺、治理结构不完善、实力水平不高、社会认可度有限等诸多亟须突破的困境和亟待解决的问题。当前，在全面建成中国式现代化强国的进程中，党和国家、社会及民众对建设教育强国和高质量发展高等教育提出了新要求、新使命、新任务，民办高校作为我国高等教育事业的重要组成部分，必须对此作出积极主动的回应；同时，随着我国经济社会及高等教育发展态势、科技变革态势、人口变化趋势等巨大变化，民办高校自身对高质量发展的内在诉求也日益紧迫，唯有以更大的勇气和胆魄，通过进一步深化改革创新来破解发展瓶颈、提供高质量的高等教育供给，才能行稳致远；此外，国家持续推进民办学校分类管理改革，强调引导规范民办学校办学，鼓励和支持民办学校内涵建设、特色建设、差异化发展、高质量发展，民办教育新法新政的实施给民办高校带来了新的机遇与挑战。总之，在新发展阶段，民办高校要探索以新发展理念和新时代高等教育发展逻辑来谋划自身的发展战略，充分发挥民办体制机制优势，将压力转化为发展动力，将挑战转化为发展机遇，通过高质量发展来建成高水平民办大学。

吕宜之在多年研究民办高等教育政策体系、民办高等教育管理体系、民办高校办学经费筹措机制基础上，结合基金会办学模式等省部级课题的研究成果，撰写并出版《基金会举办非营利性民办高校的办学模式研究》一书。综观全书，有以下三个特点。

一是新颖性。该书选题新颖，见解独到，对"大学基金会"和"基金会大学"在概念、内涵、特征、功能等方面作出了独到分析与界定，对基金会举办非营利性民办高校的内在关系逻辑、理论逻辑、制度逻辑、实践逻辑等进行了独到研究与阐述，整个论述体系既全面系统，又独具创新性。

二是针对性。该书以基金会作为非营利性民办高校的举办者为研究切入点，以基金会办学模式为具体研究内容，分析"基金会"与"非营利性民办高校"两者在本质属性上的内在一致性、基金会独有的资金筹措与资金管理功能、基金会完善的管理与运行架构，从源头上根本性解决公益性认可度、筹资能力弱、机制不完善的问题，其研究目的和研究内容具有很强的针对性。

三是实践性。该书是作者多年来对民办高等教育尤其是民办高校筹融资研究的理论成果，更是作者二十多年来一直耕耘在民办高校的实践结晶。如非营利性民办高校基金会办学的构成要素、实施路径、现有民办高校转为基金会举办大学的转设程序、内部治理与监督机制、政策与环境支持体系等，均来自作者一线实践的思考，能够直接为基金会举办非营利性民办高校的实践和政府相关部门制定政策提供参考。

正如书中所说，从某种程度上看，非营利性民办高校基金会办学模式更能体现出非营利性民办高校的本质、价值和未来。希望该书的出版，能为推动更多的基金会参与举办非营利性民办高校，促进进一步深化民办高等教育体制机制改革，支撑非营利性民办高校高水平建设和高质量发展有所助益。

周海涛

2024 年 2 月 25 日

前　　言

民办教育是我国教育事业的重要组成部分，为我国经济社会和教育事业的繁荣作出了巨大贡献。站在新的历史起点上，科技变革以前所未有的速度推动着社会形态和教育需求的深刻转变。在建设教育强国、推动高等教育高质量发展的背景下，打造一批高水平、非营利性民办高校，不仅具有深远的历史意义，更兼具紧迫的现实需求。

2023年5月29日，习近平总书记在中共中央政治局第五次集体学习时明确指出，要坚持系统观念，统筹推进育人方式、办学模式、管理体制、保障机制改革。民办高校要想在日益激烈的竞争中获得更好的发展空间，就必须敏锐把握时代脉搏，以创新的思维和创造性的实践回应快速变化的教育需求，积极投身于教育现代化和教育强国的建设进程。在推动民办高校注重内涵和特色建设、强调优质和可持续性的高质量发展道路上，多样性和创新性的办学模式显得尤为重要。特别是那些由基金会举办的非营利性民办高校，凭借其独特的办学理念和灵活的运作方式，为民办高等教育的发展注入了新的活力，成为推动高等教育改革和发展的重要力量。

本书旨在探讨非营利性民办高校的发展演进历程和新发展阶段所面临的机遇与挑战，以及基金会作为举办者如何更有效举办与运行非营利性民办高校。本书系统梳理和分析了国内外相关文献，充分吸收了前沿研究成果，并结合我国民办教育分类管理改革实际，以及国内外基金会办学的实践经验，对基金会举办非营利性民办高校的背景、内涵、构成要素和制度逻辑等进行了全面而深入的剖析。在此基础上，本书提出了基金会办学切实可行的实践路径和政策建议。

本书的研究不仅丰富和完善了民办教育的理论体系，更为基金会举办非营利性民办高校提供了坚实的理论支撑和实践指导。同时，本研究也为我国建设教育强国提供了新的视角和思路。通过深入研究基金会办学模式，可以推动民办教育向更高水平、更高质量的方向发展，为培养更多优秀人才、服务经济社会发展作出更大的贡献。

本书系 2022 年度浙江省哲学社会科学规划课题"基金会举办非营利性民办高校的逻辑机理和政策选择"（22NDJC172YB）的主要成果，凝聚了研究团队成员的集体智慧和心血，在撰写和出版过程中得到了许多专家、同仁的大力支持和帮助，包括参与调研的各位专家、提供数据支持的各位同仁，以及为本书出版付出辛勤劳动的编辑和出版单位。没有他们的支持和帮助，本书的编写工作将难以完成。另外，在此特别感谢北京师范大学教育学部教授、高等教育研究院院长周海涛先生为本书作序。在未来的发展中，我们期待看到更多的基金会作为举办者参与到非营利性民办高校的办学中来，共同推动我国民办教育事业的繁荣与发展。同时，我们也希望本书的研究能够为相关政策制定和实践操作提供有益的参考和借鉴，为我国的民办教育事业贡献一份力量。

由于能力、见识所限，本书肯定存在一些欠妥之处，恳请广大读者不吝赐教。

宁波财经学院　吕宜之

2024 年 2 月

目录

第一章 绪 论

随着《中华人民共和国民办教育促进法》（以下简称《民办教育促进法》）和《中华人民共和国民办教育促进法实施条例》（以下简称《民办教育促进法实施条例》）的修订与实施，我国民办教育事业迈入了全新的发展阶段。民办教育分类管理系列政策的推出，标志着我国民办教育正式踏入了营利性与非营利性分类管理的崭新时代，"规范"与"高质量发展"并重将成为主导旋律。探索和创新非营利性民办高校的办学模式是激发民办高校办学活力、推动高质量发展的一项重要举措。2021 年修订的《民办教育促进法实施条例》明确："国家鼓励以捐资、设立基金会等方式依法举办民办学校。"《中国教育现代化 2035》也提出："鼓励设立基金会依法举办民办学校"。基金会法人作为办学主体举办民办高校、成为民办高校举办者的办学模式正逐渐成为新时代我国非营利性民办高校办学模式的一种创新趋势。在当前国家大力发展非营利性办学的政策导向下，坚持公益性办学方向，探索符合我国国情和办学实际的基金会办学模式，符合国家对非营利性民办高校的政策要求和现阶段高质量发展的现实需求，对破解非营利性民办高校办学困境、推动民办教育分类管理改革的真正落地见效具有十分重要的意义。相较于国外，我国民办高校的基金会办学模式仍处于起步阶段。为此，既要在政策上积极鼓励社会力量通过基金会参与办学，也要不断探索出适合我国民办高校实践的基金会办学路径。

第一节　问题缘起

一、研究缘起

在 19 世纪初，一些富裕的慈善家和家族开始深刻认识到教育的深远意义。他们坚信，教育，尤其是大学教育，具有培养领导力、激发创新精神并推动社会进步的巨大潜力。为了实现这一愿景，这些慈善家和家族纷纷创立基金会，旨在为更多人提供优质的教育机会。这些基金会通过各种方式筹集资金和资源，包括募捐和捐赠土地，以整合社会力量，进一步探索和实现举办大学的目标。经过多年的努力，已有百余所基金会大学如雨后春笋般在世界各地涌现。这些基金会大学不仅为大学的创办与发展提供资金援助，更为大学的教学和研究带来了创新与变革。它们与各类大学合作开展项目，推动学术和科研领域的进步，覆盖了从传统学科到新兴学科和跨学科的广泛领域。在美国、意大利等欧美发达国家，基金会捐赠办学的模式最早出现，为教育领域注入了新的活力。随后，这一模式逐渐传到亚洲和拉丁美洲等国家，催生了多所基金会大学。比如，1819 年，美国达特茅斯学院变更法人主体，成为第一所现代意义上的基金会大学；20 世纪 80 年代，土耳其着手将国内私立大学转制为基金会大学；20 世纪 90 年代，瑞典、西班牙等国在其高等教育改革中成立了多所基金会大学；21 世纪初，德国也开始高等教育改革，试图将公立高校的责任主体转向公法基金会。根据联合国教科文组织发布的《全民教育全球监测报告（2000 – 2015）》，全球范围内举办和运营私立（民办）高校的主体有基金会、非政府组织、宗教团体、特殊群体或商业部门等，基金会大学已成为私立（民办）大学发展过程中一种重要办学模式。① 世界许多顶尖的知名私立大学，大多是由教会或基金会出资举办。可以说基金会办学对于非营利性民办（私立）高校的独特价值和意义是不言而喻的。许多私立大学都是由接受的捐赠资金创办，并持续接受社会捐赠支持学校的发展。基金会不仅是筹资实体，还是重要的办学主体，起到引导者和领导者的作用，基金会的负责人大多是学校董事会或理事会成员，直接或间接参与学校治理。尤其是美国高等教育，基金会办学可以说是美国一流私立大学的重要特征，斯坦福大学、芝加哥大学等都是由基金会举办。在美国，基金会的运作已经相当成熟，是私立大学建设与发展过程中的重要推动力量。中国自古以来就有捐资办学的优良传统，历史上，比较典型的有陈嘉庚捐资举办的厦门大学、著名爱国教育家张伯苓和严修捐资创办的南开大学等，但由基金会作为举办者的基金会办学实践尚处于起步阶段。目前真正进行办学实践的有华侨吴庆星的仰恩基金会举办的仰恩大学，威盛信望爱公益基金会举办的贵州盛华职业学院，杭州西湖教育基金会举办的西湖大学和正在筹建中的由虞仁荣教育基金会举办的宁波东方理工大学（暂名）。

在改革开放的大背景下，我国民办教育呈现出欣欣向荣的态势，经过了起步探索、办学发展、规范建设和分类管理四个重要阶段。这得益于国家教育制度的创新，为民办教育提供了广阔的发展空间。如今，民办教育已经成为我国社会主义教育事业的重要组成部分，为我国的教育事业作出了重要贡献。根据《2023 年全国教育事业发展统计公报》，全国共有各级各类民办学校 16.72 万所，占全国各级各类学校总数的比例为 33.54%；在校学生达到 4939.53 万人，占全国各级各类在校生总数的比例为 16.96%。实践表明，民办教育事业的快速崛起为推动中国教育现代化进程、促进经济社会发展作出了积极贡献。高质量可持续发展是新时代民办高校追求的新目标，但随着分类管理改革的深入，非营利性民办高校的深层次问题也逐

---

① 郑淑超，周海涛．基金会办大学：非营利性民办高校办学模式的创新［J］．高等教育研究，2022（2）：75－80.

步显露，存在资产属性不清晰、内外部管理不完善、办学特色不彰显、扶持政策不落实等诸多问题。在此背景下，实现非营利性民办高校高质量发展，探索基金会办学的逻辑机理与政策选择，解构基金会办学的构成要素，以及探究诸要素的内生性关系、运行规则和原理等，具有重要理论和应用价值。

二、研究意义

（一）理论价值

（1）有利于丰富基金会办学的理论体系。研究基金会办学的诸多关键要素（治理结构、资产权属、运作机制、政策导向等），从理论层面，把基金会办学的机理分析清楚，把运作机制和实现路径研究透彻，无疑将拓展教育基金会的功能与价值，开阔基金会研究领域与研究视野；同时，也丰富了现有的民办高校筹资理论，为进一步完善民办高校筹资制度提供了借鉴。

（2）有利于构建民办高校分类管理的理论支撑。深入剖析当前我国民办教育分类管理改革的政策背景和价值取向，详尽分析非营利性民办高校发展面临的境遇。通过梳理制度设计的内在逻辑，整体构建民办高校分类管理的理论支撑，厘清非营利性民办高校的资产属性，为非营利性民办高校的举办模式选择及其发展提供坚实的理论框架基础，为新时代推进民办高校内涵发展、可持续发展提供新的学理依据。

（3）有助于形成有中国特色的民办高校治理理论。在我国，民办高校所面临的制度环境、社会环境及政策环境与其他国家的私立高等教育发展环境存在显著差异。随着民办高校举办模式的改革深化和办学实践的推进，对理论指导与相关政策规划的需求日益凸显，对完善治理体系、提高治理效能的要求日益紧迫。针对非营利性民办高校的基金会办学模式进行研究，将进一步丰富我国民办高校治理理论和现代大学制度理论，为民办高校办学体制和运行机制的创新提供规范与引导。这有助于深化人们对不同类型民办高校发展的理论认知，纠正对民办高校的偏见和疑虑，并形成具有中国特色的民办高校治理理论。

（二）应用价值

（1）为民办高校分类管理改革提供决策参考。本研究以决策服务为中心，直接为民办高校分类管理改革的实施提供支持。基金会办学模式符合我国教育宏观制度设计以及非营利性民办高校发展的实际需要，具有强烈的针对性和可操作性，能够为政府部门完善法规、深化民办教育分类管理改革、破除制约民办教育发展的瓶颈和体制障碍提供个案剖析、经验总结和制度设计。

（2）为民办高校办学模式创新提供操作性方案。本研究将为非营利性民办高校提供全新的办学模式，为基金会办学的实施提供操作性的方案与实效性对策；探索促进民办高校健康发展的政策设计和制度安排，鼓励更多的社会资金进入非营利性民办高等教育领域，提出建设性政策建议，能够有效推进民办高校办学体制与筹资机制改革，解决民办高等教育大发展的未来预期与低迷发展现状之间的困境。

（3）为民办高校高质量发展提供借鉴和启示。建设高水平的、具有特色的民办高校，已成为当前民办高校发展的主要方向和追求的目标。针对非营利性民办高校的关键领域和核心环节，如举办主体的选择、办学资金的筹措、资产属性的明确等方面，进行深入的总结和反思，对非营利性民办高校的健康发展、迈向一流水平具有重要意义。这不仅符合非营利性民办高校自身的发展需求，同时也是引领整个民办高等教育改革创新的重要要求。

第二节　核心概念

一、非营利组织

非营利组织（nonprofit organization，NPO）是现代三大部门的重要组成部分之一。关于非营利性组织国际上有广义和狭义两种概念，较为广泛的概念认为符合以下两项要求的机构才能成为所谓的非营利性机构：（1）并非基于政府体系；（2）并非以营利为目的。而相对狭义的概念则是以美国约翰·霍普金斯大学的萨拉蒙（Salamon）教授提出的以"组织性、非营利性、志愿性、非政府性及自主性"为特征界定的非营利团体。

《中华人民共和国民法典》（以下简称《民法典》）第八十七条对非营利法人的规定为："为公益目的或者其他非营利目的成立，不向出资人、设立人或者会员分配所取得利润的法人，为非营利法人。非营利法人包括事业单位、社会团体、基金会、社会服务机构等。"财政部发布的《民间非营利组织会计制度》指出，非营利组织包括依照中国法律、行政法规登记的社会团体、基金会和民办非企业单位等，适用该制度的非营利组织应当同时具有以下三个特征：（1）该组织不以营利为目的和宗旨；（2）资源提供者向该组织者投入资源并不得以取得经济回报为目的；（3）资源提供者不享有该组织的所用权。根据上述法律法规，我们将非营利组织界定为：根据我国法律和行政法规注册的，不以营利为目的和宗旨，且资源提供者不拥有所有权和收入分配权，是一种不同于企业或政府的组织形式。在我国，非营利组织的类型丰富多样，主要包括以下五类：（1）基金会，这类型的组织主要在各个领域开展捐赠活动或资助活动，具体又可以分为联合劝募组织、资助型基金会、项目型基金会等。这些基金会通常是非会员制组织，专注于特定的公益目标。（2）实体性公共服务机构，如民办学校、民办医院、养老院、剧团、图书馆、研究所等。这些机构是依据现行法规注册的"民办非企业单位"，主要提供实体性的公共服务。（3）社会团体，如学会、联合会、志愿者团队等。这些组织通常在社会文化领域开展各类活动，采取会员制形式。（4）经济团体，如行业协会、商会、工会等。这些组织主要在经济领域开展各种活动，也是会员制组织。（5）此外，还有一部分民间组织，虽然尚未依法登记注册，但符合非营利组织的其他特征。随着中国经济的持续发展和政府职能的转变，非营利组织在国内正迅速崛起并不断发展壮大。在国际舞台上，非营利组织也正发挥着越来越重要的作用，成为全球治理和区域治理中不可或缺的力量。这些组织在解决全球性问题、推动社会进步和公益事业发展中发挥着积极作用。

二、基 金 会

基金会产生于 19 世纪末 20 世纪初的美国，经过一百多年的发展，基金会已经成为美国社会发展的重要力量。基金会产生之初，对于它的定义没有一个统一定论。基金会有明确定义是在 20 世纪中期，曾担任卡耐基基金会会长的弗雷德里克·P. 凯佩尔在《基金会在美国社会中的作用》一书中这样定义基金会："基金会从法律上看是由于慈善目的所设立的基金，由理事会进行管理，习惯上在联邦或州的法律监管下运作，并享有税收方面的特权"。这个定义并不全面，只体现了基金会的一些特征，对于基金会的本质并没有明确的说明。《新语词大词典》对基金会的定义是这样的：一般指对国内外社会团体和其他组织以及个人自愿捐赠资金进行管理的民间非营利性组织，宗旨一般是通过资金资助推进科学研究、文化教育、社会福利和其他公益事业的发展。有的由国家拨款建立的对某方面科研基金进行管理的组织机构也称为基金会。① 这个概念指出了基金会的基本性质和理念，相对较为全面。《全球信托指引》一书认为："基金会是一个非政府、非营利性的组织，它有自己的资金、由其受托人或董事会管理，旨在资助教育、慈善、宗教等社会公益事业。"② 美国基金会中心将基金会界定为："非政府的、非营利的、自有资金（通常来源是单一的个人、家族或企业）并自设董事会管理工作规划的组织，目的是为支持或援助教育、社会、慈善、宗教或其他活动以服务于公共福利，主要途径是通

---

① 韩明安 . 新语词大词典［M］. 哈尔滨：黑龙江人民出版社，1999.

② 王劲颖，沈东亮，屈涛，刘忠祥 . 美国非营利组织运作和管理的启示与思考——民政部赴美国代表团学习考察报告［J］. 社团管理研究，2011（3）：19－25.

过对其他非营利机构的赞助。"① 这个概念较为完整地界定了基金会的内涵和意义。在中国的法律政策中，基金会的定义有明确的阐述。在 2004 年国务院颁布的《中华人民共和国基金会管理条例》（以下简称《基金会管理条例》）中，基金会被定义为"利用自然人、法人或其他组织捐赠的财产，以从事公益事业为目的，按照本条例的规定成立的非营利性法人"。这个定义对基金会的资金来源、作用和性质等几个方面进行了明确界定，包括设立主体、资金来源、基金会活动的公益性等要素。尽管"基金会"的定义在各类文献中可能有所不同，但它们都包含了一些共同要素：基金会是一种基于捐赠的、独立的、具有确定资产，旨在用于特定的公益事业中的机构。

自 1981 年中国儿童少年基金会依法登记成立以来，中国的基金会已经走过了四十多年的历程。在这段时间里，基金会经历了蓬勃发展、缓步前行、政策鼓励和整顿规范等阶段。总体来看，基金会总数呈现明显增长的趋势，尤其是 2016 年《中华人民共和国慈善法》（以下简称《慈善法》）颁布实施以来，随着中国经济的发展和社会财富的增长，由社会人士发起的基金会占比越来越大。基金会所从事的公益事业包括教育、卫生、文化、科技、艺术、扶贫帮困、弱势群体保护等众多公益领域。基金会在启迪慈善意识、推动公益事业、筹集社会资金、履行社会责任等方面都发挥了重要的作用。因此，中国的基金会在推动公益事业发展中扮演了重要的角色，对于改善社会福利和促进社会发展具有重要的意义。

三、民办高校

民办高校，又称民办院校或民办大学，是 20 世纪逐渐发展起来的一种高等教育组织，与国外的私立大学有相似之处。从内涵上分析，民办高校有

---

① 资中筠. 财富的责任与资本主义演变：美国百年公益发展的启示［M］. 上海：上海三联书店，2015.

广义与狭义之分。广义的民办高校是指经费主要来自非政府财政的从事高中后教育的机构，包括民办全日制普通院校、公办院校附设的民办独立学院、高等教育自学考试助考机构、高等教育学历文凭教育机构、高中后各种技能（证书）培训机构、中外合作办学高等教育机构等。经费来源的非财政性和教育层次在高中后是广义民办高校的两个必备特征。狭义的民办院校则是指除国家机关和国有企事业单位以外的各种社会组织以及公民个人，自筹资金，依照相关规定设立的实施高等学历教育的教育机构。其关键词包括办学主体的"除国家机关和国有企事业单位以外"、经费来源的"自筹"和办学内容的"实施高等学历教育"。此外，那些不开展普通高等教育、不具有独立颁发大专及以上学历文凭资格的院校并不包括在内。

经过综合分析，本书将民办高校界定为：由国家机构或政府部门以外的社会组织或个人，利用非国家财政性经费，面向社会举办的实施国家认可的高等学历教育的民办普通高等学校。这一界定突出了民办高校的主要特征：首先，民办高校的经费主要由民间筹集。其办学经费来源呈现多样化，包括举办者投入、私人和企业投资、股份和社会捐赠等。学生的学费也是经费来源之一，当然，政府的财政性资助在特定情况下也可能成为一部分经费来源。随着公共财政状况的改善和相关政策的落实，政府对民办高校的财政性经费支持将逐年增加，进一步推动民办高等教育的发展。其次，民办高校的举办者不包括国家、政府机构和非我国公民，学校的经营和管理由民间力量负责。在未来发展中，经费来源的区别可能会逐渐淡化，而经营（办学）主体将成为区分和界定民办院校的重要依据之一。在一些经济困难的地区，公办院校的转制和股份化或政府投资建设民办院校的情况可能会出现，这将为民办高等教育的发展提供更多的机会和可能性。最后，民办高校是面向社会举办的教育机构，其招生对象是来自各个领域的学员和学生，而不仅仅是服务于特定的公民个人和群体。其办学层次涵盖了高中后的学历教育，符合国家对高等教育的规定和要求。这一界定明确了民办高校的基本属性，强调了其在高等教育领域的地位和作用，为进一步推动我国民办高等教育的发展提供了理论支持。

四、分类管理

在管理学上，分类管理是指依据管理对象的不同性质和状态，在一定标准下，将其区分为不同类型、不同层次和不同等级的系统，以便实现差异化、重点化管理。民办教育分类管理是我国社会发展中公共服务和社会管理的一项重大制度创新。2016年11月7日，第十二届全国人大常委会第二十四次会议审议通过《全国人民代表大会常务委员会关于修改〈中华人民共和国民办教育促进法〉的决定》，规定民办学校的举办者可以自主选择设立非营利性或者营利性民办学校。本次修法的核心内容是确立"民办学校分类登记、分类管理"的改革方向。根据这一改革方向，民办学校将被划分为非营利性和营利性两类进行管理。在教育领域，允许举办实施学前教育、高中阶段教育、高等教育以及非学历教育的营利性民办学校，但不得设立实施义务教育的营利性民办学校。随后，国务院及相关部门颁布了相应的配套法规政策，以支持民办教育分类管理的实施。这些法规政策的颁布，标志着我国民办教育全面进入分类管理的新发展时期，为民办教育的发展开启了新的征程。民办教育新法新政明确了分类管理的合法性，确定了营利性和非营利性学校的划分标准以及营利性民办教育的准入领域，初步构建了营利性和非营利性民办教育分类登记、分类扶持、分类监管的政策体系，为彻底破解长期困扰民办学校发展的法人属性不清、财政扶持不足、税收优惠难以落实、办学自主权不到位等问题奠定了法源性基础。与以往改革的逻辑不同，本次民办教育分类管理改革顺应了国家简政放权的新要求，将民办学校的分类登记、收费办法、财政扶持、用地优惠、队伍建设等自主权都留给了地方政府，赋予了省级政府更大的政策探索空间。

根据2018年修订的《中华人民共和国民办教育促进法》的相关规定，结合学术界的研究成果，本书将"民办高校分类管理"的内涵定义为：为了更好地促进和规范民办教育发展，对经批准成立或注册登记的民办高校按照办学结余是否在举办者中进行分配，将民办高校划分成非营利性民办高校和营利性民办高校两种类型，并从准入许可、登记注册、产权归属、税收优惠、财政资助等方面实行不同的规制和差别化的扶持，是一系列教育政策的组合。实施分类管理后，民办高校按照各自定位向学校教育主管部门登记办学属性，营利性民办高校的举办者或投资方为了能够取得办学利益，可以自行决定对这些收益按照事先约定进行合理分配；而非营利性民办高校只能把办学结余用于学校发展，不能自行分配。对于营利性民办学校，在分配收益的同时，还需要承担起相应责任，同时政府的财政补贴和政策支持较少，并且要自负盈亏。对于非营利性民办学校，可以获得财政资助、税收减免等优惠政策，但政府部门及学校主管部门对其的规制程度要高于营利性民办学校。民办高校分类管理的本质是政府对于民办高等教育既得利益与长远利益的重新规划和调整，意图保障教育公益性，终结民办高等教育资源的社会性流失，从而实现民办高等教育公益性的最大化，同时给予社会力量投资高等教育以合法性出路。分类管理的优势功能在于构建社会资本与民办高校的新型关系，捐资办学与投资办学、营利性与非营利性都可分流而行、合法存在。从宏观上看，民办高校分类管理遵从于服务型政府效率与效能提高的长期逻辑，特别体现了高等教育的国家性重要战略地位；从微观上看，民办高校长期低状态运行以及造成的不良影响，倒逼政府进行规范和管理。①

五、非营利性民办高校

根据非营利性组织的性质特点和非营利性民办高校的使命、功能分析，非营利性民办高校一般具有六大特点。第一，非营利性民办高校具有公共性。它运用自身的资源为大众提供公共服务，推动社会进步。同时，非营利性民办高校享有税收优惠、财政补助等公共资源，以提高其办学质

---

① 王诺斯. 营利性与非营利民办高校分类管理研究 [D]. 大连：大连理工大学，2017.

量，提升国民素质。第二，非营利性民办高校具有服务性。它为社会提供相对无偿的教育服务，承担一定的社会责任，满足社会对高等教育的需求。第三，非营利性民办高校具有教育性。它属于学校教育范畴，根据社会的要求，有目的、有计划、有组织地对受教育者进行培养，传承社会文明。第四，非营利性民办高校的一个显著特点是其非营利性。这意味着这类高校的教育服务不以追求利润为目的，不寻求经济回报，也不进行任何形式的分红或利润分配。第五，非营利性民办高校具有志愿性质。这体现在其举办者和管理者都是基于自愿，利用自己的资源来为特定的人群提供教育及相关服务。在此过程中，不受任何外部组织或规章制度的强制和约束。第六，非营利性民办高校还具有民间性或非政府性的特点。它们的主要目标是为大众提供多样化的教育服务，帮助学生完成学业，并促进教育公平。这种民间性和非政府性使得这类高校能够更好地适应社会的需求，提供更为灵活和多样的教育服务。① 基于以上特点的分析，本书将非营利性民办高校定义为同时具备下列特征并实施高等学历教育的全日制普通民办高校：不以营利为主要目的，办学不要求获取回报；由国家部门或政府机构以外的社会团体或者个人，通过非国家财政性资金举办；举办者不享有学校财产所有权；办学结余不用于分配而用于学校发展和人才培养；终止办学时，学校清偿债务后的剩余财产，需继续用于举办其他非营利性民办学校。

为了探索民办高校分类管理改革，国务院办公厅于 2010 年颁布《关于开展国家教育体制改革试点的通知》，明确在上海市、浙江省等地和吉林华桥外国语学院作为试点地区和院校。在国家政策的引导下，试点地区和院校在非营利性民办高校的办学理念、体制机制、法人治理结构、内部管理体制、财务管理制度等方面开展了很多有益的实践探索。2013 年，在教育部的支持下，在我国民办教育协会指导下，吉林华桥外国语学院等

---

① 何国伟. 我国非营利性民办高校公共财政资助问题研究［M］. 重庆：西南师范大学出版社，2016.

26 所民办高校发起成立了非营利性民办高校联盟。这一联盟的成立为非营利性民办高校的发展提供了重要的平台和资源支持，为民办高等教育分类管理改革作出了重要的创新性探索，是联盟成员高校与政府之间共同的奋斗目标、价值追求和责任担当，极大地推动了我国民办高等教育的持续发展。截至 2015 年 4 月，全国先后有 74 所民办高校加入，盟员单位包括吉林外国语大学、北京城市学院、黑龙江东方学院、宁波财经学院、青岛滨海学院、黄河科技学院、广东培正学院等。非营利性民办高校联盟的成立，推动了民办高校的改革创新，能够更好地引领非营利性民办高校依法治校，规范管理；树立民办高校良好的社会形象、扩大非营利办学的影响力；以平台为依托，打造一批民办高等教育国家示范项目，推动非营利性民办高校高水平、特色化发展。

第三节　文献综述

一、关于非营利组织的研究

20 世纪 70 年代开始，世界性的"社团革命"广泛兴起，以非营利组织为主体的民间组织和社会团体，或称"第三部门"开始大量兴起于西方发达国家，并获得了空前的发展。[①] 到了 20 世纪末，作为一个新型的社会组织类型，这种民间组织也在全球范围内引起了更大的重视，尤其是 20 世纪 80 年代后期以来，不少研究者都开始更加重视我国的非营利组织，并与国外同类组织展开比较研究。现有的研究主要从以下几个方面展开。

（一）关于非营利组织界定的研究

在非营利组织的界定方面，国外研究者提出了各自独到的见解。美国

---

① 毕监武. 社团革命——我国社团发展的经济学分析［M］. 济南：山东人民出版社，2003：9 - 13.

学者莱维特（Levitt，1973）从部门划分的角度，将非营利组织定义为第三部门，这一部门独立于政府和私营企业，"公共使命"是这类组织的核心特征所在。在此基础上，约翰·霍普金斯大学教授萨拉蒙（Salamon，1997）进一步深化了对非营利组织的理解。他从民间性、组织性、自治性、非营利性和志愿性等五个方面揭示了非营利组织的特征。这一定义突出了非营利组织在政府部门和企业之外的独立地位，它们以非营利为目的，致力于公益事业。随后，《21世纪非营利组织管理》一书对非营利组织进行了更为详尽的阐述（Gelatt，2003），书中强调非营利组织以服务社会公众为使命，经营过程中排除私人利益的获取。这些组织在法律上享有特殊地位，享有免除政府税收的优待，但同时也受到法律的管辖；书中进一步指出，与营利性机构不同，非营利组织创造财务利润并非目的，而是其生存的手段。有学者从经济学角度出发，对非营利组织进行了重新定义，并提出，非营利组织的收支结余被称为盈余，这些盈余不可分配，没有任何机构或个人对其拥有合法的索偿权（Folland，2001）。这一观点凸显了非营利组织的非营利性质及其社会公益目标。此外，还有学者对第三部门进行了更为细致的划分，明确区分了非政府组织（NGO）和非营利组织（NPO）（Nye Jr. & Donahue，2000）。他们认为，非政府组织主要指国际性的公益组织，而非营利组织则专注于某个特定国家或地区的公益事业。这种区分突出了不同类型组织在地域和目标上的差异，有助于更好地理解它们在社会发展中的作用和贡献。

在国内，学者们对非营利组织的定义也给予了高度关注。他们特别强调了非营利组织的使命、公益性以及营利不能用于分配的原则。其中，清华大学NGO研究中心的教授王名（2002）提出的非营利组织的定义具有代表性。他将非营利组织称为非政府组织，并强调这些组织的主要目的不是营利，而是具备社会公共属性并承担一定的社会公共职能；此外，这些组织还开展各种志愿性的公益或互益活动。李恒光（2004）在对比各国非营利组织概念的基础上，提出了一个普遍适用的定义，以揭示各类非营利组织的实质；他强调，非营利组织的核心宗旨是为公众服务，其目的不是追求营利，所获得的收益也不会为任何个人谋取私利；这些组织拥有合法的免税资格，并为捐赠人提供减免税的合法地位；在整体上，非营利组织是独立的部门，为社会公益或成员互益服务。丁美东（2004）则从非营利组织的特性入手进行定义。他认为，非营利组织是不以营利为目的，通过志愿行动为社会提供公共服务的独立组织。这一定义突出了非营利组织的三个基本特征：非营利性、公益志愿性和独立性。张纯（2007）对非营利组织的解释更侧重于"不以营利分配为目的"的特性，相较于"不以营利为目的"的表述，这一描述更能准确把握非营利组织的本质。刘名（2010）从非营利组织的目标出发，对其进行了定义。他提出，非营利组织的主要目标是支持或处理那些受到个人关注或社会关注的议题或事件。这些议题或事件涵盖了慈善、艺术、教育、宗教、环保等多个领域，这一定义强调了非营利组织的多样性和广泛性，突出了其在社会各个领域的积极作用。综上所述，学术界对于非营利组织的定义存在多种观点，但都强调了非营利组织的非营利性、志愿性、独立性和社会公益性等核心特征。这些定义从不同的角度揭示了非营利组织的本质，为深入理解其属性和作用提供了重要的理论支持。

（二）关于非营利组织产生和发展动机的研究

自 20 世纪 80 年代起，美国联邦政府用于社会服务的预算不断减少，与此同时，非营利组织的规模却急剧扩张（Alexander，1999）。这一现象引发了社会各界对非营利组织价值的深入思考。萨拉蒙（Salamon，1997）认为非营利组织在提供私人活动领域方面发挥了关键作用，使个人得以发起活动、表达个性并践行自由。国内学者申毅（2003）、李红艳（2005）则认为，正是由于政府和市场的"失灵"，以及全球性问题的出现，如环境恶化、能源短缺和人口膨胀等，促使人们重新审视政府和市场的角色，并越来越多地寻求非营利组织的协助。陈晓春和李苗苗（2006）从多个维度对非营利组织的产生和发展的动因进行了深入探讨，这些动因包括需求驱动、利益刺激、社会组织结构和职能的转变，以及"两部门失灵"等现象。而王名（2006）则聚焦于非营利组织的主要社会职能，包括动员资源、提供公益服务、社会协调以及政策倡导等方面。此外，有研究揭示了商业精英正逐渐涉足非营利领域的现象。这些商业精英不仅为非营利组织带来了资金支持，还为其带来了先进的管理经验和社会网络资源（Deng，2015）。这一趋势表明，商业精英正积极参与到社会公益事业中，为其发展注入新的活力和创新。耿长娟（2014）结合理论与实践，以中国为例，运用萨拉蒙的理论框架分析中国非营利组织的发展状况，并提出了具有启示性的建议。陈可鉴（2018）通过对杭州、扬州和深圳三个城市 113 家非营利组织的深入调研，探讨了中国非营利组织市场化的影响因素、策略和效应。他提出，中国非营利组织市场化的经验可以为全球范围内的相关议题提供有益的启示。林鹏（2021）则强调非营利组织应抓住社会创业的发展契机，关注制度环境的影响和转型需求，积极寻求外部合作，解决自身的造血问题，并不断提升和完善自身能力，实现可持续发展。

（三）关于非营利组织的内外部治理问题的研究

关于外部治理，相关研究指出，政府的有效监管对非营利组织的运行效率产生显著影响。有研究从成本与收益的角度出发，提出政府适当地放松监管可以促进非营利组织运行效率最大化（Irvin，2005）。这一观点与国内学术界强调的保持非营利组织的独立性、去除行政色彩的观点相呼应。关于捐赠收入与非营利组织运行效率之间关系的研究发现，过低的捐赠收入可能导致非营利组织无法维持正常的经营活动，而过多的捐赠收入则可能引发内部腐败等机会主义行为（Greenlee & Brown，2005）。在战略管理方面，谭力文（1994）是国内较早进行相关研究的学者之一。他详细地讨论了非营利组织的特点对战略制定、战略评价与控制等战略管理工作的影响，并介绍了西方非营利组织所采用的特殊经营战略。钱颜文、孙林岩和梁莉（2005）通过比较非营利组织和营利性组织在战略管理方面的差异，构建了一个非营利组织的战略管理模型，并深入探讨了其战略管理的重心。他们认为，非营利组织的首要战略目标是确保组织的生存和可持续发展，而筹资战略在这一过程中起着至关重要的作用。为了实现筹资战略，非营利组织需要以低成本战略和质量战略为基础，确保资源的有效利用和提高服务水平。内部控制的重点在于财务状况的控制。有研究发现，当非营利组织面临财务状况模糊或预算失控等内部控制问题时，其运行效率通常会受到严重影响。这些问题可能导致资源分配不当、管理混乱以及目标实现受阻等情况，进而降低组织的整体运行效率（Petrovits et al.，2010）。颜克高（2012）则强调理事会在非营利组织内部治理中的核心地位，理事会的构成、规模和规范性程度都会对组织财务绩效产生影响，并认为优化理事会特征是改善组织财务绩效的有效途径。刘丽珑（2015）通过实证研究，对91家非营利组织进行了调研分析，发现理事会的规模越大、高职务人数越多，组织的运行效率越高；女性在监事会中的比例越高，组织的运行效率越低。此外，监事会成员的职业领域多元化有助于提高组织的筹资能力，而律师作为法律专业人士，能够为监事会提供更加准确的法律意见和指导，律师成员较多的监事会通常会受到更严格的监管。这些发现对于非营利组织的管理和监督具有一定的指导意义。张红娜（2021）提出应明确非营利组织的"内部人控制"判断标准，以防止内部人员因利益驱动侵吞组织财产，使组织财产和社会公众财产受到侵犯。这一观点旨在加强对非营利组织的监管和保护相关利益。

（四）关于非营利组织筹资与运营管理的研究

国外关于非营利组织筹资与运营管理的研究主要基于调查数据开展。1991～2000年，萨拉蒙对四十多个国家的非营利组织的筹资渠道进行了深入的调研。他进行了详尽的统计分析，将筹资渠道分为政府或公共部门支持、收益收费和慈善捐赠三类。此外，他还从文化历史的角度对各国筹资现状的差异进行了深入的解释。这一研究为筹资问题提供了权威的统计数据，并成为众多学者研究非营利组织筹资管理的重要基础。对于非营利组织而言，营利行为在获取收入方面日益重要，但同时也存在两面性。当非营利组织的营利行为过弱时，可能会导致资金不足，从而威胁到组织的生存。而过于强烈的营利行为则可能使组织偏离其非营利目标，改变其原有的组织性质，从而失去其原有的社会公益性和独立性。布莱泽克（Blazek，1996）认为，在保证实现组织目标的前提下，非营利组织可以从事营利活动，并且组织目标和财务目标可以相互促进。此外，弗鲁姆金和金（Frumkin & Kim，2001）强调非营利组织不能仅仅依赖资金提供者的支持。他们认为，在筹资过程中，花费一定的筹资费用是必要的。这一观点旨在提醒非营利组织，筹资不仅是为了获取资金，更是为了建立和维护与资金提供者的关系，以实现更持久和稳定的资金流。张晓军和齐海丽（2006）较为详细地介绍了美国非营利组织在资金筹集方面的先进理念，强调了其资金来源的多样性，主要包括政府补贴、服务收费、民间捐赠和外国援助。然而，我国非营利组织的融资脆弱性对组织的独立性和组织安全产生了负面影响，并具有显著的负外部效应。王锐兰和刘思峰（2005）指出，我国非营利组织在融资方面存在民间捐赠意愿不强、过度依赖政府拨款、服务收入占比过低和债务结构配置不合理等问题。王誉臻（2020）对公募基金会进行了实证研究，探讨了政府补助对筹资效率的影响。研究发现，高水平的政府补助会降低公募基金会的筹资效率，主要是因为降低了基金会的转化效率。这一结果提示我们，政府补助并非越多越好，适度的补助可能是更有利于基金会发展的。另外，谢昕等（2020）也针对非营利组织的收入来源进行了深入研究。他们发现，投资收入、服务收入及政府补贴都会对非营利组织的社会捐赠收入产生负面影响，从而产生挤出效应。这一结果进一步强调了非营利组织在筹资过程中需要多元化的收入来源，以确保组织的稳定性和可持续发展。陈凡（2021）则从组织管理的角度探讨了微观层面上非营利组织参与扶贫时价值实现过程中的动态决策问题，为非营利组织的运营管理研究提供了新的思路。

（五）关于非营利组织税收问题的研究

在非营利组织的税收优惠制度方面，世界银行在其发布的《非政府组织的立法原则》中首次提出了基本原则。在研究"税收优惠对捐赠的激励效应"时，伦道夫（Randolph）的研究结果表明，在长期收入和税收制度变动的情况下，捐赠行为对税收的敏感性较低，而对收入的弹性较大。这揭示了捐赠额对税收制度的反应相对较小，而对收入的变动则表现出较高的敏感度。在关于我国非营利组织的税收优惠制度方面，刘植才等（2004）的研究指出，当前的具体规定分散于各个税种之中，如财产税、流转税、所得税和资源税等，这导致缺乏一部统一的非营利组织税收优惠基本法。这一现状可能引发税收优惠政策的实施和监管出现一定的混乱和不便。曲顺兰（2005）在其研究中进一步强调，我国的非营利组织税收优惠政策在整体上呈现出不完善的状态。具体表现为享有税收优惠的组织类型和数量相对较少，政策的可操作性不强，且捐赠者能够享受优惠的税种也较为有限。因此，为了完善我国的非营利组织税收优惠制度，需要从多个方面进行改进和完善，如制定统一的税收优惠基本法、增加享有税收优惠的组织类型和数量、提高政策可操作性以及扩展捐赠者能够享受优惠的税种等。于凌云（2006）提出，合法的非营利组织应当具备免税资格，而这一资格的确认无须经过税务管理机关的额外认证。然而，这种免税资格的判定给税务机关的日常管理工作带来了挑战。为深入探讨这一问题，孙玄和顾建光（2017）基于税收优惠政策对非营利组织筹资效应的分析指出，我国现行的税收优惠制度在激励捐赠人进行慈善捐赠方面存在明显不足。这一问题不仅影响了企业参与慈善捐赠的积极性，同时也使得接受企业慈善捐赠的非营利组织面临筹资困境。李亦楠和蒋丽霞（2020）对比了中国和美国的税收种类差异，并指出我国缺乏遗产税等税种，这可能是导致人们的捐赠意愿较低的原因之一。相比之下，美国富豪愿意向非营利组织捐赠，部分原因在于美国存在高额的遗产税等税收。符少花（2020）在比较国际非营利组织的捐赠税收优惠政策时，指出了我国捐赠税收优惠政策的不足之处。其中，捐赠税收抵免限额较低是一个明显的问题。因此，针对非营利组织的税收优惠制度需要进一步优化和完善，以更好地发挥其在促进社会公益事业发展中的作用。

二、关于大学基金会的研究

（一）关于大学基金会功能与作用的研究

关于大学基金会的功能，国外有学者提出了一个大学基金会的连续体模型，该模型将基金会的功能从单纯的管理资金扩展到了集筹资、投资等职能于一体的综合管理（Hedgepath，1993）。在这个模型中，一端是类似于银行的角色，主要职责是接受和管理资金，但在筹资方面没有实质性作用，大多以发展事务办公室为主进行筹资；另一端则是集筹资、投资等职能于一体的基金会，综合协调各种捐赠基金管理事务。这种连续体模型提供了一种全面而灵活的视角，以适应不同大学基金会的多样性和差异性。与此同时，有学者则主张大学基金会应该更加灵活、自主地进行资金管理与投资活动，以更好地适应大学发展的需要，而不必受到州政府的过多限制（Ransdell，1991）。这种观点强调了大学基金会的自主性和创新性，为基金会的发展提供了更大的空间和灵活性。国内关于基金会的功能与作用研究主要集中在对于大学基金会筹资、社会服务和育人功能的研究。如戴志敏（2010）认为大学教育基金会具有增加学校收入、整合大学资源和促进大学自身管理科学化的作用；赵文莉（2013）认为高校基金会是学生开展慈善公益教育、培育学生科研创新精神和实践能力、拓展学生国际视野的平台，具有育人功能；李锋亮、王云斌（2016）基于中美比较的实证分析基础上，提出基金会是拓宽经费来源渠道的重要方式，也是联结大学与社会的重要桥梁，要有针对性地向美国顶尖大学学习，打造具有世界一流水准的教育基金会。杨维东（2019）分析了美国公立大学基金会的发展历程、功能和面临的挑战；面对这些挑战，美国公立大学不断调适治理模式，与附属基金会形成了依附式"共生"关系，推动基金会继续在美国公立大学多元化筹资过程中发挥重要作用。董雨洁（2021）则通过对我国42所世界一流大学建设高校的基金会在资助育人功能、应急功能、公益服务功能和文化引领功能四个方面进行实践分析，提出要发挥出高校基金会独特的优势，服务社会，助力服务城市建设。综上所述，大学基金会的功能是一个复杂而多元的领域，需要综合考虑多种因素。国内外学者的观点为我们提供了有益的参考和启示。在实践中，大学基金会应根据自身的特点和使命，选择适合自身发展的路径，以实现其应有的价值和作用。

（二）关于大学基金会治理的研究

国外学者从不同角度研究了基金会内部治理。学者们研究认为：基金会的董事会规模大小与董事会所带来的企业组织价值二者呈负相关关系，也就是说，规模大的董事会并不比规模较小的董事会所带来更高的企业价值（Yermack，1996）；董事会成员的特点并不影响基金的筹资能力（Regan，2002）；在内部控制方面，审计委员会在非营利组织中的作用很小（Pridgen，2005）。对美国多所大学基金会的财务管理情况展开的调查分析结果显示，大学理事会的数量和基金会的投资收益成正相关关系（Olson，2009）。关于内部治理和机构捐赠者的有效性，有研究认为，非营利组织的总费用和持续运营费用的比例与大额捐赠者在董事会中的积极参与有显著的负相关，即大额捐赠者基金会通过直接监督来管理董事会（Callen，2011）。对西班牙的非政府发展机构进行调研发现，机构捐献者为机构的发展与壮大提供了机制，有利于机构内公共资源的合理分配（Natalia & Elena，2011）。

国内学者对基金会治理的研究涵盖了多个角度和方法。从社会学的角度来看，陈旭峰（2010）提出，大学应利用自身优势，加强外部环境建设与互动，及时适应外部变化，建立伙伴关系，形成"拥护群"。这一观点强调了大学在外部环境中的积极作用和与各利益相关者的互动。从治理理论的角度出发，杨维东（2014）深入探讨了大学基金会治理过程中存在的突出问题，并研究了完善大学基金会治理机制的路径。他指出大学基金会及其治理有其特殊性，需要正确处理大学与基金会的关系，并调动政府、社会和大学的积极性，形成多元参与的局面。这为大学基金会的自主治理和合作治理提供了理论基础。在公共管理理论方面，田艳敏（2014）从公共治理理论视角出发，指出我国大学基金会与社会存在定位偏差。由于定位偏差，基金会自身的权力行使受到阻碍，缺乏独立性。这一研究为解决大学基金会的定位问题提供了重要的理论支撑。喻恺（2016）则从全球高等教育基金会的治理模式出发，强调了"治理"在投资决策中的重要性。他提出了一个全面的治理模式，包括组织结构、外包、投资人员和薪酬制度等方面。良好的治理能够加强问责制，实现重点目标，提高投资决策的效率和效果。基于资源依赖的理论视角，颜克高和林顺浩（2017）以262所中国大学基金会为样本开展实证研究。他们发现大学基金会秘书长的年龄、理事会的规模等与基金会的绩效显著相关。在此基础上，他们提出了一些建议以提高内部治理效率，如增加外部成员参与理事会、不断招聘秘书处工作人员、定期评估筹款项目数量等。尤玉军（2018）则从非营利组织治理理论角度出发，通过实证分析和案例分析，深入剖析高校基金会治理结构存在的问题；他借鉴国外高校基金会治理经验，提出了一系列完善对策。这一研究对于优化高校基金会的治理结构具有重要的参考价值。综上所述，国内外的学者对基金会治理的研究涉及多个理论视角和实证方法。这些研究为深化我们对大学基金会治理机制的理解提供了有益的思路和方法，对于提高大学基金会的运行效率和效果具有重要的指导意义。

（三）关于大学基金会的中外比较研究

资中筠（2003）所著的《散财之道：美国现代公益基金会述评》一书深入剖析了美国基金会的运作模式，涵盖了"与政府的关系""国际工作""与中国的关系""捐赠的动机与哲学理念"等多个维度。言梓瑞（2007）则对中美两国的大学基金会进行了系统的比较研究，重点探讨了基金会的管理状况和发展模式。他不仅深入剖析了两者的异同，还针对我国大学基金会的发展提出了宝贵的建议。李洁（2010）从比较的角度，研究了中美大学捐赠基金的筹资历史、捐赠基金的发展现状，提出了我国大学基金会筹资存在的若干问题，如筹款意识落后、内部管理制度不完善、专业人才缺乏等。赵桢（2011）以哈佛大学基金会为个案，分析其治理结构及其主要职能，提出我国高校基金会应进一步拓展其职能空间，发挥特点。邹哲慧（2012）认为美国大学基金会在筹款、运营和财务管理方面已逐步发展成熟，我国大学基金会可以学习和借鉴美国的成功经验，完善基金会的组织架构，以更科学、更智慧的方式管理基金会。张辉和洪成文（2016）重点研究了美国大学捐赠基金的发展与美国一流大学的关系，分析了美国不同大学捐赠基金的类型、水平和规模，提出借鉴美国一流大学捐赠基金的成功经验，为我国"双一流"大学建设提供可行性建议。曹辉、李如英（2016）认为，美国大学基金会通过个人或组织的捐赠和大学筹资活动等方式筹集资金，基金会在资金筹集和管理上保持相对独立，并运用各种投资方式进行保值增值，从而从资金上支持大学的发展。李锋亮、王云彬和王丹（2017）研究了我国和美国顶尖大学基金会，认为我国大学的捐赠在金融市场上受到的制约更大，而美国大学则相对灵活。

（四）关于大学基金会管理与运营的研究

国内关于大学基金会管理的研究主要集中于管理理念、方法以及组织结构等方面。孟东军、张美凤和顾玉林（2003）通过一项针对我国大学的调查，揭示了大学基金会的五种主要管理类型，即市场运作型、行政管理型、委员会型、海外拓展型和行业依托型。他们提出，针对这五种类型，应采取有针对性的管理方法。王任达和刘春生（2005）进一步深入探讨了影响我国高校基金会发展的主要因素。他们指出，宏观因素如基金会的双重管理体制和捐赠税收的激励制度执行不力，以及微观因素如运作水平、人才构成和社会公信力等，都是制约发展的重要因素。在此基础上，他们提出政府应完善税收减免制度和基金披露机制，以提高高校教育基金会的筹款能力及资金的增值和升值能力。苏钰琰（2010）明确提出，建立专业的管理团队并充分发挥各级管理者的作用，是我国高校基金会各项任务得以顺利执行的核心要素。雷旭东（2010）则深入剖析了高校基金会所面临的挑战，如过度重视募捐活动而忽视管理的重要性，以及在管理理念、管理制度和管理方式上的明显滞后性；他提出，基金会应提高自身造血能力，加强管理人员的专业性，拓宽筹资渠道，加强与校友的联系和加强监督，以实现捐赠人和大学基金会的互利共赢。他们强烈建议，高校基金会应与各级政府部门、社会各界、企业、高校以及校友会建立紧密的合作关系，以充分利用各类社会资源，实现有效的监管和高效的运营。纪强（2013）从现代大学制度的视角出发，通过实证研究深入剖析了现代大学基金会管理存在的问题，并提出了构建具有中国特色的大学教育基金管理模式的建议。针对当前大学教育基金会的粗放管理状况，伍卓深和许中华（2016）提倡引入精细化管理理念和采用科学的管理方法。可见，国内关于大学基金会管理的研究涵盖了多个方面，从不同角度探讨了如何优化管理，提高基金会的运行效率和效果。

（五）关于大学教育基金会法制环境的研究

在探讨大学教育基金会的法制环境方面，我国现行法规有 2004 年发布的《基金会管理条例》和 2016 年发布的《慈善法》。一些专家学者对此进行了深入研究，为完善相关法律法规提供了有益的建议。邓海峰（2005）认为《基金会管理条例》存在法域归属与立法目的之间的矛盾、管理体制与实践需求的不匹配，以及配套制度与具体措施的不足。为构建一个有利于社会发展的法制环境，他建议从立法过程、管理体系和制度设置等层面进行改进。葛道顺（2009）在研究国外基金会发展的法制环境后，提出我国应进一步完善与基金会相关的法律法规和政策。具体包括分类引导政策、合理划分立法，以及完善各类税收优惠政策等。魏晓栋（2011）则深入分析了高校教育基金会在实际运营过程中所面临的法律问题。他指出，高校教育基金会受到政府和学校的双重管理，导致其立法地位存在交叉矛盾。此外，基金会在投资运营过程中的保值增值、运营成本、项目风险以及捐赠合同的执行等方面也存在不明确之处。为此，他建议明确业务主管机构，采用市场化的运营模式，并建立健全的内外监督机制、投资机制、经营收益分配制度、财务管理制度以及其他相关规章制度，以实现基金会的规范化管理。曹崇延、翟亚飞（2018）强调高校教育基金会建设是"双一流"建设的重要组成部分。他们认为应从法制政策环境的完善、信息披露的规范以及审核监管的重视等方面加强高校教育基金管理，以加快"双一流"建设的进程。何荣山（2018）在其博士论文中分析了现行法律法规在规范大学基金会时存在的问题，并提出了一系列改进措施和解决方案，包括完善大学基金会法人制度以及修订《基金会管理条例》等相关法律法规的建议。

三、关于非营利性民办高校的研究

（一）非营利性民办高校法人财产权的研究

关于非营利性民办高校法人财产权的问题，学术界存在较大争议，主要集中在两个方面：一是是否应对产权进行清晰界定；二是如何界定产权。多数学者认为，清晰界定产权对非营利性民办高校具有重要意义。例如，徐绪卿（2005）指出，无论是举办者、办学者还是政府，都需要对产权进行明晰和界定，这对于办好学校具有重要影响。同时，产权界定也是民办高校人事制度改革和学校后勤社会化的必要基础。陈磊（2008）认为，清晰界定产权将极大地促进民办高校的办学活动，提高资源配置效率。郝晶（2011）则认为，鉴于筹资渠道的不同、学校类型及其性质的多元化，我国民办学校的财产权亦应多元化。要根据纯捐资举办的非营利性民办高校、投资举办的营利性民办高校与混合举办的民办高校的不同类型，区别规定民办高校财产权的进入、运作与退出的法律保护机制。董圣足（2016）则指出，如果学校由捐赠资产举办并履行非营利法人登记手续，则财产所有权归非营利法人所有。无论学校存续期间还是解散时，办学收益与剩余财产均不属于任何个人和营利组织。因此，对于非营利性民办高校来说，明确产权界定对于确保学校的稳定和持续发展至关重要。2017 年 9 月，修订后的《民办教育促进法》正式实施，它明确了非营利性民办高校享有学校法人财产权。许多学者对此展开了讨论，刘强（2017）认为高校产权问题已成为教育体制改革和发展的重要命题。鉴于我国非营利性高校法人所有权处于"虚置"和"缺失"的状态，民办高校需要确立高校法人对学校财产的所有权，健全和完善高校法人所有权的共同治理机制，贯彻落实高校法人的主体地位和自主权利。黄洪兰（2018）认为，《民办教育促进法》中非营利性民办大学法人财产权的明晰和举办者治权的规范，为现代民办大学制度建设提供了法制基础，可以从民办大学法人产权角度，从民办大学产权结构多元化、产权主体多元化、产权制度法制化以及构建多元产权主体的法人治理结构等方面探索建设现代民办大学制度。单大圣（2021）认为，保障非营利性民办学校的法人财产权、实现学校自主管理，成为一个政策难点。现阶段，以基金会为办学主体，可以实现出资人与非营利性民办学校之间的财产隔离，确保办学的自主化和社会化。

（二）关于非营利性民办高校自身发展的研究

考虑到不同国家的社会制度和历史背景存在客观差异，我国民办高校与欧美、日本等发达国家的民办高校存在明显的区别。以美国为例，美国的私立大学分为营利性和非营利性两类，其中营利性学校主要集中在培训领域，提供非学历教育。盖格（Geiger，1986）将私立学院和大学根据其特点分为三类：研究型大学、城市服务型大学和文理学院。英格拉姆（Ingram，1993）则关注了美国私立高校的规模、资源、学费、声望、历史传统与使命、院校类型、学生、教师、董事会等方面。詹姆斯·托勒（2004）对全球发展中国家私立高校的个案进行研究，关注所有权、教育类型、筹资方式、贷款情况、效率和质量等方面。在美国排名前20位的研究型大学中，私立和公立研究型大学数量相当，各具特色；而私立文理学院则因独特的宗教和文化背景，在美国高等教育中占据着举足轻重的地位。由于美国建国时间相对较晚，一些私立大学的创立时间甚至早于美国建国，因此这些私立大学的历史底蕴比公立大学更为深厚，形成了独具特色的生存和发展模式。在欧洲和日本，私立大学与公立大学并肩发展了上百年，因此在机构运作和管理方面具有不同于公立大学的特殊性。然而，我国民办大学的这些特点尚待进一步发展。

在关于我国非营利性民办高校发展现状的研究中，徐绪卿（2005）总结了我国改革开放后首批民办高校的办学经验，主要有宽松的政策环境、良好的政策支持、社会主义办学方向、面向地方办学、注重提升质量和办学条件。邬大光和卢彩晨（2008）认为民办高等教育存在资金渠道单一、特色不够鲜明、办学欠规范、管理有待改善等问题。董圣足（2009）从民办高校法人治理的基本要素入手，全面梳理我国民办高校法人治理现存的问题及症结，提出理性建构具有中国特色的民办高校法人治理制度，探索民办高校法人治理实施的内外部保障条件。阙明坤、阙海宝（2015）指出，关于我国民办高校内部治理的改革与完善，需要对领导负责、教师教学和多方协作的关系加以梳理，排除不利因素，保证机制协调有力，稳定和谐。李虔、刘亮军（2020）从法律保护和法治建设等方面分析了民办高校尤其是非营利性民办高校在分类管理后应避免的风险。卢威、李廷洲（2020）主要从分类管理的视角出发，分析了民办高校分类管理对民办高校和大学学术人员的权力和职业发展的影响。任海涛（2021）认为在现实中，非营利民办高校理事会存在权力过于集中、校长治理权无法保障、缺乏监督机制等诸多问题。未来，应当以办学财产的归属和来源是否是捐赠作为区分非营利民办高校法人性质的标准，形成以理事会为核心、校长独立治校、教职工和党委共同监督的共治格局。周海涛（2022）认为步入高质量发展阶段，非营利性民办教育宜把握整体性、有序性、关联性、结构性、动态性、特色性，调整内在联系和要素关系以达到最优化。

（三）关于非营利性民办高校外部环境的研究

外部环境对大学的发展具有重要影响，这种影响既包括制约作用，也包括为之服务的一面。外部环境中的生产力、科学技术发展水平、经济制度、政治制度以及文化传统等因素，对大学的发展起着决定性的作用，这种制约主要来自这些因素的发展水平。美国教育专家阿尔特巴克（Altbach，1999）认为，非营利性私立高校发展的制度应具有系统性，其法规制度包括与非营利组织或机构相关的法律、政府对高等教育的一般性法律以及专门针对私立高等教育的立法三个层面。这些法规制度对私立高校的设立、运营、管理等方面进行了规范和约束，确保其合法性和可持续性。慈善捐赠对高等教育的发展产生了不可估量的影响，这种影响形塑了美国学院自身的生活（Rudolph，1990）。慈善捐赠不仅为学院提供了经济支持，还对其办学理念、组织结构、管理方式等方面产生了深远的影响。有学者则认为，任何高等教育的发展都离不开政府援助，政府援助越多私立高校发展越快，二者成正比关系（David，2001）。政府可以通过财政拨款、政策支持等方式为私立高校提供援助，帮助其扩大规模、提高教育质量、增强科研能力等。约翰·塞林（2014）将大额捐赠视为推动高等教育变革的重要工具，并将后续出现的慈善基金会视为影响高等教育组织图景中的一种横向影响因素。大额捐赠可以促进大学的创新和发展，推动其进行改革和实验，而慈善基金会等组织则对高等教育组织图景产生影响，成为影响高等教育发展的重要因素之一。

国内多位学者对民办教育及非营利性民办高校的法律制度进行了深入研究。潘懋元（2010）和吴华（2006）等重点探讨了保障民办教育可持续发展的立法问题，强调了出台针对营利性和非营利性学校差异化法规和政策的重要性，并提倡给予非营利性民办高校免税待遇，以及与公办高校同等的待遇。从经济政策角度出发，阎凤桥（2007）提出了具体的建议，如税收优惠政策、明确细化合理回报、增加财政资助以及提供教师教科研条件等，这些建议主要涉及学校举办者、教师和学生等群体。杨树兵（2009）则从风险防范、产权、合理回报、税收、资助、收费、评估、课程、教师及招生等十个方面，详细论述了民办高校的政策需求。关于政府在民办教育发展中的作用，潘留仙（2015）等认为政府应做好五个方面的工作：完善相关法律法规、强化舆论导向、转变政府职能、完善公共财政资助制度和构建全方位监督体系。方芳（2016）强调了明确支持主体、确立支持目标和区分支持对象的重要性，并主张遵循"共同而有区别"的原则。何国伟（2016）针对我国非营利性民办高校在公共财政资助方面的问题进行了深入剖析。这些问题主要体现在政策制度的不完善、资助力度不足以及资助方式过于单一等方面。其背后原因复杂多样，包括思想观念的束缚、非营利性民办高校自身存在的问题、经济结构的影响、教育产权的模糊以及制度成本过高等因素。王一涛（2017）等则关注非营利性民办高校举办者的权益保护问题，包括财产权、决策权和办学自主权等。徐绪卿（2018）提出要加强民办教育政策法律法规的解读，鼓励地方政策大胆创新，坚定不移地落实分类管理，堵住营、非不分的漏洞，落实扶持民办学校的各项政策。在民办高校公共财政扶持政策研究方面，刘亮军（2019）从政府治理视角出发，提出了一系列措施，包括完善组织机构、明确监管重点和建立约束机制等，以支持与规范并举的方式为政府对非营利性民办高校的监督管理服务提供"善治"选择。综上所述，外部环境对大学的发展具有重要影响。为了实现可持续发展，大学需要与外部环境进行良好的互动和合作，充分利用外部资源，提高自身的竞争力和影响力。

四、关于民办高校举办模式的研究

随着民办教育的发展，民办高校的办学模式逐渐成为教育界关注的焦点。深入探究民办高等教育的发展模式，不仅有助于我们更全面地了解我国民办高等教育的发展现状，还有助于我们客观反思其发展中的问题与困境，从而推动民办高等教育的健康、有序发展。办学是一个涉及众多因素的复杂系统工程。潘懋元和邬大光（2001）对办学模式进行了定义，他们认为："办学模式是指在一定历史条件下，以一定的办学思想为指导，在办学实践中逐步形成的规范化结构形态和运行机制。它涉及办学体制、投资体制、管理体制与高等学校之间形成的相对稳定的权力结构和关系。"从研究范围和层次的角度，赵庆典教授（2015）进一步阐释了办学模式的内涵。他指出，办学模式包括宏观、中观和微观三个层次。宏观的办学模式是指一个国家或地区对学校办学行为的规范所形成的体制和机制，或者说是办学的总体规划、政策，如在投资体制、管理体制和办学体制诸方面的制度和机制；中观的办学模式是指学校包括高等学校对办学行为的规范所形成的体制和机制，或者说是学校的办学思想、计划及实施方案如学校的经营管理制度、经费制度和管理运行机制等的有机结合；而微观层次的办学模式主要是指学校内对教学组织和过程的规范所形成的体制或机制，或者说是教学系统、教学结构及运行机制。作为研究民办教育发展的学者，穆岚（2014）指出，根据世界贸易组织的有关规定，高等教育属于服务贸易范畴。因此，加入世界贸易组织必然会对我国高等教育特别是民办高校办学模式产生重要影响，构建多元化的高校办学模式势在必行。徐绪卿（2018）从理论和实践两个层面研究和总结了中国民办院校发展和改革的经验，剖析了世界私立院校办学模式发展的规律，并提出了促进中国民办院校发展的政策建议。杨东平（2018）认为，民办院校的蓬勃发展在很大程度上得益于那些具备创新精神的教育家，这些教育家将个人的教育理想融入学校的建设与发展，使学校在充满人文关怀的基础上，进一步形成特色化、人性化的教育模式，正是这种模式，成功地培养出了一批又一批适应社会发展需求的人才；同时，除了教育理念的延续，治学模式也需要不断创新，以应对日益复杂多变的教育环境。梁快（2008）认为，民办高校正在成为我国高等教育的一支重要力量，民办高校的办学模式、生存与发展现状、机制、体制、政策等问题关系到国家高等教育的发展大计，也关系到社会的和谐与稳定。孟祥萍和秦小莉（2003）采用典型案例分析的方法，从广东省举办较成功的几所民办高校入手，分析比较现有民办高校办学模式的优势和缺陷，通过探讨有助于民办高校发展的新办学模式的共性特征，找出一条适合自身未来发展的道路，以期对目前广东省民办高校的发展有一定的指导作用。钟秉林等（2020）指出，集团化办学已经成为民办高等教育的重要办学模式之一，它有利于放大办学效益、转换发展动力、完善治理体系、稳定改革发展预期；但同时也存在法律政策风险、办学方向风险、教育属性风险和办学质量风险等需要加以引导和规范的问题。

随着现代教育理念的演变以及高等教育改革的推进，国内民办高校的举办模式也在逐步演变，呈现出多元化的趋势。徐绪卿（2018）将其划分为以下几种主要类型：一是个人办学模式。在这种模式下，公民个人通过筹集大量资金来创办民办学校，且举办者在决策过程中发挥重要作用。在我国早期民办教育机构中，这种形式占据主导地位，例如胡大白出资创办的黄河科技学院、秦和开设的吉林华侨外国语学院，以及杨文和夏季亭夫妻共同创办的山东英才学院等，均属于此类。二是企业办学模式。这种模式是指企业独家或与他人合作作为出资方开设民办学校，企业旗下的院校可以借助企业的资金开展教育活动，具有高投入、高起点、高速度的特点，但也存在协议控股、关联交易等办学风险。企业开设的民办高校是利用市场力量直接涉足教育领域的典型代表，校企联系紧密，产教融合成本低；而民办高校也可以吸收、借鉴企业现代化的、科学化的管理经验，来提升自身的管理水平，提高办学品质。例如，浙江新和成控股集团举办的浙江越秀外国语学院。三是民办公助模式。这种模式是指由企业或个人创办的民办高校，在建设过程中除了自筹经费外，还得到地方政府在财政拨款、事业单位编制、建设用地等方面的资助；政府并不直接参与办学过程，学校通常拥有相对独立的法人地位，按照民办的体制机制运行。例如浙江树人学院、北京城市学院、上海杉达学院等。四是混合办学模式。这种模式是指学校由两个以上的举办主体合作举办，或公办高校与民办高校合作办学，通过整合、利用各方优势，提高资源利用效率，激发办学活力；高校产权呈现多样化特点。该种方式的典型代表为独立学院，其在民办高等学校中的优势明显，但分类管理改革因涉及各方利益，转设的操作程序相对复杂。五是捐赠办学模式。这种模式通常由一些有意愿支持教育事业的企业、组织或个人进行捐赠，用于学校的建设、教学设备更新、奖学金设立等方面。办学者为学校建设提供资助或作为办学经费，同时放弃所有权与收益，不寻求对学校的控制。例如西湖大学、贵州盛华职业学院等。这五种办学模式各有其特点和优势，同时也存在各自的局限性和挑战。在未来的发展中，民办高校需要结合自身实际情况，选择适合自己的办学模式，以更好地服务于社会和学生。

五、关于基金会办学的研究

关于基金会办学的研究，国内外的研究都比较少，相对来说，国外的相关研究起步较早。张晓玲（2011）认为，德国哥廷根大学于 2003 年 1 月转型为公法建设基金会大学的最大特点是，公法基金会取代国家成为大学的主要责任的承担主体。除哥廷根大学外，法兰克福大学、汉诺威－希尔德斯海姆大学和奥斯纳布吕克应用科学大学等也被改组为公法基金会建设大学。俞可（2008）认为德国高校体制改革的案例构建了一个既是"学者自治共和国"也是"学术服务性企业"的大学，可能以公共管理的"经营主义"理念而放弃公共利益；以摆脱国家掌控而步入"学术资本主义"的陷阱；以修正"学术个人主义"来牺牲"基本法"所规制的学术、科研、教学自由，从而终结作为"学者自治共和国"的大学。德国大学公法基金会的改革是最广泛、影响也是最深刻的，它为我国的基金会办学提供了良好的借鉴和参考价值。张善飞等（2018）揭示了德国公法基金会大学的内涵，同时总结公法基金会大学具有政府监督办学并保持财政支持以及大学自主权限增强和多渠道筹集社会资金等特点。李虔（2018）指出具有家族化色彩的"基金会大学"是土耳其一流私立大学的重要特征。在土耳其，私立大学都是由慈善基金会建立并运营，大学与资助企业或家族联系紧密。中国一流民办大学建设需要立足本土，兼收并蓄各国有益经验，为现有民办大学的转型和未来新设民办大学的发展提供妥善的政策支持。姚遥（2021）分析了"罗伯逊诉普林斯顿大学案"，认为基金会办学模式在推动民办高校从"准营利"走向"非营利"，破解筹融资难的困境，由家族式管理转向现代治理等方面大有可为。

近年来，民办高校基金会办学模式逐渐成为国内民办教育领域的研究热点，专家学者对此进行了深入的探讨，并取得了一系列有价值的研究成果。罗先锋（2018）以贵州盛华职业学院基金会办学模式为例进行了详细的分析研究认为，基金会方式举办的大学是一种公益性强、特色鲜明、办学规范的高水平民办大学的理想模式，对于我国民办高等教育的发展具有积极的推动作用。熊丙奇（2018）指出，西湖大学的基金会办学模式具有借鉴和复制的价值，如果西湖大学能够成功探索这种基金会办学模式，将对我国非营利性民办大学的办学与发展作出重大贡献。刘金娟和方建锋（2019）从弥补制度设计和治理结构缺陷、拓展筹资渠道、推动民办高校长远发展的角度，阐述了分类管理背景下非营利性民办高校基金会办学的重要性和必要性，并提出了非营利性民办高校基金会办学的原则性意见和方向性策略，为民办高等教育的发展提供了有益的参考。秦和（2019）表示，实行基金会办学是非营利性民办高校办学模式的重大创新。这种从自然人和企业法人办学向基金会办学的转变，可以被认为是新时代民办教育"第二次出发"，具有很强的现实意义。吕宜之（2020a）提出了整合各方资源设立第三方独立基金会，将其作为非营利性民办高校的举办者。通过凝聚"公益性"共识、理顺产权关系、完善治理结构、优化支持政策等举措推进了基金会办学，从根本上破解了非营利性民办高校办学困境，推进了高水平民办大学的建设与发展。郑淑超（2021）指出，独立学院在转设的过程中面临各种困难，而转设为基金会大学能够明晰资产、明确法人治理结构，为独立学院的可持续发展提供新的思路。黄洪兰（2021）探讨了《民办教育促进法》修订和法人制度改革对基金会法人以举办者身份参与非营利性民办高校办学的影响，研究认为，这些改革为基金会法人提供了更多的机会和条件，同时也提出了政府应从解决举办者最关心的现实问题出发，增强基金会办学的吸引力，激励举办者办学主体转型，实现非营利性民办高校产权独立的建议。综上所述，国内民办高校基金会办学模式的研究已经取得了一定的成果，但仍需要进一步深入研究和实践探索。通过不断完善和优化基金会办学模式，有望推动我国民办高等教育健康、可持续发展。

六、研究述评

整体来说，非营利性民办高校基金会办学模式的研究是一个涉及面广、层次较多、内容丰富的综合性研究。目前学界关于"非营利组织、大学基金会、非营利性民办高校、民办高校举办模式、基金会办学"等相关研究已经积累了丰富的理论资源和实践经验，为非营利性民办高校基金会办学模式的实践提供了一定的基础和条件。在非营利性组织研究方面，研究者主要关注了非营利组织的概念界定、产生与发展动机、内外部治理、筹资与运营管理、税收等问题，对非营利组织是不以营利为目的，资源提供者不享有所有权和利润分配权，符合条件的非营利组织可申请享受免税资格、信息披露是树立非营利组织公信力的重要途径等都已经形成一致的认识。在大学基金会研究方面，国外的研究者普遍认为基金会对大学的发展具有重要的影响，并对大学基金会的功能和作用作了深入阐述；而国内的研究者则更多聚焦于大学基金会的内部治理、中外基金会比较、日常管理与运营、法制环境等方面，相比于国外大学基金会的发展，研究者认为我国大学基金会在内部治理、资金募集、投资运营、信息披露等方面与欧美等发达地区高校存在一定差距。在非营利性民办高校研究方面，研究者主要关注了非营利性民办高校的法人财产权、发展现状、外部环境等方面，认为产权是影响我国非营利性民办高校发展的关键因素；民办学校分类管理改革明晰了民办高校的法人属性和产权属性；在外部环境上，普遍认为公平、良好的制度环境是促进非营利性民办高校发展的重要保障，政府应在政策上大力支持非营利性民办高校。在民办高校举办模式研究方面，学者将国外私立高校分为普及型、双轨型、补充型三种办学模式，国内民办高校则被分为个人举办、企业举办、民办公助、混合办学和捐赠办学等五种举办模式。在基金会办学方面，国内研究者通过对西湖大学、贵州盛华学院等个案研究，普遍认为基金会办学模式对于推动非营利性民办高校的发展具有重要现实意义，值得进一步探索。

但我们也认识到，国内外对"基金会办学"的研究相对薄弱，研究内容还不够丰富，研究视角和研究方法上还存在一定的局限性，尚未形成研究体系，与目前我国鼓励基金会办学的导向和实践探索不相匹配。要想全方位呈现基金会办学情况、发展脉络、存在的问题、经验教训及未来趋势绝非易事，还有很多值得我们进一步思考和探索的地方。总的来看，主要局限性和研究趋势包括：一是非营利性民办高校基金会办学模式的研究前瞻性、创新性有待加强，未来研究应打破固有思维，在新发展格局中，尊重办学规律，坚持办学公益性，利用民办体制机制，引导现有非营利性民办高校转设为基金会举办模式，激发办学的创新活力。二是基金会办学的内涵特征、特有价值有待进一步明晰，研究比较零散化和碎片化，深度的理论分析不足，系统性不强，未来研究应借鉴国内外经验和理论，结合非营利性民办高校外部发展环境和院校组织自身直接相互影响的关系，运用文献研究、案例研究、调查研究等方法，对基金会办学进行理论构建，系统阐述其运行的关键因素、内在机理。三是对于现有自然人或企业举办的民办高校转设为基金会办学模式，需要科学、客观设计基金会办学模式的制度范式、运行规则与具体方案，不能盲目照搬国外私立高校的做法，尤其是涉及举办者变更程序、产权归属、基金会与学校权责界定等关键环节，要充分考虑我国特定的政治、经济、文化等因素，结合我国民办教育分类管理改革实际和各校实际，在实践中不断摸索、完善。

第四节　研究设计

一、研究框架

以分类管理、分类支持、分类发展为核心取向的《民办教育促进法》及其配套政策的出台，以及推进高等教育高质量发展的新时代要求，势必导致民办高校在发展理念、治理体系、投融资机制等方面发生重大变化。本课题深入分析了分类管理背景下非营利性民办高校面临的现实境遇，并以此为基础，运用利益相关者理论、教育产权理论、治理理论和第三部门理论，系统地探讨了基金会举办非营利性民办高校的现实背景、内涵特征、要素构成和制度逻辑。课题首先从理论层面出发，构建了基金会举办非营利性民办高校的理论框架，并采用文献研究法、个案研究法和实证分析法，对国内外相关实践进行了横向比较与借鉴。同时，结合我国民办高校办学的实际情况，提出了具体的办学实施路径，以解决现有非营利性民办高校如何变更为基金会办学的问题。通过深入的理论分析和实证研究，总结非营利性民办高校基金会办学的核心要素和运行机制，并提出了相应的政策建议。这些建议旨在推动我国基金会大学的健康、高质量发展，优化其内部治理结构，提高其教育质量和办学水平。本研究不仅丰富了非营利性民办高校基金会办学的理论体系，还为我国高等教育事业的改革发展提供了有益的参考和借鉴。

二、研究方法

(一) 文本分析法

通过中国期刊网等多种渠道系统收集与本研究主题直接相关的国内外文本资料。在详尽阅读这些文本资料的基础上，加以梳理、分析、归类和述评，以确保研究的理论基础坚实。利用文本定性分析方法，深入探讨了我国非营利性民办高校基金会办学的发展趋势。这种分析方法能更准确地解读和判断了这些高校在未来的发展轨迹和方向。为了进一步增强研究的实用性，笔者所在课题组查询了国内外若干所基金会大学的官方网站和相关资料。通过这些资料，获得了与本研究密切相关的非营利性民办高校基金会办学模式的特征信息。这些信息不仅丰富了研究内容，而且为非营利性民办高校基金会办学提供了有益的发展方向和策略建议。

（二）文献研究法

为了充分了解非营利性民办高校基金会办学的相关问题，尤其是分类管理后，非营利性民办高校发展面临的法人属性不明、产权归属不清、经费来源单一、筹资能力薄弱等发展瓶颈问题及其现状，笔者收集查阅了非营利性组织、民办高校、大学基金会、基金会办学等相关研究的文献、资料，深入学习利益相关者理论、教育产权理论、治理理论和第三部门理论等在非营利性民办高校发展中的应用。在大量研读国内外文献的基础上，对非营利组织、基金会、分类管理、非营利性民办高校、基金会办学等概念进行界定。同时通过教育部、民政部、中国社会组织政务服务平台、基金会中心网和各民办高校的官方网站以及微信公众号等渠道，了解相关统计数据和年度报告，探讨存在的问题以及问题背后的产生原因，并分析总结已有研究，为书稿的撰写提供坚实的资料基础。

（三）案例研究法

为了直观且具体地揭示非营利性民办高校基金会的办学实际状况，本书采用了案例研究法。案例研究法，也称作个案研究法，是一种通过各类信息资料来探究当前或特定社会历史现状的实证研究方法。这种方法特别适用于探索"如何产生变化"或"为何会变成这样"的问题。与其他研究方法相比，案例研究法能够为所选的研究对象提供更为详尽和具体的描述。本书选取了德国公法基金会大学、土耳其基金会大学、西湖大学、贵州盛华学院等作为典型案例，致力于研究不同案例学校在不同的社会环境、政策环境和经济环境中的发展现状、问题、成效及对策建议；并通过对多个案例的研究，归纳总结其中的发展经验和共同规律。

（四）调查研究法

为了收集民办高校举办者、管理者、师生和社会公众等对基金会办学模式的意见和建议，了解各利益相关者对学校未来方向的期望，课题组采用了多种调查研究方法。首先，利用各类民办教育学术研讨会、网络交流平台及各种信息发布渠道，广泛收集了专家学者和各利益相关者的观点。其次，走访各级教育行政部门，深入了解了国家、地方对民办高校的最新政策和发展趋势。此外，还实地调研了多所民办高校，与学校管理团队、师生面对面交流，了解他们在实际办学中的经验和问题。通过这些方法，收集了丰富的数据和资料，并对各利益相关者的态度和认识进行了深入的分析。

三、研究内容

本研究由七章构成。

第一章，主要就研究的缘起和意义、研究所涉及的关键概念界定，并针对基金会举办非营利性民办高校所涉及的文献进行综述，包括非营利组织的研究、大学基金会的研究、非营利性民办高校的研究、民办高校举办模式的研究和基金会办学的研究。在此基础上提出研究框架，对研究所应用的研究方法、所阐述的研究内容及书稿的谋篇布局进行说明。

第二章，首先回顾我国非营利性民办高校发展的历史进程，梳理、阐述我国非营利性民办高校发展的实践演进、制度变迁及历史经验。然后，分析民办教育分类管理改革的政策背景、目标任务和实施状况，全面了解民办教育分类管理改革的实际进展情况。在此基础上，通过调研非营利性民办高校发展现状，研判非营利性民办高校面临的法人属性不明、产权归属不清、经费来源单一、筹资能力薄弱、治理模式单边、治理结构失衡和办学同质化、特色不彰显等问题。最后提出分类管理背景下非营利性民办高校的发展形势及面临的机遇和挑战。

第三章，对大学教育基金会的发展进行历史回顾。从国内外大学教育基金会的发展历程入手，深入剖析我国大学教育基金会和民办高校教育基金会的发展现状，在此基础上对大学教育基金会的特征和功能进行系统梳理；并在深入比较国外大学教育基金会和我国大学教育基金会的运行模式与特征后，对基金会发展进行了全面的总结和反思。

第四章，阐述基金会举办非营利性民办高校的逻辑机理，分别从基金会办学的现实背景、内涵界定和功能特征展开分析。进一步借助理论工具，重点阐述基金会举办非营利性民办高校的相关理论，例如教育产权理论、治理理论、利益相关者理论和第三部门理论等，为本书的深入研究奠定理论基础。在此基础上，深入分析和研究基金会举办非营利性民办高校的内涵特征、功能机理和制度逻辑。

第五章，对国内外基金会举办非营利性民办（私立）高校的不同个案开展具体研究。首先以德国公法基金会大学和土耳其基金会大学发展的个案开展研究，再对当代我国两所由基金会举办的非营利性民办高校——西湖大学和贵州盛华职业学院开展研究，对每所院校的发展现状、办学特色、办学经验进行归纳、总结和反思。

第六章，结合上述章节，对中外基金会举办非营利性民办高校发展的史实，以比较的视角就基金会办学模式的发展经验进行总结、比较和分析，并从基金会举办非营利性民办高校的建构思路、产权关系、内部治理、转设程序等方面提出基金会举办非营利性民办高校的实践路径。

第七章，提出基金会举办非营利性民办高校的政策建议。分别从政府、社会和第三方行业协会等角度提出落实扶持政策、完善监督机制、强化宏观调控等推进和优化基金会举办非营利性民办高校的政策建议。

第二章 非营利性民办高校演进历程与发展进路

　　我国的非营利性民办高校在民办教育分类管理改革的推动下，经过了起步探索、办学发展、规范建设及分类管理等多个阶段，在民办教育中占据了举足轻重的地位。民办高等教育的发展与民办高等教育制度息息相关，而民办教育政策则是这一制度的具体体现。每个发展阶段都伴随着不同的制度和政策，正是由于政策的及时更新和发展，为非营利性民办高校提供了更多的发展空间。随着民办教育分类管理改革的推进和实施，非营利性民办高校迎来了快速发展的契机。通过分类管理，无论是国家政府还是地方社会，都为非营利性民办高校提供了更多的政策支持和优惠，也为非营利性民办高校营造了良好的办学氛围和运行环境。非营利性民办高校的办学公益性消除了之前民办高校法人属性不清、产权归属不明等问题，社会认可度和办学声誉得到显著提高，在人才培养、产教融合、教育教学等方面，也取得了新的突破。经过多年的发展，各地已经涌现出一批注重内涵发展、办学特色鲜明的非营利性民办高校。

第一节　我国非营利性民办高校发展的演进历程

一、我国非营利性民办高校发展的历史回顾

改革开放以来，非营利民办高校的演进历程大致经历：起步探索阶段（1978～1991 年）、办学发展阶段（1992～2001 年）、规范建设阶段（2002～2015 年）和分类管理阶段（2016 年至今）四大主要历史发展时期。回顾历史、总结经验，是正确把握现实、开拓未来的前提和基础。民办高校的办学模式和一个国家的政治、经济、文化有着直接关联，体现深刻的历史继承性。因此，在探究基金会举办非营利性民办高校这一具体办学模式创新时，有必要运用历史的研究方法，系统梳理非营利性民办高校演进的各历史阶段，总结分析各阶段非营利性民办高校在办学理念、办学模式、资金筹集、大学治理、政策环境等关键领域的演进特征和发展趋势，挖掘非营利性民办高校办学模式与国家经济发展历程、教育市场需求变化的关系，能更好地为基金会办学模式的未来发展与改革提供经验借鉴。

（一）起步探索阶段（1978～1991 年）

我国的民办高等教育发展可以追溯到改革开放之初，当高等教育的迫切需求与国家财政投入不足之间的矛盾越来越明显时，迫切需要将更多的民间资金引入教育领域，以增加高等教育院校数量、扩大办学规模。1978 年，十一届三中全会确定了国家发展以"经济建设"为中心；1982 年颁布的《中华人民共和国宪法》规定，国家鼓励集体经济组织、国有企业和其他社会力量依照法律规定举办各种教育事业；同一时期，国家教育部门也出台了相关政策鼓励青年学生参加高等自学考试、企业举办职工学校组织脱产或半脱产学习，这些政策为社会力量办学释放了发展空间，也激发了民间的办学热情。不少社会组织和个人积极创办了各种办学形式的非营

利性民办高校。这些院校的举办者有政协、民主党派、协会等，也有退休的校长、资深教师、教育行政人员等公益动机强烈的公民个人；学校的创办经费多为捐赠、政府资助、创办人募集等；这些学校大多不以营利为目的，收费较低，学校产权为公益产权，例如长沙中山专修学院（1978年）、杭州钱江业余大学（1979年）、中华社会大学（1982年）、河北刊授学院（1983年）、北京海淀走读大学（1984年）、浙江树人大学（1984年）等。这一时期的非营利性民办高校大多是从无经费、无师资、无场地的"三无"状态中几经坎坷，白手起家，艰苦奋斗创办起来的，主要面向单位职工、中小学文化补习生、自考生、学习技能的普通大众等群体，办学内容涉及自学考试补习、职工培训、外语、医药进修、家电培训等多个领域，学习形式有全日制或非全日制、脱产或半脱产、面授或函授或电化教学等，大部分学校没有被纳入全日制统招学历教育范畴，办学层次和水平均不高，政策法规也未对非营利性民办高校的办学资格、办学标准、办学属性、办学行为等作出明确界定和规范，学校在专业设置、师资选用、招生等方面的办学自主权较大，社会认可度及影响力还非常有限。

（二）办学发展阶段（1992～2001 年）

这一时期，邓小平同志的南方谈话和党的十四大提出的社会主义市场经济理论，从根本上解除了把计划经济和市场经济看作属于社会基本制度范畴的思想束缚，使我们在计划与市场关系问题上获得了思想大解放，建立社会主义市场经济体制成为我国经济体制改革的重要目标（黄洪兰，2019）。1992 年，党的十四大明确提出建立社会主义市场经济体制，并指出，"鼓励多渠道、多形式的社会集资办学和民间办学，改变国家包办教育的做法"，为开创民办教育事业新局面指明了道路。同时，国家高等教育扩招政策也为非营利性民办高校的发展带来重大机遇。1993 年，国家教委批准了黄河科技学院、浙江树人学院、上海杉达学院和四川天一学院4 所民办高校的办学申请；1994 年又审批了黑龙江东方学院、江苏三江学院，至此，首批民办院校正式问世，开始实施专科层次的全日制学历教育。这也标志着我国实施民办院校办学体制的重大突破。同年，福建仰恩大学从华侨大学的独立学院分离出来，成为全国第一所由基金会举办的具有颁发国家本科学历证书和授予学士学位资格的非营利性民办高校。1998年，全国首家由教育部登记设立的公有民办二级学院苏州大学文正学院成立。1999年，我国开始高等教育扩招。随着招生规模不断扩大，公办高校的有限教育资源使得作为有益补充的民办高校作用更加凸显。这一时期，国家政策对非营利性民办学校办学的支持和鼓励力度进一步加大，不仅通过法规政策明确非营利性民办学校合法化地位，更尝试通过经费、教师编制、招生名额、土地资源等资源要素扶持办学与发展。社会力量办学备受政策鼓励，民办学校数量倍速增长，达到了一定的办学规模。民办高校在经过前期的探索，也积累了一定的办学经验，整体发展迅猛，办学模式的多元化特征更加突出，吸引了企业、外国社会组织等新兴主体参与办学，在办学体制上出现了中外合作办学、企业办学、股份制办学、基金会办学等新型办学体制；在办学理念、形式、层次、质量上得到了一定提升，为我国社会力量办学奠定了基础，开创了新思路。

（三）规范建设阶段（2002～2015 年）

2002 年 12 月 28 日，我国第一部民办教育专门法律文件——《中华人民共和国民办教育促进法》正式颁布，并于 2003 年 9 月 1 日正式实施。《民办教育促进法》标志着民办教育进入法治化、规范化发展阶段。这一时期，民办高校的整体规模日益壮大，办学模式的多元化特征更加突出，不论是在办学理念、办学体制还是在发展模式上均有所创新和突破。根据统计数据，2003～2015 年，全国民办普通高校总数从 175 所增至 734 所，涨幅 3.19 倍，全国占比从 11.28% 上升至 28.67%。[①] 在这一阶段，我国民办高校也首次被法定为非营利性，《民办教育促进法》第三条"民办教

---

① 胡大白. 中国民办教育通史（当代卷）[M]. 北京：社会科学文献出版社. 2019.

育事业属于公益性事业，是社会主义教育事业的组成部分"，突出了民办教育事业的公益属性，强调了在维护公共利益方面所承担的责任；同时，依据《民办非企业单位登记管理暂行条例》将实施学历教育的民办高校注册登记为民办非企业单位，这是我国第一次在法理上将民办高校统一划入非营利组织范畴。2013 年，全国 26 所民办高校在教育部的支持下，在中国民办教育协会的引导下，自发成立了非营利性民办高校联盟。联盟高校均是办学基础较好、非营利性办学方向明确，在所在地区具有一定代表性的民办高校。截至 2015 年，非营利性民办高校联盟扩大到全国 74 所民办高校。非营利性民办高校联盟的成立和发展，引导非营利性民办高校遵循教育规律，倡导公益办学方向，是深入推进非营利性和营利性民办高校分类管理的重大举措，体现了大力发展非营利性民办高等教育的政策导向，为探索符合我国国情的非营利性民办高校办学模式搭建了新的平台。同时，国家开始在上海、浙江、深圳和吉林华侨外国语学院开始民办学校分类管理的试点改革工作。2013 ~ 2015 三年的《教育部工作要点》均指出，要总结营利性与非营利性民办学校分类管理试点经验；推进民办学校分类改革，探索在政府支持、税费优惠、捐资奖励等方面构建差异化扶持政策；研究制定民办学校分类管理配套政策。2015 年全国教育工作会议上，教育部再次重申推进分类管理、建立差别化扶持政策、健全相应的管理保障制度的重要性和必要性。民办学校分类管理的趋势日益明显，对非营利性民办学校办学行为的管理更加精细化。这一时期民办高校的办学层次也在不断提升，办学层次在本科及以上的非营利性民办高校比例大大增加。2011年，北京城市学院、河北传媒学院、黑龙江东方学院、吉林华侨外国语学院、西京学院 5 所民办高校获批教育部授予的研究生培养资格。[1] 2012 年后，非营利性民办高校开始小范围实施硕士研究生培养工作。2012 ~ 2015年，非营利性民办高校的硕士研究生在校人数从 155 人增至 509 人。[2] 非

---

① 杨玉新 . 民办高校研究生教育面临的机遇与挑战［J］. 经济研究导刊, 2013（26）: 133 – 134.
② 胡大白 . 中国民办教育通史（当代卷）［M］. 北京: 社会科学文献出版社 . 2019.

营利性民办高校在国家法规政策的指引下，形成了"规范管理，特色发展"的办学理念，开始从规模扩张逐渐转向质量提升，注重内部规范管理，推进章程建设，完善法人治理结构，推动学校制度化管理，努力探索民办高校突破人治、走向依法治校的现代大学制度。

（四）分类管理阶段（2016 年至今）

随着中国高等教育由精英化向普及化的发展，"办好人民满意的教育"成为新时期的核心理念。民办高校在前期分类管理探索和"一揽子"教育法修订工作的基础上，办学体制改革得以深化，进入了营利性与非营利性"分类登记、分类管理、分类扶持、分类规范"的新阶段。这一时期，民办教育分类管理的法律法规密集出台，配套政策逐步完善，为民办高校营利性与非营利性分类管理提供了法律依据。分类管理的基本思路与原则得以明确，完成了民办高校分类管理的顶层设计。非营利性民办高校正式获得法律界定，与公办高校享有同等的法律地位。这从法律源头上解决了非营利性民办高校办学过程中的突出矛盾和关键问题，如产权归属、法人属性、扶持政策、平等地位和发展空间等，为非营利性民办高校的发展创造了良好的制度环境。分类管理政策构建了民办教育分类支持体系，为社会力量举办非营利性民办学校提供了良好的政策预期。国家积极鼓励和支持社会力量举办非营利性质的民办学校，并在政府购买服务、土地划拨、政府补贴、税收减免、捐资激励等方面予以扶持。经过分类管理后，非营利性民办高校有了清晰的政策判断，其办学公益性更加凸显，已成为民办高等教育的主体力量。非营利性民办高校也形成了多种办学体制多元共存的办学格局，包括个人办学、联合办学、国有民办、企业办学，以及基金会办学、无举办者办学等新型办学体制。在新发展阶段，非营利性民办高校开始探索内涵式、特色化、高质量发展的新道路，逐渐从数量增长向质量提升转变。然而，这也带来了新的挑战，即如何妥善处理资本逐利性与教育公益性之间的矛盾。坚守教育初心、遵循教育规律，满足人们多样化的教育需求，是非营利性民办高校应当承担的责任。而将"人才培养"作为根本任务和首要职责，以及追求公益性与健康、可持续发展，更是非营利性民办高校发展的核心目标。

二、我国非营利性民办高校发展的制度变迁

我国民办教育的发展与民办教育制度和政策之间有着紧密联系，民办院校的办学轨迹与民办教育政策制定的轨迹也是相互交替、相互推进的。民办高校政策出台的动力主要来自民办院校办学实践的需求，同时民办高校的地位、功能随着政策的变化也在进行变化。从某种意义上来说，民办高校的发展历程就是民办高等教育制度和政策的变迁过程。本章主要探讨的是非营利性民办高校的发展，其政策支持对于非营利性民办高等学校的发展具有至关重要的意义。因此，以国家对非营利性民办高等教育政策为分析基础，改革开放以来的非营性民办高等学校的政策发展，同样可分成四个阶段。第一阶段：以1978年党的十一届三中全会召开为标志的非营利性民办高校起步探索阶段的政策探索期。第二阶段：以1992年党的十四大召开和《中国教育改革和发展纲要》的颁布为起点，非营利性民办高校办学发展进入了政策密集期。在这一时期，政策导向对非营利性民办高校的发展起到了重要的推动作用。第三阶段：2002年《民办教育促进法》的颁布标志着非营利性民办高校进入了规范建设阶段，在这一时期，政策立法对非营利性民办高校的管理和建设提出了明确的要求和规范，促进其健康有序的发展。第四阶段：2016年《民办教育促进法》的修改标志着非营利性民办高校分类管理阶段的开始，在这一阶段，政策改革对非营利性民办高校的管理体制和运营模式进行了重大调整。

（一）起步探索阶段的"政策探索期"

起步探索期的政策特征主要是民办教育的法规政策处于探索状态，政策规范落后于办学实践。1978年12月，党的十一届三中全会确立了以经

济建设为中心的基本国策，拉开了改革开放的序幕，也带来了教育观念上的转变。一批高考复读班、夜大、自考辅导班等形式的民办高等教育机构相继诞生。1982年12月4日，第五届全国人民代表大会通过的《中华人民共和国宪法》明确提出，"国家鼓励集体经济组织、国家企业事业组织和其他社会力量依照法律规定举办各种教育事业。"这是我国恢复民办教育后首次从法律层面上确立民办教育的合法性，标志着新中国从禁止民办教育到恢复民办教育的历史性转折，为民办教育的发展、高等教育的改革和教育法制的完善奠定了坚实的法律基础。随后，1985年中共中央颁布了《关于教育体制改革的决定》，开始部署教育领域的改革开放。该文件指出，"地方要鼓励和指导国营企业、社会团体和个人办学，并在自愿的基础上，鼓励单位、集体和个人捐资助学。"这些条款肯定了社会力量办学的意义和作用，为社会力量办学提供了明确的政策导向，进一步激发了社会力量办学的积极性和创造性。为了进一步规范和引导社会力量办学的发展，1987年，国家教育部门颁布了《社会力量办学的若干暂行规定》，明确指出，"社会力量办学是我国教育事业的组成部分，是国家办学的补充"。这一规定为社会力量办学提供了具体的操作规范和制度保障，促进了其健康有序的发展。这是恢复民办教育后第一个针对民办教育发展的具体规定。该条例主要规范了办学条件、考试制度、行政管理、校园规范等方面的具体流程。该条例的出台，不仅让民办教育正式成为国家教育的重要补充，明确了民办教育的地位，也让我国的民办教育逐渐得到了合法地位和官方认可，为民办教育的进一步发展拓展了空间。之后，国家教育部门又相继出台了《社会力量办学财务管理暂行规定》（1987）、《社会力量办学教学管理暂行规定》（1988）、《关于跨省、自治区、直辖市办学招生广告审批权限的通知》（1990）、《社会力量办学印章管理暂行规定》（1991）等政策文件。这些规定大部分为"暂行规定"，重点是规制民办院校办学中的"不规范"行为，尚未形成系统的政策文件。总之，这一时期的一系列法律法规和政策措施，为社会力量办学提供了坚实的法律基础和政策支持，推动了民办教育的发展和高等教育的改革。

（二）办学发展阶段的"政策密集期"

这一阶段，政府对民办高等教育发展的政策主要是在宏观层面上鼓励、引导、扶持社会力量举办高等教育，打破了新中国成立后牢不可破的国家统一办学的教育体系的坚冰。自 1993 年起，中国对教育制度进行了深度的改革，打破了以往国家全权包办教育的模式，标志着民办高等教育进入了一个全新的历史发展阶段。这一改革不仅改变了民办教育的范围和规模，更体现了国家对多元化办学模式的开放态度。作为指引 20 世纪 90 年代乃至 21 世纪初国内教育改革和发展的纲领性文件，《中国教育改革和发展纲要》（1993 年）起到了关键的作用。在这一纲要中，有三个重要的创新点：首先，它提出了改革办学体制，改变政府包揽办学的格局，形成"以政府办学为主体、社会各界共同办学"的新体制。这一变革意味着教育资源的重新配置和社会参与度的提升，为民办高等教育的发展开辟了道路。其次，纲要首次鼓励社会力量和个人参与办学，打破了传统的教育所有制，为民办高等教育提供了广阔的发展空间。最后，纲要明确提出了对民办教育的指导方针："积极鼓励、大力支持、正确引导、加强管理"。这十六字方针为民办高等教育的发展提供了清晰的方向和保障，确保了其在国家教育体系中的合法地位和健康发展。《民办高等学校设置暂行规定》（1993）的出台拉开了民办高等教育发展的序幕。该文件从总则、设置标准、设置申请、评议审议、管理、变更和调整、其他等七个章节，具体描述了民办院校的办学政策；它第一次提出了"民办高等学校"的概念，明确了民办普通高等学校的设置条件和程序，为社会力量举办民办院校制定了操作规范和指南。文件首次将民办教育从我国教育体系的"有益补充"定位为"重要组成部分"。1995 年制定的《中华人民共和国教育法》（以下简称《教育法》）对民办教育进行了政策法制化，明确提出了民办高等学校及其教师、学生应享有与其他国家高等教育同等的法律地位和权利，同时民办高等学校应享有国家给予其他高等学校的优惠待遇。这一规定使民办院校的设置和管理工作有据可依、有章可循，为民办高等教育的发展提供了重要的法律保障。1997 年出台的《社会力量办学条例》进一步明确了民办教育的法律地位，将社会力量办学定位为国家教育事业的组成部分，并对民办学校的定位和政策进行了明确和保障。该条例还强调了民办学校的非营利性质，规定任何组织和个人不得以营利为目的举办学校及其他教育机构。《社会力量办学条例》第五章"教育机构的变更和解散"也包含了支持措施，以保护举办者在财产清算时的各项权利；第六章"保障与扶持"中，对学校用地的优惠和师生的法律平等作出明确规定。为了鼓励社会力量管理学校，1998 年出台的《中华人民共和国高等教育法》（以下简称《高等教育法》）进一步明确了允许"企业事业组织、社会团体及其他社会组织和公民等社会力量依法举办高等学校，参与和支持高等教育事业的改革和发展"，并重申了"设立高等学校，应当符合国家高等教育发展规划，符合国家利益和社会公共利益，不得以营利为目的"。在这一阶段，民办教育政策已经非常强调"非营利性办学"，为今后确立我国民办高等教育公益性办学属性奠定了理论基础。此外，相关部门针对民办院校的专门文件的发布密度也明显加大，《国家教委办公厅关于民办学校向社会筹集资金问题的通知》（1994）、国家教育委员会发布的《中外合作办学暂行规定》（1995）、《国家教育委员会关于加强社会力量办学管理工作的通知》（1996）、《国家教育委员会关于社会力量办学管理经费问题的意见》（1996）、国家教委办公厅和劳动部办公厅发布的《关于实行社会力量办学许可证制度有关问题的通知》（1997）、《国家教育委员会关于实施〈社会力量办学条例〉若干问题的意见》（1997）等文件陆续出台。一些地方性法规也开始涉及民办院校的管理，如上海市于 1994 年出台《上海市民办学校管理办法》，广东省于 1995 年出台了《广东省私立高等学校管理办法》。这些文件的制定也为国家层面出台民办院校的管理制度提供了必要的经验和有益的尝试。①

---

① 徐绪卿等．民办院校办学体制与发展政策研究［M］．北京：中国社会科学出版社，2018．

（三）办学规范阶段的"政策立法期"

2002 年 12 月 28 日，第九届全国人民代表大会常务委员会第三十一次会议通过了《民办教育促进法》，并于 2003 年 9 月 1 日正式实施，同时废止了《社会力量办学条例》。全国人民代表大会通过第一部关于民办教育的立法，这一事件在我国的民办教育发展历程中具有里程碑意义。它不仅标志着我国民办教育开始走上法治化的道路，也为民办高等教育提供了明确的法律依据和规范。《民办教育促进法》的重点在于促进，从民办学校的筹设要求、组织制度、资产管理、扶持奖励、变更终止等方面，为我国民办学校的发展和权益保护提供了法律依据，标志着党和政府以法律的形式明确了民办教育的性质、在国民教育体系中的价值、作用与定位；为民办教育发展创设良好而宽松的发展环境。2004 年 3 月，国务院办公厅又颁布了《民办教育促进法实施条例》，进一步细化了《民办教育促进法》的具体实施方案，明确了民办学校办学的操作性规定，我国的民办高等教育进入了有规可依、有章可循的新历史发展阶段。此后，教育部、国务院办公厅等部门陆续颁发了《教育部办公厅关于〈启用民办学校办学许可证〉有关问题的通知》（2004）、《国家发展改革委关于印发〈民办教育收费管理暂行办法〉的通知》（2005）、《国务院办公厅关于加强民办高校规范管理引导民办高等教育健康发展的通知》（2006）、《中共中央组织部 中共教育部 党组关于加强民办高校党的建设工作的若干意见》（2006）、《民办高等学校办学管理若干规定》（2007）等"一揽子"法规政策，对民办高校办学行为提出具体的规范性要求和法制性约束，形成了民办教育法治体系，促进了民办高校办学走向健康规范。这一时期，我国还制定了一些支持民办非营利性高等学校发展的具体措施。《国家中长期教育改革和发展规划纲要（2010–2020 年）》（2010）充分肯定了民办教育，强调"民办教育是教育事业发展的重要增长点和促进教育改革的重要力量"，同时指出，各部门要"大力支持民办教育"，并第一次提出"开展对营利性和非营利性民办学校分类管理试点"。《国务院办公厅关于开展国家教育体制改革试点的通知》（2010）确定上海市、浙江省、深圳市和吉林华侨外国语大学作为具体改革的试点地区和学校，积极探索"营利性和非营利性民办高校"的分类管理办法。试点地区和学校根据当地的实际情况和管理需要，积极进行调查研究和试验，形成了自己的优势，对当时营利性和非营利民办学校分类管理形成了重要指导意义。《教育部关于鼓励和引导民间资金进入教育领域促进民办教育健康发展的实施意见》（2012）旨在激励和指导民间资本发展民办教育与社会培训事业，逐步形成以政府办学为主导、全社会共同参与、公办教育和民办教育协同发展的新布局。《国务院办公厅关于政府向社会力量购买服务的指导意见》（2013）明确，在教育等基本公共服务领域，要逐步加大政府向社会力量购买服务的力度。在这一阶段，试点地区也出台了不少地方性非营利性民办学校支持政策，例如2013年温州市出台了民办教育"1＋14"新政，形成了较为完备、科学规范的政策体系；上海市发布了《关于做好上海市民办高等教育政府扶持资金申请工作的通知》（2010）、《上海市推进民办高等学校落实法人财产权的实施办法》（2010）等文件。这些政策文件不仅体现了国家对民办教育的重视和支持，同时也为民办教育的健康发展提供了坚实的政策保障。通过鼓励和引导民间资金进入教育领域，促进公办教育和民办教育的协同发展，有助于提高我国教育的整体水平，满足社会多元化的教育需求。

（四）分类管理阶段的"政策改革期"

民办教育分类管理改革是我国民办教育改革发展的历史选择，也是我国民办教育坚持特色化发展道路的实践探索。2016年11月7日，第十二届全国人大常委会第二十四次会议通过了《全国人民代表大会常委会关于修改〈中华人民共和国民办教育促进法〉的决定》。这次修法的最大亮点是确立了分类管理的法律依据，明确实行非营利性和营利性民办学校分类管理。根据该决定，民办学校的举办者可以自主选择设立非营利性或者营利性民办学校。对于实施学前教育、高中阶段教育、高等教育以及非学历教育的营利性民办学校，允许其设立，但不得设立实施义务教育的营利性民办学校。对于非营利性民办学校，其举办者不得取得办学收益，办学结余全部用于办学。民办教育改革进入分类管理新时代，初步建立针对两类民办学校的差异化制度体系。① 随后，国务院及相关部门颁布了一系列配套政策，推进民办教育新法新政的落地。2016 年 12 月，中共中央办公厅印发《关于加强民办学校党的建设工作的意见（试行）》，对民办学校党的建设工作提出了明确的要求，民办学校要提高认识，坚持党的全面领导，坚持社会主义办学方向，落实立德树人根本任务。教育部、人社部、民政部、中央编办、工商总局等五部委联合发布了《民办学校分类登记实施细则》，进一步明确了民办学校的分类管理，包括设立审批、登记机关、事项变更、注销登记等相关内容。随后，教育部、人社部、工商总局印发的《营利性民办学校监督管理实施细则》对营利性学校的设立条件、组织机构、教育教学、财务管理、信息公开等方面作出了详细规定。此外，《工商总局、教育部关于营利性民办学校名称登记管理有关工作的通知》进一步规范了营利性民办学校的名称问题。2017 年 1 月 18 日，国务院发布了《国务院关于鼓励社会力量兴办教育促进民办教育健康发展的若干意见》，全面部署了民办教育改革发展的政策措施，并制定了非营利性和营利性民办学校在政府购买服务、捐资激励、财政补贴、土地划拨、税收、师资保障等方面的差别化政策规定。同年 7 月，教育部等十四部门联合印发《中央有关部门贯彻实施〈国务院关于鼓励社会力量兴办教育促进民办教育健康发展的若干意见〉任务分工方案》，明确了各部门职责和分工，以推进民办教育分类管理。在此基础上，同年 8 月，国务院办公厅同意建立由教育部牵头的民办教育工作部际联席会议制度，以加强部门间的协调与合作，共同推进民办教育的健康发展。联席会议的主要职能是：在国务院领导下，统筹协调推进民办教育改革发展相关工作，健全社会力量兴办教育的政策制度。在这一阶段，各省份也都纷纷成立民办教育改革领导小

---

① 周海涛等．民办教育分类管理政策实施跟踪与评估研究［M］．北京：经济科学出版社，2019.

组，统筹本地分类管理的政策调研、制定和出台等工作。各省市立足地区民办教育发展历程与现实情况，先后出台了地方性的实施意见和配套文件，力促本地区民办学校分类管理改革取得实效。截至 2020 年 8 月，我国 31 个省级政府已颁布了落实《民办教育促进法》的具体实施文件。部分省份在教师待遇、财政扶持、税收优惠、补偿奖励等方面积极探索，并制定了具有实质性内容的政策条款。《民办教育促进法》生效实施后，教育部随即启动了《民办教育促进法实施条例》的修订工作。经过修订，2021 年公布了修订后的《民办教育促进法实施条例》。该条例的修订，秉持了扶持与规范并重的原则，对民办教育的发展产生了深远的影响。在办学方向上，始终坚守教育的公益属性，确保党的教育方针得到全面贯彻，并坚定地落实"立德树人"的教育根本任务。在发展目标上，更加注重优质和特色，引导民办学校提供差异化、多元化、特色化的教育供给，以满足社会的多元需求。在动力机制上，更加依靠改革创新和开放合作，通过政策创新、制度创新、模式创新和开放办学、国际化交流，激发民办教育的内生动能，推动其持续发展。在法律地位上，更加体现了公平、平等原则，建立健全保障机制，保障了民办学校和师生的合法权益。在政策要求上，更加强调扶持与规范并重，确保民办教育健康有序发展。至此，我国民办教育形成了较为完善的顶层设计，分类管理进入法律法规和政策落地的新阶段。

三、我国非营利性民办高校发展的历史经验

非营利性民办高校是我国高等教育的重要组成部分，在人才效应、经济效应和社会效应方面的影响越来越大。经过改革开放四十余年的探索与发展，我国非营利性民办高校办学规模稳步扩大，办学层次逐步提升，内涵建设扎实推进，取得了显著的发展成效，也为今后我国非营利性民办高校发展提供了诸多可借鉴的办学经验。

（一）党和政府的大力支持是非营利性民办高校健康发展的前提

中国共产党领导是中国特色社会主义最本质的特征和最大的制度优势。在中国的教育体系中，坚持党的领导对于确保中国教育的社会主义性质和方向、促进教育公平、保障广大学生的权益等方面都具有重要意义。民办教育事业在建设教育强国、增强文化自信以及满足市场多样化教育需求方面，与公办教育发挥着同等重要的作用。党中央和各级政府历来高度重视民办教育事业，为民办高校的快速发展提供了坚实的保障。为了进一步激励和规范社会力量在教育领域的发展，解决因法人属性不明确而导致的制度瓶颈和政策障碍，党中央决定实施民办学校的非营利性和营利性法人分类管理改革。这一改革旨在明确举办者是否期望从办学中获得经济收益，从而对民办学校进行分类管理。中央和地方各级政府在相关的民办教育分类管理文件中明确指出，要积极引导社会力量创办非营利性民办学校，坚持教育的公益属性。无论是在非营利性还是营利性民办学校中，都应始终将社会效益放在首位。这一原则强调了民办教育应以社会福祉为首要目标，而非单纯追求经济利益。分类管理改革总的价值导向是，重点引导、优先扶持非营利性办学。因此，《民办教育促进法》及其实施条例在财政资助、税收优惠、用地政策、教师待遇等方面，对非营利性民办高校作了更加有利更为详细的政策安排，以支持其内涵建设、特色培育与质量提升。民办高校的发展实践也表明，党和政府的大力支持是非营利性民办高校健康发展的根本保证。经过四十多年的发展，民办高校，尤其是非营利性民办高校，在教育领域中发挥了重要的作用。一方面，它们通过特色化办学，扩大了优质教育资源的覆盖面，有效地缓解了地方教育资源供需矛盾。这不仅满足了人民群众对优质化、个性化、特色化教育的需求，更为地方教育的发展注入了新的活力。另一方面，非营利性民办高校以其独特的生机和活力，为公办高校提供了宝贵的经验借鉴。它们在办学体制、管理体制和育人机制方面的创新实践，为公办高校深化改革提供了有益的参考。这种互促互进的发展模式，不仅推动了民办高校的持续发展，也为整个高等教育体系注入了新的活力。

（二）　完善的政策法规体系是非营利性民办高校健康发展的保证

在促进非营利性民办高校发展的过程中，良好的法律政策环境是至关重要的保障。政策是政府对非营利性民办高校进行规范和导向、控制和协调、管理和发展的重要工具。在我国民办高等教育的发展历程中，政府一直将鼓励民办高校的发展，尤其是非营利性、高质量的民办高校，作为其政策的价值取向。为了实现这一价值取向，政府采取了多种措施，如提供经费支持等，以确保政策的落地实施。改革开放以后，我国政府积极顺应社会制度与经济发展的要求，历经了四十多年的民办教育改制实践和法律法规等政策的不断调整，尽管不同时期关注重点不同，但是鼓励支持与引导规范相结合的总方针没有改变，为民办教育的改革发展营造了良好的法律和政策环境。一方面，国家层面不断完善教育立法。2016 年进入民办教育改革法治化时代，修订完善了《民办教育促进法》，并出台一系列配套政策，有效破解了民办教育基础性问题。此外，还有其他领域涉及非营利性民办高校的法规制度，如《基金会管理条例》、《中华人民共和国企业所得税法实施条例》（以下简称《企业所得税法实施条例》）（2007）、《慈善法》、《民法典》等，影响到非营利性法人属性确定、捐赠资产认定、免税资格确定等事项。另一方面，地方政府层面制定了配套的法规和细则。地方各级政府和教育主管部门，针对本区域经济发展水平以及民办高等学校发展的现状和优势，出台了相应的管理条例和地方性法规，把国家具有宏观意义的原则规定转化为操作性强的政策和执行标准，推动国家法规政策的落地见效。不少地方还针对非营利性民办高校在财政补贴、政府购买服务、教师年金、捐赠奖励等方面提出了创新举措。总之，不断完善民办教育的法制体系、优化法制环境是我国非营利性民办高校发展过程中取得的有益经验之一。

（三）　特色和质量是非营利性民办高校发展的生命线

特色和质量是非营利性民办高校健康、可持续发展的生命线。非营利性民办高校要走特色立校、质量兴校之路既是民办高校生存发展的内在需求，也是经济社会转型发展和高等教育内涵发展的外在要求。我国非营利性民办高校在发展历程中，由于历史较短、办学实力相对较弱以及社会声誉不高等因素，相较于传统高校和公办高校，往往在竞争中处于劣势地位。面对激烈的竞争环境，民办高校必须寻求自身的特色发展，形成独特的办学理念和风格，并不断提高人才培养质量，以争取生存和发展的机会。随着经济结构的调整、产业升级的加快以及国家创新驱动发展战略的实施，人才供给与需求的关系正在发生深刻变化。高等教育也正在从以外延式规模扩张为特征的发展模式，向以质量提升为核心的内涵式发展转变。这一转变对民办高校提出了更高的要求，要求它们在人才培养、科学研究和社会服务等方面不断提升自身的核心竞争力，主动适应区域经济对高素质应用型人才的需求，以市场和就业为导向，以学生为本，更新办学理念，找准办学定位，创新办学模式，以特色求发展，实现与公办学校错位发展、协调发展、共同发展。民办高校只有走特色发展的道路，坚持有所为、有所不为，走"人无我有，人有我优"的发展道路，才能够在与公办高校的竞争中立于不败之地。目前，我国几所非营利性民办高校在办学实践中始终坚持公益办学，面向市场需求、特色化、高质量办学，办学质量不断提高，社会声誉持续攀升，显示出向一流民办高校冲击的巨大潜力。①

第二节　民办教育分类管理改革的要义及特征

一、民办教育分类管理改革政策背景

民办教育分类管理是推进我国民办教育健康可持续发展的重要举措，

---

① 董圣足等．民办高校特色发展与机制创新：理论、实践及上海探索［M］．北京：教育科学出版社，2018.

也是我国民办教育宏观治理制度的一项重要安排。改革开放四十余年来，我国民办教育经历了快速发展期后，瓶颈问题日益突出，产权归属、法人属性、合理回报、扶持政策、教师待遇、规范办学等问题交织存在，亟待解决。只有通过高屋建瓴的制度安排，从顶层设计层面扫清法律和政策障碍，才能从根源上破解民办教育发展的现实瓶颈，让民办教育在良性轨道上健康发展。以《国家中长期教育改革和发展规划纲要（2010－2020年）》发布为起点，以 2016 年《民办教育促进法》的修订为主线，以国家和地方系列配套政策为辅，我国民办教育的发展正式进入"分类管理时代"。在探讨我国民办教育分类管理的背景时，我们需要关注以下几个方面：

一是从教育供给侧改革的角度看，民办教育改革是教育供给侧改革的重要突破口。在经济发展新常态下，教育的供给主体需要多元化，供给方式需要多样化，供给效率需要高效性，供给质量需要优质性。这都需要政府对教育的合理、合法、有效介入。社会经济对教育有效需求的新变化也为民办教育改革指明了新的方向。随着社会经济的发展，人们对教育的需求也在不断变化。民办教育应当成为满足社会大众对教育异质性、优质多元、实质公平需求的重要力量，并通过提供个性化的教育服务，增强人民群众的教育获得感，满足社会大众对优质、多元、异质的教育需求。政府希望在新发展阶段，民办教育能够把建设的重心转移到提高质量建设上来，产生一批高水平、有特色的民办高校。

二是从国际经验比较角度看，私立教育是世界各国尤其是发达国家的教育系统中不可或缺的组成部分，对于丰富教育选择、提高教育质量、节约公共教育开支具有重要作用。世界各国对私立学校的分类管理的做法由来已久，已形成了较为成熟的模式。从教育市场化角度，许多国家都认可和允许私立学校自主选择营利性和非营利性办学，但从世界范围看，大多数国家都大力倡导非营利性办学，实施比营利性更加优惠的政策加以扶持。在一些国家，非营利性私立高校享受与公立院校同等的支持政策。可见，在分类管理框架下，公办院校和非营利性民办院校平等的法律地位才具有现实可能性。

三是从我国民办教育自身发展的角度看，长期以来，法人属性缺乏法律法规依据支撑、学校产权归属存在争议、不同目的取向的举办者的权益无法得到相应保障、"非营利性办学"与"营利性办学"混同、财政扶持和税收减免等政策难以精准施策也难以有效落实、侵害学校与师生权益等办学乱象时有发生等现实问题，一直困扰着民办学校，阻碍着我国民办教育的健康、持续发展，国家出台和实施分类管理改革政策，就是为了切实解决民办教育存在的上述问题，通过分类登记、分类评价、分类支持，有目的、有导向鼓励和支持民办教育高质量发展。

二、民办教育分类管理政策目标任务

民办教育分类管理改革是我国教育领域一项重大的制度改革，也是中国特色教育发展道路的实践探索。在借鉴各国成熟经验的基础上，坚持问题导向和目标引领，需要根据我国和各地区经济社会发展的实际，做好政策调试和创新；同时，进一步落实中央和各级地方政府的相关配套政策，打好政策组合拳，破除分类管理改革中的难点、堵点和痛点，确保分类管理改革有序推进。

（一）在办学方向上，加强党对民办教育的全面领导

加强党的领导是民办教育发展的必然要求，也是做好民办教育工作的根本保证。现行《民办教育促进法》对民办学校党的领导和建设做出了具体部署：一是充分发挥党的政治核心作用，确保民办高校正确的办学方向，坚守教育的公益属性，落实"立德树人"的根本任务，使党的教育方针在民办学校得到贯彻；二是完善党的领导体制，选优配强党组织书记，抓好党的基层组织建设，确保民办高校党建与思政工作全覆盖；三是推动党建融入治理体系，党的建设有关内容要写入学校章程；理顺党组织、董（理）事会、校长之间的关系和各自的职责，党组织负责人要进入学校决

策机构，依法参与学校重大决策并实施监督；董（理）事会在对学校重大事项的决策决定前，要事先经党组织研究同意。

（二）在发展目标上，更加注重提供差异化、特色化民办教育

在我国教育进入高质量发展的阶段，民办教育的发展目标也发生了变化。越来越多举办者认识到，要打破原有的路径依赖，适时将战略重心从以规模扩张和粗放经营为主要特征的外延式发展，转向以质量提升和特色培育为主题的内涵式发展上。现行《民办教育促进法》将民办高校分类为营利性和非营利性，明确了两类学校的划分标准，并采取不同的管理和扶持政策。选择为非营利性办学的民办高校，可以享有与公办高校同等权益；选择登记为营利性民办高校可从办学结余中获得合法收益。这有利于进一步调动社会力量办学的积极性，促使更多社会资金转化为教育资源。同时，通过举办可选择的、不同属性的教育来实现个性化教育，选择的内容将更加多样，选择的途径将更加丰富。非营利性和营利性民办学校按照不同的发展路径寻找各自的"增长极"，发展重心将从总量增长转到优化结构布局上来，着力提供差异化、多元化、特色化的教育供给，致力于解决好人民群众对教育的新需求新期盼。

（三）在法律地位上，更加体现民办学校的平等地位

现行《民办教育促进法》在法律地位上，更加体现平等原则，充分保障民办学校师生的同等权利，依法维护民办学校的同等地位。分类管理改革后，民办高校教师在个人发展机会、社会保障机制、科研项目申请等方面都将与公办高校教师一视同仁；师生参与民主管理和民主监督的权利也将进一步得到保障。同时，通过对非营利性民办高校的大力扶持，以及对营利性民办高校的政策引导和市场竞争，民办教育资源配置将更为均衡，区域、城乡、校际之间的发展差距也将逐步缩小。特别是非营利性民办高校，能够扫除制度性障碍，享受税收优惠和一定程度的财政支持，同时承担部分社会责任，其与公办学校之间的"政策鸿沟"将逐步填平，在办学

经费和师资队伍等薄弱环节与公办高校缩小差距。非营利性民办高校将在一个更为开放、公平有序的制度环境和平台上，与公办高校同台竞技，开展良性竞争；而营利性民办高校则会在管理上更具自主性，紧贴市场需求，创新教育产品、筹集办学资金，实现多样化发展。各种形态的教育形成真正意义上共同发展的良好局面。

（四）在政策要求上，更加强调分类支持与规范管理并重

现行《民办教育促进法》强调了民办教育的公益属性，明确提出要"对民办教育进行管理与督促，支持与鼓励"，并明确"支持和监管"并重。无论是非营利性民办学校还是营利性民办学校，都要始终把社会效益、社会责任摆在首位，真正让教育回归育人本质。在政府扶持方面，政府部门从学校用地、税收政策、财政补助、购买服务、师资引进等方面，对营利性和非营利性民办高校切实贯彻差异化政策。在监督管理上，政府部门将加强对两类民办高校办学准入、办学行为、办学经费、治理结构、内部管理制度等方面的监督和管理，督促举办者坚守办学初心，坚持公益导向，认真履行民办教育主体责任，不断提升办学水平和办学质量，实现高质量、可持续发展。

（五）在动力机制上，更加注重发挥民办高校体制机制优势

民办高校与公办高校管理体制的差异一直是教育领域研究的热点问题。这种差异正是民办高校的优势所在，使其在教育市场中具备一定的竞争优势。民办高校体制机制更加灵活，不受传统管理体制的束缚。这使得民办高校能够更加快速地适应市场需求，调整办学模式、课程设置以及人才培养方案。这种灵活性使民办高校更注重教学质量和社会认同度，以满足市场的多样化需求。分类管理改革为民办高校的发展提供了新的契机。营利性与非营利性两类民办高校得以根据各自的属性规范发展，从而充分发挥各自的优势。对于营利性民办高校，政策支持与指导为其提供了更大的发展空间，使其能够更加充分地利用市场机制，提升办学效率与实力。

而非营利性民办高校则更多地依靠自身的公益属性，寻求与社会各界的深度合作，以实现其可持续发展目标。为了更好地发挥各自的优势，两类民办高校都应积极寻求改革创新，明确各自的办学定位与发展目标，充分利用民办学校的灵活性、自主性和敏锐性，将各自的体制机制红利发挥到极致。只有这样，民办高校才能真正突破原有的治理困境，提高办学效率，增强办学实力，并有效激发民办教育的内生动能。

三、民办教育分类管理改革实施状况

2016 年至今，就如何进行高等学校分类管理，我国政府先后修订了《民办教育促进法》《民办教育促进法实施条例》等法律法规；出台了《关于鼓励社会力量兴办教育促进民办教育健康发展的若干意见》《关于加强民办学校党的建设工作的意见》《民办学校分类登记实施细则》《营利性民办学校监督管理实施细则》等政策文件，意味着我国民办高校步入了分类管理、规范化办学的崭新时期。随着国家、省、市各级法规政策的出台和落地，民办高校分类管理改革得到了深入推进，规范办学行为正在逐步落实。

2022 年 9 月的相关调研显示，从全国各省份民办高校分类管理改革的实施进度来看，黑龙江、海南、宁夏、甘肃、青海、重庆、云南、新疆、上海等地进展较快，已基本完成民办高校的分类选择，如上海 17 所民办高校，有 6 所选择登记为营利性办学，11 所选择登记为非营利性办学；天津、山西、安徽、湖南、江西、浙江等省份的部分高校完成分类选择，如安徽省 28 所民办高校，其中有 9 所民办高校已完成分类选择，5 所民办高校明确办学意向，尚有 14 所还未明确办学意向。[①] 其他部分省份从 2023 年开始也有了实质性进展，如河北省在 2023 年 1 月 29 日下发《关于报送

---

① 杨程. 民办高校分类管理的发展态势、现实困境及推进策略 [J]. 中国高教研究，2023（5）：55 – 62.

分类管理选择意向的通知》；四川省 2019 年下发《关于开展现有民办学校分类选择和登记工作的通知》之后，于 2023 年 6 月 27 日针对民办高校又下发了《关于现有民办高校选择登记为营利性民办学校工作的通知》，意在打破现有民办高校"选营"登记工作僵局，选择营利性办学的民办高校应当在 2023 年 9 月 1 日前完成登记手续；吉林省 2022 年 11 月 16 日下发《吉林省民办学校分类登记与管理实施办法（试行）》之后，于 2023 年 2 月 15 日又下发了《吉林省现有民办学校分类登记工作方案》，规定现有民办学校应在 2023 年 4 月 30 日前向审批机关提交正式申请及相关材料，且吉林省教育厅要求各市（州）分别于 2023 年 6 月 30 日、9 月 30 日和 12 月 31 日前报送分类登记进展情况。这就意味着吉林省现有民办学校分类登记的基本完成时间应在 2024 年中。

从各地出台的政策和相关规定来看，虽然各省份民办高校分类登记工作进展不一，但总体上都是在稳步推进、逐步落地中，各省、市都在积极出台配套制度，构建营利性和非营利性民办高校差别化的政策体系，可以预计，越往后政策会越细化、可执行性越强，操作路线图会更清晰，推进进度也会更快。

第三节　非营利性民办高校发展的机遇与挑战

一、非营利性民办高校发展现状

（一）办学规模快速增长

民办教育分类管理改革的不断深入，破解了掣肘民办教育健康发展的制度障碍，进一步完善了国家分类支持政策体系，也促进了民办高等学校的迅速发展。近年来，我国民办高等教育无论是数量还是质量都发生了巨大变化。就目前来看，民办高等教育已经成为中国高等教育的重要组成部分，并成为 21 世纪乃至更长时期中国高等教育最重要的增长点。它为我国高等教育在较短的时间内完成从精英高等教育到大众教育的发展作出了巨大贡献。教育部统计数据显示，2000～2023 年，我国民办高校数量总体保持增长态势，在校生规模也保持稳步增长。根据《2023 年全国教育事业发展统计公报》的数据，全国共有高等学校 3074 所（未包括港澳台地区的高校），比 2022 年增加了 61 所。在这些高校中，有普通本科学校 1242 所（包括独立学院 164 所），与 2022 年相比增加了 3 所。同时，还有本科层次职业学校 33 所，比 2022 年增加了 1 所；高职（专科）学校 1547 所，比 2022 年增加了 58 所。成人高等学校则有 252 所，比 2022 年减少了 1 所。值得注意的是，民办高校共有 789 所，比 2022 年增加了 25 所，占全国高校总数的比例为 25.67%。其中，有普通本科学校 391 所，本科层次职业学校 22 所，高职（专科）学校 374 所，以及成人高等学校 2 所。民办普通、职业本专科在校生 994.38 万人，比 2022 年增加了 69.49 万人。多年来，民办高等教育在推进高等教育大众化进程，满足人民群众多样化高等教育需求，缓解公共教育财政压力和推动高等教育体制机制改革等方面均发挥了积极作用。

（二）办学层次逐步提升

我国的民办高等教育从非学历教育起步，随着高等教育体系对社会力量的开放，逐步发展至本科和硕士研究生全日制学历教育。具体来说，民办院校的高职高专层次学历教育始于 1993 年《民办高等学校设置暂行规定》的实施；1998 年的《高等教育法》和中共中央、国务院作出《关于深化教育体制改革全面推进素质教育的决定》促使民办高校开始开展本科学历教育。根据《2023 年全国教育事业发展统计公报》的数据，全国共有 789 所民办高校（不包括港澳台地区的高校），其中实施本科层次全日制学历教育的高校有 413 所，占比达到 52%，这说明目前超过一半的民办高校提供本科学历教育。2010 年，《国家中长期教育改革和发展规划纲要（2010－2020 年）》提出"对具备学士、硕士和博士学位授予单位条件的民办学校，按规定程序予以审批"的规定，这促使民办教育的办学水平逐步提高到研究生培养层次。2011 年，吉林外国语大学、北京城市学院、西京学院、黑龙江东方学院、河北传媒学院等 5 所民办高校正式获得硕士专业学位授权点；2018 年，吉林外国语大学被国务院学位委员会批转为硕士学位授予单位；2021 年，三亚学院的 3 个专业和宁夏理工学院的 2 个专业也被授予硕士学位授权点；截至 2023 年底，共有 7 所民办高校拥有硕士专业学位授权点。商丘学院、新乡医学院三全学院、安阳学院、安徽新华学院、安徽三联学院、信阳学院等六所民办高校于 2019 年获批为"2019 - 2021 年硕士学位授予立项建设单位"；联合培养硕士研究生的民办高校包括，黄河科技学院和河南理工大学联合培养机械工程硕士专业研究生，浙江树人大学和常州大学联合培养多个专业的硕士研究生，山东英才学院和山东师范大学联合培养学前教育专业硕士研究生，宁波财经学院与江西财经大学、兰州财经大学联合培养多个专业硕士研究生等。此外，以西湖大学、宁波东方理工大学等为代表的新型研究型民办大学快速崛起，这些研究型民办大学拥有高水平的研究实力和创新能力，以博士研究生培养为起点，实现了民办高等教育的跨越式发展。

（三）师资队伍逐渐壮大

随着国家、省市分类管理政策的逐步落地，非营利性民办高校教师的各种福利待遇逐渐得到保障，师资队伍越来越壮大，教师稳定性不断提高，逐渐形成一支高素质专业化的民办高校教师队伍。非营利性民办高校，尤其是本科高校教师队伍的职称结构和学历结构都得到优化，发展态势良好。多所高校的 2021 - 2022 学年本科教学质量报告显示，不少民办本科高校的师资队伍已经可以比肩公办本科高校。例如，吉林外国语大学 2021 - 2022 学年拥有专任教师 654 人，外聘教师 156 人，专任教师中具有博士学位的教师 296 人，占比 45.26%，具有硕士学位的教师 335 人，占比 51.22%；正高职称教师 100 人，占比 15.29%，副高职称教师 242 人，占比 37%；又如，浙江树人学院 2021 - 2022 学年拥有专任教师 889 人，外聘教师 364 人；具有研究生学位（硕士和博士）的专任教师 790 人，占比 88.86%；具有博士学位者 357 人，占比 40.2%；具有高级职称的专任教师 287 人，占比 32.3%。各学校都非常重视师资队伍的建设，大力实施人才强校战略，成立教师发展中心，设立师资队伍建设专项资金，利用民办高校体制机制优势，实施教师目标责任制和分层分类考核管理，对教师设立不同层级不同类别的目标任务及岗位绩效标准，并建立以能力和业绩为导向、以教育成效和教师自身成长为目的的科学合理的考核评价机制，优化了教师晋升通道，充分调动了教师积极性和创造性。

（四）社会效益不断显现

我国民办高校作为高等教育体系中的重要组成部分，一直以来通过不断发展和创新，为学生提供多样化的教育资源和优质的教育环境，促进了社会资金对教育事业的大规模投资并降低了国家财政负担，为社会培养一线需要的高素质应用型、技能型人才，为国家经济社会建设奠定坚实的高等教育人才培养基础。随着非营利性和营利性民办教育分类管理的推进，我国民办高校发展的法律环境发生了重大变化，非营利性民办高校的社会效益更加凸显。在新发展阶段，非营利性民办高校在实践中牢记教育使命，将公益导向放在第一位，坚持社会主义办学方向，贯彻党的教育方针，努力承担办学的社会责任，主动融入新发展格局。非营利性民办高校以服务国家战略、支撑民族复兴为导向，以立德树人为根本任务，以提高人才培养质量为核心目标，立足国情、面向世界、扎根中国，强化办学内涵建设，持续提升办学能力和水平，充分发挥制度优势，用中国智慧走出了一条"中国特色"的民办大学发展之路。民办高校的出色表现和不懈努力使得他们在高等教育领域中扮演着重要的角色，也使得我国的高等教育更加多元化、丰富和充满活力。未来，随着国家政策的进一步支持和鼓励，相信民办高校将会在高等教育领域发挥更加重要的作用。

（五）高水平民办高校加快形成

一直以来，在大众的传统观念中，民办高等教育一直是高等教育体系中低质量和低教育水平的代名词。很多民办高校在成长阶段注重规模的快速扩张，大扩招、大建设、大发展；对于学生来说，民办高校几乎成了最后的选择。近年来，民办高校的办学方向出现了积极的转变。尤其值得一提的是，非营利性民办高校对内涵建设和特色发展上展现出了前所未有的重视。这些学校开始将更多的资源聚焦于提升办学质量和水平，致力于构建高水平的学科专业，汇聚一流的师资队伍，打造具有深度的课程体系，并致力于培养高素质的人才。通过这种高质量的办学实践，它们成功吸引了更多优质生源的加入，同时也赢得了更多的社会捐赠和支持。这种正向的循环不仅为学校带来了社会的广泛认可，也使其逐渐摆脱了过去盲目追求规模效益的局限，迈向了更加健康和可持续的发展道路。首先，科研水平日益提高。尽管我国民办高校的科研工作起步晚，层次低，投入不足，但目前民办高校越来越重视教师科研能力和科研水平的提升，不少民办高校在科研上实现了较大突破，在某些学科和研究领域形成了鲜明的特色和优势。如西京学院官网显示，该校大力实施科研强校战略，立足陕西、服务区域经济，聚焦智能装备制造、新能源材料等重点产业建设需要，着力推进应用技术创新与服务，建设有何积丰院士工作室、陕西省重点实验室、陕西省工程技术研究中心、国防科技研究院等多个省、部级学术科研平台，汇聚了一批高水平的核心科研团队；截至2020年10月，学校共获批纵向科研项目460余项，签订横向课题合同1700余项，科研经费达4.6亿余元，授权专利1600余件，获得国家级科研奖2项，省级科研奖26项，陕西省专利奖1项。[①] 其次，各高校日益重视学科建设和应用研究，如吉林外国语大学高度重视学科建设，学校专门成立了学科建设办公室，设立了学科建设专项资金。每个一级学科都建有相对稳定、特色明显的学

---

① 资料来自西京学院网站，https://www.xijing.edu.cn/info/1113/2657.htm。

科方向。同时，以学科方向为核心建设学科团队，实行学科方向带头人制度，集体攻关，形成重要学科成果。截至 2023 年底，学校省级以上特色专业数占学校专业总数的三分之一，省级"十二五"优势特色重点学科 2 个，省级"十三五"特色高水平学科 2 个[①]。浙江树人学院致力于高级应用型人才培养。建有"智慧康养产业学院""树兰国际护理学院""绍兴黄酒学院"等 12 个行业学院，通过校政企协同，产科教融合，大力提高学生的学习能力、应用能力和发展能力。[②] 最后，随着时代的进步和高等教育的发展，一批新兴的高水平民办高校如雨后春笋般涌现，它们以高起点、创新型、国际化为特点，展现出"新型高水平研究型"的办学模式，对传统民办高校"低层次"的办学印象造成巨大的冲击。这些新型民办高校注重培养学生的创新能力和国际化视野，同时不断提升自身的研究水平和社会影响力。如西湖大学、宁波东方理工大学等高起点、高标准办学不仅实现了民办高等教育的跨越式发展，丰富了我国高等教育体系，也开辟了民办高校"小而精"路线的新赛道，为学生提供了更多的教育选择和发展机会。

二、非营利性民办高校发展的现实困境

近年来，在国家和地方政策法规的鼓励和支持下，我国非营利性民办高校发展态势良好，不断凸显其独特的优势，并在许多方面发挥了重要的作用，但也存在着筹资能力薄弱、治理模式单边、办学定位同质化等诸多瓶颈问题。

（一）经费来源单一，筹资能力薄弱

1. 经费来源单一

在民办高校经费来源的问题上，我们可以通过相关法律法规和统计数

---

① 资料来自吉林外国语大学网站，http://www.jisu.edu.cn/xxgk/xxjj.htm。
② 资料来自浙江树人学院网站，https://www.zjsru.edu.cn/xxgk/xxjj.htm。

据来深入探讨。早在 1987 年的《关于社会力量办学的若干暂行规定》和《社会力量办学财务管理暂行规定》中，就明确提出了民办高校办学需要"自筹资金"的原则。这表明，民办高校在经费上需要依靠自身的力量来筹措资金。随后，1993 年的《民办高等学校设置暂行规定》也重申了这一原则，进一步强调了民办高校的自筹资金性质。后来的《社会力量办学条例》《民办教育促进法》《民办教育促进法实施条例》等都明确指出民办教育是"利用非国家财政性经费"来举办学校的。这进一步强调了民办高校的非财政性经费的特性。教育经费统计年鉴的数据显示，民办高校的办学收入主要来源于学费，这一部分收入占据了办学收入的 80% 以上（见表 2.1）。

表 2.1   2012～2021 年民办高校资金来源

年份	学费		政府拨款		举办者投入		社会捐赠		其他收入	
	金额（亿元）	占比（%）	金额（亿元）	占比（%）	金额（亿元）	占比（%）	金额（亿元）	占比（%）	金额（亿元）	占比（%）
2012	522.5	84.59	43.17	6.99	33.27	5.39	1.67	0.27	17.07	2.76
2013	643.07	82.51	72.22	9.27	34.03	4.37	3.42	0.44	26.64	3.42
2014	707.16	85.29	80.15	9.67	19.15	2.31	1.82	0.22	20.89	2.52
2015	767.01	82.88	93.03	10.05	28.09	3.04	3.61	0.39	33.75	3.65
2016	826.21	80.67	118.84	11.60	47.27	4.62	3.35	0.33	28.54	2.79
2017	906.57	82.80	107.7	9.84	37.98	3.47	4.29	0.39	38.39	3.51
2018	1006.75	83.49	124.92	10.36	26.19	2.17	5.98	0.50	42.04	3.49
2019	1137.3	83.27	145.11	10.62	26.63	1.95	6.11	0.45	50.66	3.71
2020	1140.97	79.38	154.73	10.76	29.2	2.03	5.47	0.38	107.01	7.44
2021	1461.67	79.92	241.18	13.19	51.28	2.80	10.42	0.57	64.37	3.52

资料来源：2013～2022 年的《中国教育经费统计年鉴》。根据《中国教育经费统计年鉴》统计口径及其对经费来源类别说明，因民办高校通过科技服务、社会培训等活动获得的非财政性收入极少，事业收入几乎等同于学杂费收入，故表 2.1 中的民办高校学杂费数据直接取自《中国教育经费统计年鉴》中的事业收入。

  长期以来，民办高校在经费筹措上面临着单一来源的瓶颈，这在一定程度上制约了其向高水平大学的发展。从表 2.1 中我们可以看到，近十年来，民办高校的学费收入平均占比高达 81.89%，成为其教育经费的主要来源。尽管公共财政预算内教育经费占比在逐年提高，2012～2021 年，财政性经费在民办高等教育总经费中的比例从 6.98% 上升到了 13.19%，但部分年份甚至出现了下降的情况。同时，举办方的投入比重也在逐年减少，呈现总体下降的趋势。此外，捐赠收入占比不到 1%。综上所述，民办高校经费来源过于依赖学费收入，学费在总经费中占据绝对比重。大多数民办高校主要依靠学费进行滚动发展，这使得民办院校的学费普遍高于公立院校，很不利于民办高校的市场竞争。这种不合理的经费结构，既增加了学生和家长的经济负担，也可能对民办高校的可持续发展造成潜在风险。

2. 社会捐赠不足

中国大学的社会捐赠主体来自企业捐赠、校友捐赠、赞助人及社会第三方。教育部对 221 所民办高校的一项调查报告数据显示，接受大额捐赠的民办高校只有 6 所，仅占被调查高校的 3%，这说明大部分民办高校接受社会捐赠的力度不大。① 从欧美一些私立大学的发展历程来看，很多私立大学都是依靠社会捐赠发展起来的。捐赠行为成立，不仅需要有人肯出钱，还需要受捐者具有吸纳捐赠的吸引力和规范使用捐赠资金的公信力，能够保证捐赠的资金真正用于所投入的事业。② 在我国，相对于公办院校，由于民办高校大多办学历史较短，办学资源积累有限，办学实力相对较弱，在吸引社会捐赠方面属于弱势群体。而且，即使民办高校能够接受来自社会的捐赠，其捐赠金额也往往比较有限，对于办学经费而言也是微乎其微。尽管很多民办高校也在积极拓展社会捐赠，希望获取大额社会捐赠，一些民办高校甚至把吸纳社会捐赠作为发展规划的评估指标，但从目前的数据来看，民办高校教育经费中社会捐赠的占比依然不容乐观，尚未

---

① 杨娟. 民办教育蓝皮书：中国民办教育产业发展报告［M］. 北京：社会科学文献出版社，2019.

② 秦和. 基金会办学：民办教育"第二次出发"［EB/OL］.（2020 - 01 - 14）［2024 - 02 - 26］. https：//news. gmw. cn/2020 - 01/14/content_33478657. htm.

突破 1%。

3. 自主创收能力不足

在民办高校的经费来源方面，除了学费收入外，自主创收也是重要的补充。自主创收主要是指高校利用自身的优势和资源，向社会提供服务并获得相应的收入。这些服务形式多样，包括教育培训、咨询服务以及校办附属产业等。通过这些服务，民办高校不仅能够增加收入，还能进一步发挥其社会影响力，推动产学研一体化发展。综合类公办高校通常拥有较为丰富的办学经验和教学资源，可以通过提供各种服务来满足社会需求，同时获得一定的经济收益。这些自主创收也是学校办学经费来源的一部分。但是，目前只有为数不多的几所较有实力的民办高校可以依靠自身的学科优势和各方资源，将学科能力转化为生产力，依靠自身的能力为学校创收。我国大部分民办高校的社会服务能力薄弱、校办产业数量不足，且所持产业大多集中在较为低端的服务领域，主要原因还是缺乏各项资源，科研能力也不足。在民办高校中，科研能力的不足是一个普遍存在的问题。由于缺乏相应的科研实力和学科建设能力，许多民办高校难以支撑起自己的校办产业。即便有些民办高校拥有校办产业，其自主创收能力也相对较低，对办学经费的贡献非常有限。此外，长期以来，很多民办高校不够重视科研，很少有专项的科研经费或配套经费，即使有也是预算不多的。没有足够的经费支持，民办高校的科研能力难以得到提升，进而难以支撑自身的校办产业。

4. 政府扶持力度有限

民办高校的发展离不开充足的办学经费，它是高水平、可持续发展的重要保障。然而，由于政策导向、民办高校自身状况以及社会认知等多方面因素的制约，政府对民办高校的财政扶持力度有限，且方式单一，政策法规也不够完善。在我国，政府对高等教育的财政支持主要倾向于公办院校，如校园建设、学科发展、人才引进等方面都有相应的投入和补贴。相比之下，我国民办高校获得的财政支持明显不足。此外，相关政策法规的操作性不强，没有明确规定具体的资助或扶持措施，这使得民办高校在财政支持方面处于不利地位。对于非营利性民办高校而言，它们理应和公办高校享受同等的待遇，但目前我国大部分地区都没有建立稳定的、常态化的财政扶持制度。这包括生均拨款制度、教职工社会保障资金补助、捐资激励政策等方面。这些政策法规的落实存在困难，要么是因为政策掌控在中央层面，地方政府难以具体操作；要么是因为涉及众多政府部门，相对弱势的教育行政部门难以协调落实。从全国已出台的各省份分类改革配套政策来看，给予非营利性民办高校的大多是竞争性和奖励性财政资金，而基于目前非营利性民办高校的办学实力，只有极少数民办高校能够在这场竞争中胜出。因此，对于非营利性民办高校来说，大多数学校还是主要依靠学费来维持学校的日常运转和各项开支。

（二）治理主体单边，监督制衡乏力

1. 内部治理的目标定位不一致

在当前民办高校的治理体系下，各治理主体的角色定位相对固化，导致对学校的办学理念、目标和发展战略等缺乏深入的认识和理解。不同利益相关者，如举办者、校长管理团队、行政人员、大学教师和学生家长等，在价值观和治理目标上尚未形成统一，从而引发了一系列矛盾和冲突。举办者往往从资本角度出发，用企业化的思维来考虑学校战略布局，而校长管理团队则更注重教育教学的角度，导致两者之间关系紧张。行政人员与大学教师在行为目标和职业文化上的差异也造成了矛盾与冲突。其他利益相关者，如学生家长、用人单位、校友、教育行政部门等，受多方面因素影响，对学校事务的参与度不高，利益诉求也不尽相同。这种状况对民办高校的内部治理效率和健康持续发展产生了不良影响，导致了严重的内耗和办学风险。

2. 内部治理的主体单边

在民办高校的发展初期，其办学资源大多由举办者自行筹集。由于出资人所有权与学校法人财产权之间界限模糊，导致在权力运行中出现了举办者单边控制的现象。尽管多数民办高校设立了董事会作为最高的决策机构，但这些董事会普遍存在职能不明确、成员结构不合理以及议事规则不健全等问题。在实际情况中，举办者往往通过财产所有权来获取对民办高校的实质性控制权，进而影响学校的决策和管理。个人或企业创办的民办高校，其董事会成员往往由举办者或其代表担任。根据课题组的抽样调查数据，超过一半的民办高校董事会成员中存在两名以上的直系亲属关系；仅有少数学校的董事会中有教师代表参与；极少数学校设有独立董事席位。这表明当前民办高校董事会中缺乏独立的外部人士或教师代表的参与，导致教师和学生等其他利益相关者的声音在学校治理中无法得到充分体现。这种单一的内部治理主体无法有效地协调民办高校中的多元利益主体之间的矛盾和冲突，存在着明显的制度缺陷和道德风险。对于非营利性的民办高校，如果无法保证其教育公益性，可能会出现资本干预教育、违规办学以及侵害师生权益的情况。

3. 内部治理的权力边界模糊

非营利性民办高校内部主要有党委、董（理）事会、行政管理层和监事会等重要权力主体。每个权力主体都有内部决策权、行政管理权和监督保障权。为了使民办高校内部管理更加科学有序，应该明确界定这三种权力的职能界限。就当前而言，还有很大比例民办高校权利主体的职责不清、权利边界模糊，也没有建立互相制衡的管理机制。根据课题组对全国65位非营利性民办高校举办者、行政管理人员、党务工作者的调查显示，90%的调查者认为民办高校真正治理主体是学校的董事会或理事会，85.4%的被调查者认为民办高校党委在学校建设发展中只在政治引领方面发挥作用，而仅有22.5%的受访者认为董（理）事会与校长之间有明确的职责分工，35.5%的受访者所在学校设立了监事会。这说明民办高校决策机构、执行机构与监督机构之间的权责边界模糊且缺乏内部治理的监督。其次，民办高校党委的职责使命有待进一步明确。民办高校党组织在定位、职能、体制机制等方面与公办高校有较大不同，需要正确处理党委会与董事会、校务会（行政办公会）之间的关系。此外，民办高校中行政权力的泛化也导致了学术权力受到排挤。尽管许多学校建立了学术委员会等组织，但其功能往往未能得到有效发挥，实质上更像是一个咨询机构。由于学术组织的主要成员通常也担任行政职务，学术事务的决策权实际上仍然掌握在行政领导手中，"学术自治"和"教授治学"的民主性和有效性受到侵蚀。民办高校内部的权力关系复杂，各种权力之间相互交织、相互制约，但缺乏明确的权力分界规定和有效的协调机制。因此，权力越界行使的情况时有发生，导致治理效率低下，甚至可能会引发利益冲突和道德风险。

4. 内外部监督制衡乏力

监督机制的不完善导致了监督权的缺失，这主要表现在以下几个方面：首先，党委在民办高校的内部治理中权力相对式微，其作用有待进一步加强。目前，大部分民办高校党委书记作为督导专员由政府派驻，他们在思想政治教育和校园文化建设等方面发挥了一定的作用。但在内部治理中，他们缺乏应有的席位，参与决策的功能也未能充分发挥。部分党委书记甚至没有进入学校董事会等决策机构。此外，一些民办高校存在隶属关系不顺畅、党组织生活不健全、党建工作基础相对薄弱、工作机制不健全以及党务工作队伍不够稳定等问题，这在一定程度上影响了党委在民办高校中的政治核心作用的发挥。其次，由于举办者对构建内部监督机制持排斥态度，以及政府有关部门对民办高校的管理较为松散，大部分民办高校尚未建立起规范的内部监督机制和信息公开机制。这导致监事会形同虚设，无法形成对决策权和行政管理权的制衡。再其次，师生参与学校治理的途径不够畅通，导致师生归属感较低，权利意识较为淡薄。从董事会人员的构成来看，师生代表进入董事会的比例较低，且推选方式不够明晰。部分学校甚至未成立教代会，或者教代会成为了行政机构的附庸，导致教师在大学治理实践中的应有作用未能得到有效发挥，学生群体参与学校治理的权利也未得到保障。最后，社会监督存在缺位现象，外部的有效约束不足。政府相关部门由于考虑到民办教育的办学体制和机制等因素，以及受到"不扰乱办学秩序即可"等观念的影响，加之民办教育管理力量有限，行业协会等社会中介组织发展缓慢、专业性和独立性较差，导致政府和社会对非营利性民办高校缺乏实质性的监督和指导。此外，由于信息不对称，外界对非营利性民办高校内部的资产情况、权力结构和运行模式了解不足，使得监督难以起到制约学校内部权力行为的作用。

（三）办学定位同质化，特色不彰显

1. 办学定位同质化

随着社会经济的发展，人们对高等教育的需求不断增加，不少非营利性民办高校也开始追逐规模效应，希望在短时间内成为"高质量""综合性""全国一流"民办高校。而在这个过程中，民办院校往往会忽视自己的办学特点和自身实际情况，办学功利性较强，办学定位趋同，一味求大求全，照抄照搬或简单移植公办学校的办学模式、专业设置、师资队伍和教学管理模式，民办高校在体制机制上的原本优势正在逐渐消失，这导致其办学特色的缺失以及与公办高校的高度同质化现象。这种现象使民办高校丧失了原有的核心竞争力，无法与公办高校实现同步的整体水平提升。例如，西部某省份的多所民办高校均以"培养高素质复合型应用人才"作为其人才培养目标，并定位为"多学科综合性本科高等学校"。这种高度同质化的办学定位在民办高校中极为普遍，严重影响了其个性化发展。面对强势的公办高校，民办高校如果还是按部就班走大学发展的老路，就无法形成自己的办学品牌，无法满足社会对多样化人才的需求，导致大学长期在低水平徘徊，严重影响高等教育的生态平衡。

2. 学科专业同质化

众所周知，学科专业的形成应该是积极的，对学生和社会负责的，不仅需要考虑市场对人才的需求情况，还要考虑民办高校自身的教育资源和人力资源等配套资源。然而，一部分民办高校为了追求规模效益，为了招收更多的学生增加收入，不顾学校的实际情况，盲目增设热门专业、开设"热门课程"，导致专业布局贪大求全、专业设置趋同，与产业发展新业态、职业岗位新要求严重脱节。学科专业趋同也是民办高校同质化的一个普遍现象。根据笔者所在课题组 2022 年对 25 所不同省份民办高校的调研

发现，各高校专业设置趋同度高，"统招本科平均设置21.6个专业，平均趋同率高达68%；统招专科平均设置19.8个专业，平均趋同率高达63.5%"，其中最受欢迎的专业是财务会计、工商管理、市场营销、国际贸易、计算机科学与技术等，因其教学设施要求低、易招生，这些专业大部分学校都会设置，且每年往往招到很多人。专业的同质化，不仅造成教育资源浪费和教育生态失衡，还加剧了毕业生就业难题。从长远来看，不利于民办高校的可持续发展。

3. **办学总体竞争力不强**

当前，我国民办高校在教育竞争格局中总体上仍处于弱势地位。其整体办学质量尚未达到理想状态，竞争力也相对较弱。这使得民办高校难以适应经济社会发展的需求，也难以满足人民群众对于教育的多样化和选择性需求。相当一部分民办高校的办学理念不够明确，缺乏鲜明的办学特色，未能与公办高校形成错位发展，导致在竞争中依然处于不利地位。部分民办高校盲目扩大招生规模，忽略了内涵发展，这使得其后续发展动力不足。在分类管理实施后，一些民办高校的举办者对未来前景感到迷茫，信心下降，因此减少了对学校的后续投入。同时，部分非营利性民办高校与举办者之间仍存在各种关联交易，这对其办学公益性和可持续发展产生了负面影响。

三、分类管理背景下非营利性民办高校发展面临的机遇

随着《民办教育促进法》及其相关实施条例的修订，民办高校分类管理的政策支持体系得以确立。这一改革不仅为非营利性民办高校带来了前所未有的发展机遇和挑战，还对其提出了高质量发展的新要求。为了实现自身的可持续发展，非营利性民办高校需要抓住机遇、应对挑战，不断提高自身的办学质量和竞争力。同时，政府和社会各界也需要加大对非营利性民办高校的关注和支持力度，为其发展创造更加良好的环境和条件。

（一） 明确了非营利性民办高校的法人属性和产权界定

随着《慈善法》《民办教育促进法》等法律的颁布与修订，非营利性民办高校的法人性质和法人地位逐步得到明确。非营利性民办高校不但可以定位为社会服务机构非营利法人，实施法人治理，而且可在一定条件下取得捐助法人资格。[①] 分类管理改革明确了非营利性民办高校非营利性质和非营利性办学目的，明晰了产权界定，也为非营利性民办高校安排好了最为根本的治理制度。这些法规清晰地界定了非营利性民办高校的法人财产由四大部分构成，即举办者初始及追加投入的资产；财政资金扶持或其他公有渠道投入所形成的国有资产；学校接受捐赠形成的资产；学校历年办学积累形成的资产。民办高校享有独立的法人财产权，即对学校法人财产具有占有权和使用权，任何组织和个人不得侵占。非营利性民办高校的财产原则上属于捐助性质，举办者不享有该类高校的办学收益权，同时在终止办学时也不拥有剩余财产权。学校的办学结余主要用于持续办学。在终止办学后，清偿债务后的剩余财产将继续用于非营利性学校的办学。这些规定确保了非营利性民办高校在法人性质界定与登记、办学的完全公益性、投入资产与办学收益归属等方面与公办高校具有基本相同的法律地位。

（二） 确立了非营利性民办高校的支持体系

非营利性民办高校作为高等教育的重要组成部分，发挥着与地方公办高校同等重要的作用，具有准公共产品属性，其办学动机和办学行为与社会民众意愿更接近，与政府的目标更一致，表现出更强的公益性，理应是政府公共财政扶持的主要对象。非营利性民办高校办学属性和法人财产权的明确也为公共财政资金投入非营利性民办高校的合理性和安全性有了更

---

① 黄洪兰. 非营利性民办高校法人制度的反思与推进 ［J］. 高校教育管理，2021，15（1）：69 - 76.

好的保障。在已经发布的涉及民办教育的法律和各级地方政府的配套政策中，政府在加强对民办教育的普遍扶持基础上，特别强调政策、财政和公共资源对非营利性民办学校的重点支持。《国务院关于鼓励社会力量兴办教育促进民办教育健康发展的若干意见》明确提出，对非营利性民办学校可以采取政府补贴、基金奖励、捐资激励等扶持措施。这些学校享有与公办学校同等的税收减免政策、土地划拨供应政策，以及用电、用水、用气、用热的价格政策。此外，政府还完善了学校、个人、政府合理分担的民办学校教职工社会保障机制，确保非营利性民办学校教师享受与当地公办学校同等的人才引进政策。与以往支持政策相比，这些利好政策在支持路径、支持内容、支持形式、支持方式上更加清晰，力度更大，更便于操作与实施。这不仅为非营利性民办高校带来了更多的优惠政策，增加了财政补助和公共资源，还实质性地降低了其办学成本。可以预见，政府在未来一段时间内会采用更多方式更直接地支持非营利性民办高校，以促进其健康、可持续发展。

（三）增强了非营利性民办高校的社会认可度

经过分类管理后，非营利性民办高校的办学公益性相对于营利性民办高校得到了更加鲜明的体现。这为政府财政资金和企事业单位国有资产投入非营利性民办高校扫除了政策上的障碍，并消除了对于国有资产流失或被侵占的担忧。同时，此举也根除了以往存在的某些民办高校举办者以非营利性之名获取优惠政策、实则追求营利甚至暴利的"搭便车"行为和资本寻租现象。这些行为曾对非营利性民办高校的纯粹公益性和社会声誉造成了挤出效应和负面影响。现在，分类管理为非营利性民办高校赢得了社会的广泛认可，并为其多渠道吸引社会力量出资和社会捐赠提供了法律保障和声誉上的正本清源。从社会层面来看，众多专家学者基于大学"教学、科研、社会服务"的职能及其所蕴含的价值取向，普遍认为营利性办学难以孕育出真正优秀的大学。社会公众，包括广大师生，对非营利性民办高校的认可度也普遍高于营利性民办高校。从国外私立大学的办学实践来看，一流大学几乎都是非营利性私立大学。这种社会声誉的倾向性和办学的客观事实相结合，使得非营利性民办高校在吸引社会捐赠、推进合作办学以及在生源市场和就业市场上都占据了相对优势地位。同时，它们也更有条件和潜力实施"优质优价"的收费机制，从而提高学费收入。与营利性民办高校举办者可以获取办学收益和办学结余分配不同，非营利性民办高校的办学收入及办学结余全部用于推动办学事业的发展。这使得非营利性民办高校在办学收入作为融资工具和筹资积累上具有明显的优势。此外，支持金融机构开发适合民办学校的金融产品，允许民办学校利用未来经营收入和知识产权等进行融资，以及允许非营利性民办学校通过自身资产建立的基金会进行融资等规定，从法理和政策层面为非营利性民办高校开辟了新的融资渠道。

四、分类管理背景下非营利性民办高校发展面临的挑战

非营利性民办高校把坚持走内涵式发展、特色化办学，不断提升办学水平和人才培养质量，在建设高质量民办教育体系中积极作为，当作自身办学的目标和内在要求。但是在实际办学过程中，依然面临着举办者观念有待转变、办学实力有待提升、治理体系有待完善、扶持政策有待落地等诸多挑战。

（一）举办者层面：举办者对政策实施的担忧较大

1. 选择"非营利性"利益调适幅度较大

中国多数民办高校是在鼓励投资办学的国情下发展起来的，起初都具有一定投资办学的本质特性。2016 年修订的《民办教育促进法》明确规定民办高校选择"营利性"则"可以取得办学收益"，选择"非营利性"则"不得取得办学收益"，这与以往"合理回报"模糊界定存在本质差别；与"合理回报"相比，非营利性民办高校办学收益的调适幅度较大，短时间内投资办学者的思维转向相对滞后。根据《民法典》的规定，非营

利性法人终止时，不得分配剩余财产，自然人的合法私有财产则可以依法继承。对于非营利性民办高校，其在终止办学后不能分配财产，也不能继承办学财产。然而，营利性民办高校在办学终止时可以选择分配或继承财产。这意味着，如果选择"非营利性"，起初的投资办学将转变为"捐资办学"。对于资产高达数亿元的民办高校来说，财产分配和继承的调整幅度较大，导致民办高校的举办者对于选择"非营利性"存在顾虑。此外，由于上述政策缺乏吸引社会资本的可逐利空间，原有的举办者可能不愿意继续投资办学或减少后续发展资金的投入。同时，新的社会资本也可能因为无利可图而不再投资。这给原本就面临"融资难"困境的非营利性民办高校带来了新的挑战。

2. 举办者对分类管理存在不同解读

在民办高等教育的发展过程中，实行分类管理是对之前不规范发展阶段的纠正，也是确保其健康发展的必经之路。然而，调研发现，民办高校的举办者在分类管理问题上存在不同的解读。一部分举办者抱有侥幸心理，认为选择登记为"非营利性"后，仍可以延续过去的做法，通过各种方式获取办学收益。《民办教育促进法实施条例》第四十五条明确规定，民办高校应当建立与利益关联方交易的信息披露制度。对于非营利性民办高校的关联交易、关联方转移办学收益等行为，教育部门、税务部门、人社部门等将联合进行监督管理与审核检查。这意味着过去的一些"模糊区域"将不再被容忍，触碰法律红线将依法追究刑事责任。另一部分举办者则持有悲观态度，认为在生源、政策和社会认可度不确定的背景下，选择登记为"营利性"便意味着放弃了各项优惠扶持政策，学校的持续发展将面临困境。在这种情境下，民办高校的举办者面临着"营利性"与"非营利性"选择的困境：选择营利性担心未来的发展受限，而选择非营利性则心有不甘。

（二）利益相关者层面：利益相关者众多且构成复杂

民办高校分类管理政策实施过程中，涉及民办高校的举办者、行政管理团队、教职工和学生、家长等众多利益群体，政策执行风险难度偏大。其中，举办者同时承担了"营""非"选择的决策者与政策被执行者的双重身份属性。中国民办高校的举办者构成较为复杂，不同举办者的利益诉求差异较大，其中，为追求更多的政府扶持和社会认同，国有民办型和共同治理型的民办高校的举办者乐于选择"非营利性"民办高校进行转设登记；个人办学型的民办高校举办者则倾向于既希望获得政府扶持，又可以获得一定的办学回报。根据教育部发展规划司发布的《2023 年全国教育事业发展统计公报》，2023 年，我国有独立学院 164 所，占民办高校总数的 20.8%。独立学院的办学主体多元、合作模式多样、各地差异较大，情况也更加复杂，其转设进度直接影响到民办高校分类管理进程。

（三）师资层面：师资队伍的高质量发展支撑力不够

新时代民办教育拥有了新的时代内涵，对民办高等教育从业者提出了新的挑战和新的要求，建设一支高素质、专业化的教师队伍成为民办高校实现高质量发展的重要支撑。目前，民办高校师资队伍建设面临诸多问题，主要表现为民办高校教师的社会地位和法律地位低于公办学校教师、各种福利待遇和社会保障力度差距悬殊、高层次人才引进难度较大、教师培训与师资队伍建设政策支持力度不够、晋升和评价制度不够完善、师资流失严重、忠诚度很低、获得感不足。民办高校师资队伍建设是一个复杂而长期的过程，需要政府和学校共同努力，争取更多的政策和项目支持，依法保障和落实非营利性民办高校教师享受当地公办学校同等的人才政策，关心关爱教职员工，有完善的薪酬设计体系和增长空间，解决教师的后顾之忧，让教师有更大施展才华的舞台。

（四）政府层面：过多的行政规制导致竞争环境复杂

分类管理改革后，国家已陆续出台了相关制度规范民办高校的办学行为。如 2021 年 4 月，国务院已经正式颁布修订后的《民办教育促进法实施条例》对民办高校关联交易、集团化办学等重要议题进行了明确规定，为分类管理提供了重要的指导原则。尽管目前对于非营利性民办高校的财务监管、治理结构、第三方评价等方面的规定仍有待进一步完善，但随着分类管理政策的深入实施，政府在加大对非营利性民办高校的政策与财政支持的同时，也会相应地加大监管力度和介入程度。特别是在专业设置、招生计划、合作办学、收费机制、资产运行、财务管理等方面，政府可能会因统一规范管理等惯性认知和惰性行为影响，倾向于依据公办高校的模式与要求来管理和规范非营利性民办高校。此外，由于政策设计不周、政府错位越位监管等导致多头管理和过度干预的情况，非营利性民办高校在办学运行与管理上可能会受到诸多制约，难以充分发挥民办体制机制的优势，甚至可能与公办高校趋同，从而丧失其最大的办学优势。在支持政策的落地方面，许多实质性的支持政策尚未出台具体的实施细则，这给非营利性民办高校带来了很大的困扰。这些政策包括土地、税收、生均经费补贴、教职工社保资金补助、基金奖励和捐资激励等，由于缺乏具体的操作指南和实施规定，使得高校在实际操作中难以得到有效的支持和帮助。因此，对于非营利性民办高校而言，在高等教育管理体制改革取得实质性突破之前，支持政策的利好落实具有很大的不确定性。

第三章　大学教育基金会的
发展与演变

　　基金会与大学的关系，简而言之有两种，一是先有大学，后由大学设立基金会，募集资金资助教育，通常称为"大学基金会"；二是先有基金会，后由基金会作为办学主体，出资举办大学，可以称为"基金会大学"。大学基金会的发展，为基金会大学的产生提供了宝贵的经验和探索。在我国，大学基金会的探索与实践有着悠久的历史。本章节将重点讨论"大学基金会"。大学基金会，也被称为大学教育基金会，是为支持大学教育发展而设立的非营利性组织。它由高校发起，以服务高校为目的，面向国内外筹集资金和接受捐赠。大学教育基金会的主要功能是筹集资金，并为学校的发展提供各种服务和活动资助。由于其独特的大学教育特性，大学教育基金会在管理和运作上有着特殊的要求。它不仅在筹措资金方面发挥了积极作用，还为学校在人才培养、服务社会和文化传承等方面提供了重要的支持。本章节以我国大学教育基金会的发展历程为切入点，详细论述了国内与国外大学教育基金会的功能演变、运作模式和基本特征。通过对国内外大学教育基金会的案例分析，以期为后续章节关于"基金会大学"的比较和借鉴提供依据。

第一节　大学教育基金会的发展历程

一、国外大学教育基金会的发展历程

在欧美发达国家，大学基金会的发展历史悠久，社会捐赠文化浓厚，数量规模巨大，且运营管理模式较为成熟。大学教育基金会是大学与社会沟通的重要渠道，通过大学教育基金会可以为大学提供优秀师生的奖励、科研项目的资助、维护学校基础设施建设等。国外大学的教育经费来源主要有三个方面，一是政府拨款，二是学生学杂费，三是社会各界的捐款。其中，捐款已经成为教育经费来源重要的组成部分。因此，国外大学教育基金会的发展是伴随着高等教育的发展而发展起来的，是西方高等教育发展不可或缺的伴生物。

（一）萌芽阶段（16～18世纪）

国外最早的教育捐赠行为可以追溯到古希腊时代。著名哲学家、思想家、教育家柏拉图在雅典城外创办了名为 Academeia 的学院，他去世后，其全部地产都资助给了该学院。这是人类历史上第一笔对教育事业的捐赠。英美等国家的捐赠与宗教文化有着密不可分的联系。16世纪英国开始出现一些类似基金会的慈善组织为当地的教民提供相关的宗教教育服务和生活帮助。通过这种形式，一方面传播了宗教教义，另一方面也培养了相关的神职人员。英国现代大学最早主要依靠教会、皇室贵族的私人捐赠、社会集资和学费来维持日常运转。在18世纪后半叶，随着英国资产阶级工业革命的蓬勃发展，社会生产方式发生了根本性的变革，从手工作坊转变为社会化大生产。在这种背景下，大学教育基金会开始萌芽，一些大资本家以慈善组织的形式捐资办学。美国的教育捐赠和基金会发展历程甚至早于美国的建国历史。例如，1638年，一位名叫约翰·哈佛的牧师在去世前将自己的全部积蓄和大量书籍捐献给了马萨诸塞海湾殖民地的一所新建学校。为了感谢他的慷慨捐助，学校于 1939 年更名为哈佛学院，成为哈佛大学的前身。[①] 耶鲁大学也有着类似的起源。1701 年 10 月，一所新的教会学校在康涅狄格州成立，名为大学学院。当时，英国东印度公司总裁伊莱休·耶鲁向这所大学学院捐赠了一大笔财富，包括货物、图书以及英国国王乔治一世的扫描画像和纹章。这笔捐款对当时的大学学院来说是一笔巨款。为了感谢他的支持，这所教会学校后来更名为耶鲁学院，即耶鲁大学的前身。[②] 由此可见，美国早期的学院都与私人捐赠有着密切的联系。这些捐赠不仅为学院的建立和发展提供了物质支持，还为它们注入了慈善和公益的精神。这种捐赠文化不仅在美国，而且在其他国家也得到了广泛的发展和推广，成为高等教育发展中的重要力量。

（二）产生发展阶段（19 世纪～20 世纪前半叶）

19 世纪，伴随着电力工业革命，美国经济迅速发展，进入了一个辉煌的时代。经济发展带来了对人才的大量需求，教育基金会开始产生并发展。美国南北战争后，美国银行家皮博迪为发展南方各州的初等教育设立了皮博迪教育基金，1867 年 2 月和 1869 年 6 月皮博迪两次共捐献 200 万美元。[③] 1890 年，耶鲁大学建立世界上第一家校友基金会，是世界上首家真正意义上的高校教育基金会。在 1893 年，由于政府对大学教育经费的投入减少，堪萨斯大学成立了第一家公立大学教育基金会，开始重视社会的捐资。1925 年，哈佛大学也在校友的建议下成立了校友基金会。进入 20 世纪后，特别是第二次世界大战后，随着西方高等教育的大众化，全球范围内出现了大财阀和垄断组织捐资助学的热潮。教育基金会在全球范围内得到了迅速的发展，逐渐成为教育领域的重要力量。据《国际基金会

① 佟婧. 我国高等教育社会捐赠研究 [D]. 北京：北京师范大学，2012.

② 周雁. 耶鲁大学史 [M]. 上海：上海交通大学出版社，2012.

③ 顾明远. 教育大辞典 [M]. 上海：上海教育出版社，1998.

指南》统计，全球有 400 多家在国际上具有较大影响且涉及教育领域的基金会。这些基金会主要分布在美、英、日、意等发达国家，少数分布在印度、菲律宾、泰国等发展中国家。至于小规模涉及教育部门的基金会在世界上更是数不胜数。美国作为全球最大的经济体之一，其教育基金会的发展也备受关注。据相关统计，截至 1977 年，美国共有 2.6 万余家私人基金会，其中至少一半涉足教育领域或专门服务于教育部门。这些基金会对教育的投入力度非常大，为美国教育的发展提供了重要的资金支持。据 1977 年的统计数据，美国 2818 家私人基金会在上一财政年度共投放了 21.3 亿美元的资助金额。其中，教育领域的资助额最多，共计 5.92 亿美元，占投放总额的 28%。[①] 这些数据充分展示了教育基金会对美国教育的巨大贡献和影响力。教育基金会不仅提供了大量的资金支持，还通过各种项目和活动推动了教育的创新和发展。它们在教育领域的作用越来越重要，为全球教育的繁荣和发展作出了积极的贡献。

（三）蓬勃发展阶段（20 世纪中至今）

随着大学教育基金会规模的不断增长，大学教育基金会的管理问题日益受到重视。为了规范发展，各大高校的教育基金会大多采用公司制管理模式，设立董事会、监事会，每年董事会要向学校和社会公众公开财务年报接受社会监督，通过市场化的运作，促进大学教育基金会蓬勃发展。比如，1974 年哈佛大学成立了哈佛管理公司（Harvard Management Company）、1991 年斯坦福大学成立了斯坦福管理公司（Stanford Management Company）等都是其中的典型代表。除了大学教育基金管理更加规范，每任校长都格外重视基金会的筹资和捐赠工作，在任期内都要制订详细的筹资计划，在校园文化中营造捐资助学的氛围，一方面提升学生的认同感，另一方面也在培养捐资助学的文化传统，为学校长远发展打下基础。在近百年的发展历程中，美国的大学基金会无论是组织结构、筹募计划还是资金运

---

① 张雷. 大学教育基金会发展及运作研究［D］. 北京：北京交通大学，2008.

作理念，各方面都有了很大的提升，发展日益成熟，逐步走上了科学化、规范化、专业化的道路。根据 USnews 收集的数据，截至 2020 财年，哈佛大学拥有近 420 亿美元的捐赠基金。而截至 2021 年 6 月，哈佛的捐赠基金已经达到 532 亿美元，突破 500 亿美元，净回报率为 33.6%，占到哈佛大学总部资产的绝大部分。表 3.1 是 USnews 统计的 2022 年美国大学教育基金会前十名的基金规模。

表 3.1   2022 年美国大学基金会前十名排行榜

学校名称	基金规模（亿美元）
哈佛大学	494
得克萨斯大学系统	427
耶鲁大学	414
斯坦福大学	363
普林斯顿大学	358
麻省理工学院	247
宾夕法尼亚大学	207
得克萨斯农工大学	182
密歇根大学	173
圣母大学	167

资料来源：USnews。

二、我国大学教育基金会的发展历程

大学教育基金会作为高校长久发展的重要动力和经费保障，对我国高校而言，尽管是一个舶来品，但我国的教育捐赠理念和行为也是由来已久。我国大学教育基金会有近百年的历史，伴随着中国近现代教育的发展而兴起，并受到经济社会发展的影响而不断变革与发展。

（一）萌芽阶段（20 世纪 20～80 年代）

我国大学教育基金会的萌芽是伴随着高等教育在中国的产生和发展

的。20 世纪 20 年代，蔡元培等提出利用庚子赔款充当教育基金会的建议，在北京创办了中华教育文化基金会，主要任务是负责保管、分配、使用美国退还的庚子赔款推动中华教育。由于政治环境大变动，新中国成立后，大学教育基金都被纳入了各级政府的专项教育经费中。直到十一届三中全会以后，我国改革开放的序幕拉开，随着国门的开放，对外交流日益密切，基金会才逐渐走进了国人的视野。1981 年，新中国的第一家基金会中国儿童少年基金会正式成立，开启了中国社会慈善发展事业的新时代。20 世纪 80 年代，海外华人华侨及港澳台同胞趁着改革开放的东风纷纷回国资助国内的教育事业，涌现出诸如邵逸夫教育基金会、霍英东教育基金会等大批慈善助学基金会。1986 年，在著名企业家、慈善家荣毅仁、霍英东等人的倡导下，暨南大学在香港登记注册成立非营利性组织暨南大学教育基金会，成为我国在香港成立的第一家大学教育基金会。我国大学基金会的萌芽跨越了大半个世纪，足以说明大学基金会是大学教育发展不可舍弃的伴生物。

（二）兴起阶段（20 世纪 90 年代~21 世纪初）

自 20 世纪 90 年代初，改革开放的浪潮席卷中国，经济体制逐步转型，教育体制也随之经历深刻的变革。1993 年，《中国教育改革和发展纲要》颁布，明确提出了多元化的教育经费筹措机制，其中特别强调了教育基金会在经费筹集中的潜在作用。这一政策导向为大学成立教育基金会、拓宽经费来源指明了方向。在此背景下，依据国务院发布的《基金会管理办法》与《社会团体登记管理条例》，我国首批大学教育基金会在 20 世纪 90 年代应运而生。其中，1992 年，浙江树人大学暨王宽诚教育基金会的成立，成为我国内地首家注册的大学基金会，也是中国首家民办大学教育基金会。次年，清华大学教育基金会在民政部正式注册成立，成为我国公办高校中首家成立的大学教育基金会。随后的几年里，众多知名高校如北京大学、天津大学、武汉大学、中国科学技术大学、吉林大学等纷纷成立了自己的教育基金会。这些大学教育基金会的成立，不仅为国内大学提供了新的经费筹措渠道，更在深层次上推动了高等教育的发展。它们通过各种方式筹集资金，用于学校的建设、科研、奖学金以及国际交流等，极大地丰富了高校的经费来源，提高了教育质量。同时，这些基金会的成立也促进了社会各界对高等教育的关注与支持，进一步推动了我国高等教育的繁荣与发展。

（三）蓬勃发展阶段（21世纪初~2014年）

随着我国公益慈善事业的持续壮大，1988年的《基金会管理办法》已逐渐无法满足国内基金会的发展需求。因此，自1999年起，金融监管体制改革解除了中国人民银行对基金会的领导和监管，转而由民政部统一负责基金会的登记与管理。为适应这一变革，国务院于2004年颁布了新的《基金会管理条例》。这一条例的颁布，标志着我国基金会在法治化管理上迈出了里程碑式的一步。随后，国家相继出台了《高等教育法》《中华人民共和国公益事业捐赠法》（以下简称《公益事业捐赠法》）以及《慈善法》等多部法律，以推动大学教育基金会的成立与发展。这些法律法规不仅强化了对各类基金会的规范与监管，也极大地激发了国内高校设立教育基金会的热情与动力。值得一提的是，2012年，一个权威的第三方机构——基金会中心网与清华大学廉政与治理研究中心携手合作，开发了一套能够真实反映我国基金会发展状况的透明度指标体系FTI，并公之于众。这一举措不仅为公众提供了评估基金会透明度和责任感的工具，同时也推动了我国基金会行业的健康发展。正是在这一背景下，我国大学教育基金会数量大幅增长，进入了高速发展的阶段。以清华大学、北京大学、浙江大学等高校为例，其教育基金会在资金筹集、项目管理、资产管理以及团队建设等方面都日趋成熟，为我国高校教育基金会的稳健发展提供了坚实的支撑。表3.2是这一阶段成立的部分大学教育基金列表，高校基金会接受来自社会各界的捐赠，在一定程度上为缓解办学经费严重不足作出了贡献，成为我国分担高教成本的重要补充渠道。

表 3.2　　　　　　　　部分中国大学教育基金会成立时间

基金会名称	成立年份	基金会名称	成立年份
中山大学教育发展基金会	2004	大连理工大学教育发展基金会	2009
北京市中国人民大学教育基金会	2004	哈尔滨工业大学教育发展基金会	2009
天津南开大学教育基金会	2004	四川电子科技大学教育发展基金会	2009
南京大学教育发展基金会	2005	湖南大学教育基金会	2009
东南大学教育基金会	2005	中央财经大学教育基金会	2009
南京大学教育发展基金会	2005	中国农业大学教育基金会	2009
北京航空航天大学教育基金会	2005	北京理工大学教育基金会	2010
厦门大学教育发展基金会	2006	中央民族大学教育基金会	2010
西安交通大学教育基金会	2006	中国海洋大学教育基金会	2010
浙江大学教育基金会	2006	华中科技大学教育基金会	2010
上海同济大学教育发展基金会	2006	四川大学教育基金会	2010
张学良教育基金会（东北大学）	2006	中南大学教育基金会	2011
北京师范大学教育基金会	2007	重庆西南大学教育基金会	2011
上海华东师范大学教育发展基金会	2007	西北农林科技大学教育发展基金会	2011
广东华南理工大学教育发展基金会	2007	新疆大学教育发展基金会	2012
山东大学教育基金会	2007	重庆大学教育基金会	2013
西北工业大学教育基金会	2007	兰州大学教育发展基金会	2013

资料来源：基金会中心网。

（四）规范发展阶段（2014 年至今）

教育基金会作为社会公益慈善事业的重要力量，其有序且良性的发展在很大程度上受到政府和社会公众评价与监督的影响。2014 年 9 月，为规范中央部门所属高校教育基金会的财务管理，《教育部、财政部、民政部关于加强中央部门所属高校教育基金会财务管理的若干意见》明确提出了一系列规范措施，包括完善高校教育基金会的治理结构、建立健全的内控体制、规范会计核算流程、强化筹资活动的管理以及防范财务风险等，并强调了自觉接受社会监督的必要性。2016 年，教育部进一步出台了《教育部直属高校经济活动内部控制指南（试行）》，明确指出高校教育基金会应当接受主办高校的管理和监督，尤其需要重点关注和防范基金投融资活动和战略发展等关键领域的风险。除了政府层面的监管，民政部及各地的民政部门也会对其管辖范围内的基金会进行社会组织评估。这种评估涉及多个方面，包括基础条件、内部治理、工作绩效、党建工作和社会评价等，并根据这些因素的综合表现将基金会划分为五个等级。大学教育基金会的发展进入了进一步规范阶段，各个大学教育发展基金运行得更加规范和透明。尤其是头部公办高校基金会已经开始从内部治理体系上作出精细化、专业化的改变，有些甚至请来了专业的基金会运作团队，让筹款和项目管理更加高效。表 3.3 是基金中心网站发布的 2022 年大学基金透明度排行榜。

表 3.3　　2022 年中国大学教育基金会透明度排行榜（FTI 得分在 90 分以上）

基金会名称	成立时间	注册地	FTI2022 得分	FTI2022 评级
浙江大学教育基金会	2006 – 7 – 27	民政部	100	A +
山东省中国石油大学教育发展基金会	2004 – 12 – 2	山东省	100	A +
山东大学教育基金会	2007 – 10 – 11	山东省	100	A +
中国农业大学教育基金会	2009 – 9 – 2	民政部	100	A +
北京市中国人民大学教育基金会	2004 – 12 – 8	北京市	100	A +
北京邮电大学教育基金会	2002 – 12 – 20	北京市	100	A +
上海市华东师范大学教育发展基金会	2007 – 12 – 28	上海市	100	A +
上海财经大学教育发展基金会	2008 – 10 – 31	上海市	100	A +
东南大学教育基金会	2005 – 10 – 31	江苏省	100	A +
河海大学教育发展基金会	2007 – 6 – 22	江苏省	100	A +
江南大学教育发展基金会	2007 – 12 – 29	江苏省	100	A +
天津大学北洋教育发展基金会	1995 – 8 – 16	天津市	100	A +
天津南开大学教育基金会	2004 – 6 – 2	天津市	100	A +
南京大学教育发展基金会	2005 – 4 – 30	江苏省	100	A +
南京航空航天大学教育发展基金会	2006 – 4 – 10	江苏省	100	A +
扬州大学教育发展基金会	2008 – 12 – 3	江苏省	100	A +
中国矿业大学教育发展基金会	2007 – 12 – 3	江苏省	100	A +

基金会名称	成立时间	注册地	FTI2022 得分	FTI2022 评级
张学良教育基金会	2006 - 3 - 16	民政部	100	A +
辽宁省大连理工大学教育发展基金会	2009 - 3 - 9	辽宁省	100	A +
西安交通大学教育基金会	2004 - 12 - 22	陕西省	100	A +
西北工业大学教育基金会	2007 - 5 - 18	陕西省	100	A +
广东省暨南大学教育发展基金会	2010 - 1 - 22	广东省	100	A +
湖南大学教育基金会	2009 - 12 - 14	湖南省	100	A +
中南财经政法大学教育发展基金会	2018 - 5 - 22	湖北省	100	A +
华中农业大学教育发展基金会	2014 - 12 - 31	民政部	100	A +
四川大学教育基金会	2010 - 3 - 22	民政部	100	A +
上海东华大学教育发展基金会	2010 - 9 - 21	上海市	100	A +
华中师范大学教育发展基金会	2020 - 12 - 31	湖北省	100	A +
河南理工大学教育发展基金会	2010 - 6 - 1	河南省	100	A +
山东省中国海洋大学教育基金会	2010 - 4 - 29	山东省	100	A +
西北农林科技大学教育发展基金会	2011 - 6 - 16	民政部	100	A +
河南大学教育发展基金会	2011 - 6 - 16	民政部	100	A +
兰州大学教育发展基金会	2013 - 2 - 25	民政部	100	A +
安徽工业大学教育发展基金会	2013 - 4 - 9	安徽省	100	A +
内蒙古民族大学教育基金会	2013 - 4 - 1	内蒙古自治区	100	A +
浙江省北京师范大学南湖附属学校教育基金会	2013 - 8 - 27	浙江省	100	A +
上海纽约大学教育发展基金会	2014 - 3 - 27	上海市	100	A +
深圳市香港中文大学（深圳）教育基金会	2014 - 8 - 4	深圳市	100	A +
郑州大学教育发展基金会	2015 - 3 - 6	河南省	100	A +
深圳市长江商学院教育发展基金会	2016 - 2 - 25	深圳市	100	A +
云南财经大学教育发展基金会	2018 - 1 - 8	云南省	100	A +
河南师范大学教育发展基金会	2018 - 12 - 24	河南省	100	A +
深圳市北京大学深圳研究生院教育基金会	2019 - 12 - 20	深圳市	100	A +
上海华东理工大学教育发展基金会	2011 - 10 - 8	上海市	98.13	A
南京工业大学教育发展基金会	2007 - 3 - 12	江苏省	98.13	A
北京航空航天大学教育基金会	2005 - 5 - 17	民政部	96.26	A

续表

基金会名称	成立时间	注册地	FTI2022得分	FTI2022评级
四川电子科技大学教育发展基金会	2009 – 7 – 3	四川省	96.26	A
云南师范大学教育基金会	2018 – 7 – 27	云南省	96.26	A
深圳市深大土木教育基金会	2014 – 8 – 5	深圳市	95.81	A
北京大学教育基金会	1995 – 7 – 4	民政部	95.33	A
复旦管理学奖励基金会	2005 – 9 – 22	上海市	95.33	A
上海中欧国际工商学院教育发展基金会	2005 – 3 – 28	上海市	95.33	A
南京邮电大学教育发展基金会	2007 – 7 – 30	江苏省	95.33	A
南京农业大学教育发展基金会	2007 – 2 – 26	江苏省	93.46	A
浙江工商大学教育基金会	2013 – 2 – 5	浙江省	93.46	A
北京联合大学教育基金会	2014 – 4 – 18	北京市	93.46	A
浙江浙大城市学院教育基金会	2014 – 12 – 24	浙江省	93.46	A
天津市河北工业大学教育发展基金会	2017 – 8 – 14	天津市	93.46	A
江西财经大学教育发展基金会	2013 – 6 – 6	江西省	93.38	A
西安工程大学教育发展基金会	2018 – 9 – 3	西安市	92.52	A
上海复旦大学教育发展基金会	2004 – 6 – 1	上海市	91.59	A
安徽中德教育合作基金会	2020 – 2 – 24	安徽省	91.43	A
辽宁省大连海事大学教育发展基金会	2010 – 12 – 30	辽宁省	90.65	A
重庆西南大学教育基金会	2011 – 8 – 18	重庆市	90.65	A

资料来源：基金会中心网。

三、我国大学教育基金会的发展现状

大学基金会是慈善事业在大学系统的内化表现形式，是致力于促进高等教育发展的非营利性组织。[①] 近年来，我国高校教育基金会发展迅速。据《中国高校基金会年度观察报告（2020）》，2005 年，我国仅 20 家高校

[①] 赵雅琼，刘蕾. 结构 – 功能视阈下高校基金会资产增长的影响因素探究 [J]. 教育发展研究，2022，42（9）：21 – 29.

教育基金会；截至 2015 年 11 月 30 日，我国高校教育基金会总计 406 家；这 10 年的时间，全国高校基金会发展迅速，数量翻了近 20 倍。中国社会组织政务服务平台网显示，截至 2022 年 12 月，已有 640 所内地普通高校（其中民办高校 119 所）在民政部门正式注册教育基金会，且状态呈现正常。高校基金会服务于学校发展的方方面面，在学校发展中的作用愈发凸显，它在扩宽办学资金渠道、提高办学条件、优化办学资源配置等方面发挥着日益重要的作用。

从高校成立教育基金会的时间来看，2004 年以前，每年新增高校基金会数量不到 5 家；2004 年《基金会管理条例》的出台，高校纷纷成立教育基金会，每年新增高校基金会数量显著上升，2009 年教育基金会成立达到一个峰值。这一年财政部、教育部印发了《中央级普通高校捐赠收入财政配比资金管理暂行办法》。2009 年以后，高校教育基金会的设立主要来自政策驱动，教育部的财政配比政策及地方相继出台的配套政策，驱动各级各类高校纷纷成立教育基金会。2010～2020 年，每年几乎有 40 余家高校教育基金会成立。近年来，高校基金会数量增速放缓，2018～2022 年的年均增长率约为 8.3%。1995～2021 年每年度新增的高校基金会数量如图 3.1 所示；1995～2020 年每年度中国高校基金会总数如图 3.2 所示。

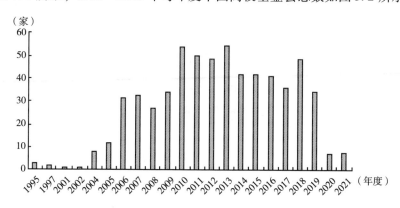

图 3.1　1995～2021 年每年度新增中国高校基金会数量

资料来源：《中国高校基金会年度观察报告（2020）》和中国社会组织政务服务平台。

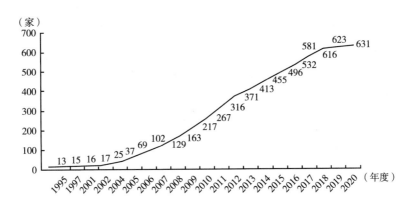

图 3.2　1995～2020 年每年度中国高校基金会数量

资料来源：《中国高校基金会年度观察报告（2020）》和中国社会组织政务服务平台。

从基金会的区域分布情况来看，江苏、浙江、北京、广东和湖北等省市的高校教育基金会数量居于前列，如图 3.3、图 3.4 所示。这一现象背后有多重原因。一方面，这些省市的高校数量众多，从而导致高校教育基金会的数量相应较多。高校数量多的地区，其高校教育基金会的总量自然也较多。另一方面，这些省市大多属于经济高度发达的地区。经济基础对于保障教育基金会的资金来源起到了至关重要的作用。资金充裕的地区更有能力支持教育基金会的发展。具体来看，江苏省的高校教育基金会数量遥遥领先，各级各类基金会近 100 个。浙江、北京和广东紧随其后，基金会数量均在 50 家左右。值得注意的是，浙江和北京已出台了关于教育基金会资金配比的政策，而基金会数量最多的江苏省却尚未出台相关政策。广东省仅有深圳市推出了规模达 5 亿元的配比资金政策。

综上所述，经济发达地区和经济基础雄厚的省份在高校教育基金会的发展上具有明显的优势。这些地区的基金会不仅数量众多，而且资金来源有保障。然而，各省份的政策环境存在差异，这也在一定程度上影响了基金会的发展速度和规模。

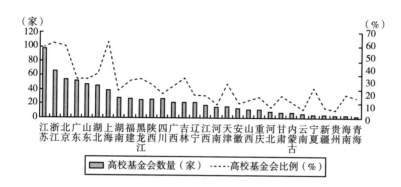

图 3.3　2020 年中国高校基金会地域分布

资料来源：《中国高校基金会年度观察报告（2020）》和中国社会组织政务服务平台网。

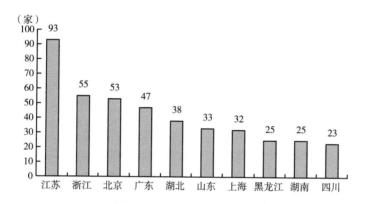

图 3.4　2020 年中国高校基金会数量排名前十的省份

资料来源：《中国高校基金会年度观察报告（2020）》和中国社会组织政务服务平台网。

四、我国民办高校教育基金会的发展现状

根据中国社会组织政务服务平台网的数据统计，90% 以上的高校教育基金会是由公办院校发起成立的，8% 左右的高校教育基金会由民办院校成立，剩下部分教育基金会由独立学院、中外合作办学院校及高职院校发起成立。相对于公办院校，大部分民办院校成立的时间比较晚，

基金会的发展和数量也相对滞后。但是近几年，随着民办高校的发展环境越来越好，社会公众对民办院校的认可程度加深，民办高校成立教育基金会的数量也越来越多。第一家民办高校教育基金会——浙江树人大学暨王宽诚教育基金会成立于1992年，比清华大学教育基金会成立还要早两年，第二家民办高校教育基金会宁夏银川大学教育发展基金会成立于2005年。2014年，上海市在全国率先试点，在市委、市教委的推动下，由上海杉达学院、上海视觉艺术学院及上海东海职业技术学院等七家单位联合发起，成立了全国首家民办教育发展基金会——上海市民办教育发展基金会。该基金会以支持民办教育发展为宗旨，筹得了首批7730万元的资金，为我国民办教育的发展注入了新的活力。① 从1992年浙江树人大学暨王宽诚教育基金会成立至2022年12月，我国已有119家民办高校基金会。随着民办高校教育基金会的数量不断增加，其资金规模也在不断扩大，一些知名的民办高校教育基金会资金规模已经达到了数亿元甚至更多。捐赠来源呈现出多元化的特点，一些基金会的捐赠来源主要是企业、校友会等组织和个人，而另一些基金会的捐赠来源则包括政府、社会团体等多个方面。民办高校教育基金会的地域性特征比较明显，主要集中在一些经济发达的地区，如北京、上海、广东等地的民办高校教育基金会数量较多。虽然民办高校成立教育基金会的速度和比例远远低于公办高校的水平，但是呈逐年增长的趋势。我国民办高校教育基金会的发展已经取得了一定的成绩，但也存在一些问题和挑战。例如，一些基金会的资金管理不够规范，投资收益不稳定；一些基金会的捐赠来源过于单一，对特定人群的依赖度较高；还有一些基金会的知名度较低，缺乏社会认可度等。

---

① 陈之腾，薛婷彦. 谋民办教育发展，探教育改革新路 全国第一家民办教育发展基金会正式成立 [J]. 上海教育，2014（25）：46-51.

第二节　大学教育基金会的特征与功能

一、大学教育基金会的特征

（一）非营利性

大学教育基金会以非营利为导向，主要体现在其分配与收入约束机制上。基金会及其捐赠人和实际受托管理者不得从基金会的财产及其运作中获取个人利益。同时，基金会还具备一套非营利的组织运作和管理机制，旨在有效规避高风险和追求高回报的自我控制机制。最重要的是，基金会还建立了非营利的财产保全机制，严格禁止捐赠以外的其他方式变更财产及产权结构。

（二）公益性

大学教育基金会的公益性是其核心特性之一。首先，基金会源于捐赠，是公益捐赠的制度化和组织化形式，凝聚了社会的爱心和力量。其次，基金会具有明确的公益宗旨，以造福社会、推动教育发展为目标。最后，基金会将筹集到的资金用于各种公益项目和活动，使特定群体乃至整个社会受益，充分体现了其公益性。

（三）非政府性

大学教育基金会的非政府性质体现在多个方面。首先，基金会在决策体制上独立于政府，拥有自主决策权和自治地位。其次，基金会的治理结构也与政府不同，实行民主治理和公开透明的原则。最后，基金会的运作机制也区别于政府，通过市场竞争和优胜劣汰的机制来实现其核心竞争力的提升。

（四）教育性

首先，大部分大学教育基金会起源于高等院校的内部，其核心宗旨是服务于大学教育的持续发展。这种紧密的联系使得基金会与大学形成了有机的整体，为推动大学教育的高质量和可持续发展提供了坚实的支撑。其次，大学与大学教育基金会之间存在着一种共生关系。这种关系不仅体现在物质层面，如资金的筹措与反哺，更体现在精神层面，如社会影响力的共同提升。大学以其深厚的社会影响力吸引更多的资源投入教育基金会，从而为其筹措资金提供了强大的支持。而教育基金会则通过有效地运用这些资金，进一步提升了大学教育的质量和影响力，形成了一种良性的互动和共赢的局面。

二、大学教育基金会的功能

（一）资金筹措

资金筹措是大学教育基金会最原始、最根本的功能，也是大学教育基金会的首要任务。大学教育基金会资金筹措主要来源于企业、个人、各类组织，主要方式包括捐赠、服务、投资、补贴、战略合作等。不同的大学其资金筹措方式有较大的差异性，这与其所处的发展阶段有密切的关联性。发达国家经历了上百年的发展，其大学教育基金会中捐赠的占比为25%~56%[①]，而中国大学教育基金会发展报告显示，大多数中国大学教育基金会属于非公募基金会，以教育捐赠为主要资金来源，占比达到83.9%；而投资、服务等收益占比较低。目前国内大学教育基金会资金筹措渠道单一，过度依赖捐赠，也显示出我国大学教育基金会发展还处于初级阶段，还需要不断地发展。

---

① 刘筠，徐绍华. 多元供给 化能为效：高校教育基金会的发展经验与路径选择 [J]. 昆明理工大学学报（社会科学版），2021，21（3）：92-98

近年来，我国大学教育捐赠迅猛发展，并开始呈现出占比高、数额多、流向名校等发展趋势。大多数大学教育基金会设立了单独的资金账户来接收和管理捐赠，不少学校还设有外币账户。部分学校开设了在线捐赠渠道，实现了在线支付，大大提高了捐赠效率。还有些高校意识到海外校友资源的重要性，设立了海外事务部。总之，大学教育基金会都在积极开展筹资活动，并努力开发多样化、便捷的捐赠渠道，中国的高校捐赠呈现出显著的上升趋势。2014～2017年度的《中国慈善捐助报告》显示，自2015年起，高校成为社会捐赠的主要受益者，其中教育类捐赠已超越医疗健康，占据了约30%的份额。这一趋势反映了社会对于高等教育的持续支持和关注。2018年，一流大学建设高校的教育基金会捐赠收入达到了70.19亿元，基金会总收入为82.36亿元。[①] 这一数据进一步显示了高校捐赠的规模和影响力。同时，国内高校所获得的大额捐赠纪录也在不断刷新。《2021高校基金会大额捐赠观察报告》显示，2015～2020年全国共有982笔1000万元以上的大额捐赠，涉及78家高校基金会，协议捐赠总额高达380.8亿元，到账总额为303.6亿元。这表明，大额捐赠已成为高校捐赠的一个重要组成部分。具体到大额捐赠项目，有111个项目捐赠额在1亿元及以上，占总项目数的15%。值得注意的是，一些知名企业家和校友对高校的捐赠尤为慷慨。碧桂园集团董事局主席杨国强以广东省国强公益基金会名义于2018年向清华大学捐赠了22亿元人民币。[②] 同年，融创中国董事会主席孙宏斌作为校友向清华大学捐赠了10亿元人民币。[③] 根据武汉大学教育发展基金会网站的消息，2023年11月，武汉大学1987级计算机系校友，小米集团创始人、董事长兼首席执行官雷军向母校捐赠13亿元人民币，该笔捐赠刷新了武汉大学建校以来单笔最大捐赠额，也是迄

① 成刚，思慧.一流大学教育基金会运作机制研究——基于我国一流大学建设高校的分析［J］.教育发展研究，2021（1）：49-56.

② 22亿元单笔捐款纪录诞生，高校拿到钱都用来做什么？［EB/OL］.（2018-11-08）［2024-02-26］.https：//baijiahao.baidu.com/s? id=1616526106462025953&wfr=spider&for=pc.

③ 许灯红.中国高校教育基金会发展研究——基于中美比较的分析［D］.厦门：厦门大学，2008.

今为止全国高校收到的最大一笔校友个人现金捐赠。可见，高校捐赠在中国正逐渐呈现日益增长的趋势，不仅大额捐赠频现，捐赠主体与捐赠用途也日趋多元化，受到了全社会的广泛关注和支持。这不仅为高等教育的发展提供了宝贵的资金支持，同时也反映出社会对于教育和人才培养的高度重视。未来，随着更多企业和个人参与高校捐赠，这一领域有望继续保持强劲的增长态势。

（二）基金保值增值

保障大学教育基金的安全并防范潜在风险是大学教育基金会最基本也是最为核心的职责。从法律上讲，大学教育基金会是独立的法人，不仅独立承担民事责任，有陷入破产清算的风险，而且会给相关的大学带来经济利益上的损失，因此基金会基金的保值增值也是大学教育基金会的基本功能。《基金会管理条例》第二十八条规定，基金会应当按照合法、安全、有效的原则实现基金的保值、增值。基金会的保值增值投资活动应严格遵守国家、地方法律法规，尊重投资的市场规律；在综合考虑各类风险的前提下，尽可能降低、规避风险；在合法、安全的前提下，实现资金运作效益的最大化，并要遵守与捐赠人和受助人的约定，保持资金流动性，保证公益支出的实现。

基金会中心网的数据显示，截至 2018 年，我国大学教育基金会净资产合计 409 亿元，年度总收入为 119 亿元。2018 年有投资行为的大学基金会，平均投资回报率为 5.8%，高于全部基金会的平均投资回报率。与美国的大学教育基金会进行比较，中国的大学教育基金会一般会委托机构进行投资，而美国的大学基金会一般会成立控股投资公司或学校投资办公室进行独立管理投资。因此，从风险偏好角度上来说，美国的大学教育基金会属于风险偏好型，追求长期投资回报，风险投资占比高，可以牺牲流动性以换取超额利润。而中国的大学教育基金会属于风险规避型，以短期投资为主，资金流动性高，投资类回报低。但不论是哪种类型，国内外大学教育基金会都将基金保值增值作为基金会的基本目标。表 3.4 是依据各大学基金会 2018 年数据制作的中美主要大学基金会的资产分配情况比较，从中可以看出中国的大学基金会资产的构成更加集中，而美国大学基金会各类资产更加分散。

表3.4　　　　　　　　中美大学基金会资产构成情况比较　　　　　　单位：%

项目	中国			美国	
	清华大学 教育基金会	北京大学 教育基金会	南京大学 教育基金会	哈佛大学 基金会	耶鲁大学 基金会
现金和短期投资	40.46	65.37	19.88	3.15	1.75
股权	58.93	33.04	7.09	39.00	16.00
债券	0	0	72.09	3.00	1.00
风险投资	0	0	0	3.00	13.00
固定收益	0	0	0	35.00	36.00
自然资源	0	0	0	5.05	7.80
房地产	0	0	0	8.97	10.90
其他	0.61	1.19	0	2.00	13.00

资料来源：基金会中心网。

（三）助推学校发展

　　大学教育基金会是一种良好的资源整合机制，在为高校发展提供财力保障、汇集资源以及拓展社会服务功能方面发挥着重要的作用。大学教育基金会以需求为导向，以项目为牵引，整合各方资源，为学校的战略目标服务。通过对增量和存量资源的优化配置，大学教育基金会助力学校在教育教学、科研创新和服务社会等方面实现全方位提升，推动学校跨越式发展。当前，我国大学教育基金会主要采用项目制来使用基金，确保资金定向投入。这些项目涵盖教学基础设施、科研项目、奖助学金和院系发展等领域，进一步增强了大学的综合实力。作为大学与社会之间的桥梁，基金会不仅为大学提供了实现使命和开展活动的有力载体，还拓展了筹资渠道，为大学的发展提供了坚实的资金保障。此外，大学教育基金会的规范发展和制度建设对高校组织变革具有深远影响。它为高校提供了有益的经验和启示，促使高校遵循社会组织的内在规律，实现效率与效益的平衡，同时确保公益与公平的价值得以体现。通过不断优化和完善，大学教育基金会将继续发挥其在高等教育领域中的关键作用，推动我国大学教育事业蓬勃发展。表3.5是我国部分大学教育基金会2022年资助项目信息。

表3.5　　　我国部分大学教育基金会2022年资助项目信息

基金会名称	2020年基金会项目名称
清华大学教育基金会	文科综合楼、综合实验楼东南楼、经管学院教学楼项目A楼、兴华基金、苏世民学者项目、万科公共卫生与健康学科发展专项基金、国强科技基金、惠妍人才基金、英华学者基金、振华全球气候变化和绿色发展基金、雪花秀非遗文化基金、碧桂园教育基金、融创临床医学发展基金、晋绥儿女支持老区教育专项基金、春风基金、英雄文化基金、艺术博物馆战略发展基金、文化创意基金、鹏瑞启航清华基金、康师傅全球人才成长基金、IDG资本–清华脑科学发展基金、小米创新未来专项基金、张光斗科技教育基金、人才基金、教育基金、研究基金、交流基金、图书基金、奖助基金、奖教金、基建项目、安老基金、社会公益基金、校友基金……
北京大学教育基金会	医学部发展基金、世界一流大学计划基金、社会公益项目、校园建设项目、其他发展支持项目、学科建设项目、教师发展项目、北京大学康师傅教育发展基金、北京大学医学部91杏林助学基金、北京大学发树医学发展基金、学生奖助学金
浙江大学教育基金会	助学金资助项目、社会公益活动资助项目、基础建设项目、学科建设与院系发展项目、其他资助项目、奖教金资助项目、奖学金资助项目、国际交流基金资助项目
上海复旦大学教育发展基金会	发展基金、学科建设、校园建设、院系发展、学生培养、社会公益、师资建设……
北京师范大学教育基金会	北京师范大学"双一流"建设、北京师范大学教育基金会自有、留本基金、学校院系机构发展建设基金、学科发展、科研及教学基金、社会公益活动基金、奖助学金、人才基金（含奖教金，讲座教授）、师生各类活动基金、校友基金、校园基础设施建设基金
南京大学教育发展基金会	人才培养、实力提升、专项基金、校园建设
四川大学教育基金会	奖学奖教金项目、学科发展及科学研究项目、院处发展项目、校园文化项目、社会公益项目、综合项目、实物捐赠项目

资料来源：基金会中心网。

（四）公益精神传承

　　大学教育基金会作为社会慈善事业的关键组成部分，其核心属性是公益性。作为基金会的直接受益者，大学生不仅在接受教育方面获得支持，还有望在未来成为潜在的捐赠者。为了实现这一目标，大学教育基金会采取了多种策略来引导师生、校友和员工树立爱校意识和社会责任感。通过举办捐赠仪式、展示捐赠项目的实施成果、媒体宣传和慈善文化产品的设计等手段，基金会旨在培养参与者健康的财富观，并激发他们的公民参与精神和公益实践能力。通过这些活动，大学教育基金会在校园内营造了浓厚的捐资助学氛围，弘扬了公益文化，并倡导社会责任。这有助于培养学生们的慈善理念，使他们意识到回馈学校、关心母校是一种美德，从而将这种互助互爱的道德观念传承下去。此外，大学教育基金会的活动不局限于校园，还会影响到社会。这些活动向社会传递了捐资助学和慈善公益的理念，有助于激发公众为教育事业捐赠的积极性和奉献精神。这不有利于大学教育基金会的发展，还有助于促进整个社会的良善风尚，推动公民道德文化建设。因此，大学教育基金会不仅为大学提供了资金支持，还承担着培养有责任感、有爱心的公民的重要使命。通过一系列精心策划的活动，基金会努力实现捐赠文化的传承和发扬，为社会的和谐与进步作出贡献。

（五）服务地方经济

大学教育基金会作为大学与社会之间的桥梁与平台，发挥着至关重要的作用。它不仅是学校教育事业的重要支持者，更是推动社会进步和发展的重要力量。近年来，基金会不断提升自身的创新发展能力和融合联动程度，通过多元化的公益活动和捐赠项目，为高校在人才培养、科研创新、基础设施等方面提供了坚实的保障。此外，基金会还积极参与高校对口帮扶和乡村振兴等工作，为服务地方经济作出了巨大贡献，成为服务社会的中坚力量。为了更好地发挥基金会的桥梁作用，高校教育基金会通过成立校董会、校友会、顾问团等组织，为校友、校董与学校之间的合作搭建了有效的平台。这些组织开展座谈、研讨、联谊等活动，不仅密切了校友、校董与学校的情感联络，还维系了他们与学校的互动关系。在此基础上，基金会积极引导校友、校董以财富捐赠、技术智力支持、志愿服务等方式参与高校治理，进一步巩固了高校与社会、市场之间的合作基础。通过这些举措，大学教育基金会不仅为学校的发展提供了强有力的支持，还为社会培养了一批有担当、有责任心的公民。

第三节　国外大学教育基金会的运行模式与特征

历经百余年的沉淀与发展，国外大学教育基金会在运行管理模式上展现出极高的成熟度和规范性。为实现基金会的基本功能和附加功能，这些机构大多采取独立投资管理的策略，成立专门的学校投资办公室或控股投资公司。这种运作模式不仅确保了资金的专业化管理，也为基金的长期增值和风险控制提供了有力保障。本节将重点对国外大学教育基金会的运行模式与特征进行详细介绍，进而进一步总结出国外大学教育基金会的发展经验。

一、国外大学教育基金会的运行模式

（一）组织管理模式

国外大学基金会作为独立的法人实体，普遍采用公司制的矩阵式组织结构来确保其高效的管理和运作。在这一结构中，基金会的董事会直接对大学的理事会负责，确保各项决策和行动与大学的整体战略目标相一致。董事会成员的任命以及基金会的重大决策均须经过大学董事会的严格审批，以确保其合规性和透明度。基金董事会承担着制定基金会各项方针政策的重任，其核心成员阵容强大，包括学校的校长、分管基金会的副校长、投资和不动产专家、首席财务主管以及其他专业人士。这些成员不仅具备丰富的管理经验和专业知识，还共同致力于确保基金会资金的稳健增值和有效利用。为更好地执行各项任务，基金董事会下设多个专门委员

会，其中最重要的是投资委员会。该委员会专门负责大学基金会的捐赠和投资运作，通过精心策划和审慎决策，确保基金会的资产能够保值增值，为大学的长远发展提供坚实的财务基础。

在国外大学中，基金会通常高度重视院系和附属单位的作用，通过加强校、院二级主体的募捐工作以及为校友提供更广泛和深入的服务，来提升其整体实力。例如，佛罗里达大学基金会组织机构内设有多个专门负责与院系和附属单位合作和配合的办公室或项目组。加州大学洛杉矶分校的12 个学院以及五个中心都设立了筹资办公室，这些办公室规模各异，从最小的仅 1~2 人到最大的拥有 40 名工作人员（孟东军，范文亮，孙旭东，2006）。普林斯顿大学也非常重视基金会工作，由一名副校长领导捐赠工作，共有 120 多名工作人员参与基金筹措等相关工作，下设几个附属办公室：档案秘书部、发展关系部、发展信息服务部、个人及集体捐赠部（见图 3.5）。各部门通力合作，管理捐赠的各个环节，做好捐赠的前期准备工作和后期服务工作。

图 3.5　普林斯顿大学基金会组织结构

（二）筹资管理模式

1. 筹资团队专业

筹资是大学教育基金的核心工作，对于国外大学来说筹资能力也是校长的核心能力之一。在国外大学教育基金筹资管理中，首先是全民上阵的筹资团队，上至校长、副校长，下至普通教员都有筹资的职责。在多伦多大学的领导结构中，主管校友和筹资活动的副校长占据着举足轻重的地位。其下设一名助理副校长，专职负责协助其进行资金筹集工作。这位助理副校长具体担任学校筹款中心主任的职务，主要负责协调和管理学校以及各学院的资金筹集事务。值得注意的是，多伦多大学拥有一支庞大的资金筹集专职团队，人数达 300 多人，为学校的资金运作提供了稳定和高效的支持（张曾莲，2012）。哈佛大学的历任校长在资金筹集方面都表现出了积极的态度，不仅在美国，甚至在全球范围内为学校筹款。他们不仅参与电视访谈和演讲以吸引资金，还创下了高等教育的筹资纪录。例如，哈佛前任校长陆登庭（Neil L. Rudenstine）被誉为"筹资大王"，在任职期间以日均 100 万美元的募款记录，在短短的六年任期内募得 26 亿美元，这一数字创下了美国高等教育的筹资历史纪录。①

2. 筹资计划多元

每个大学教育基金会都有明确的筹资计划，并提供丰富的捐赠项目供捐资者选择。如纽约大学 1985 年提出 10 亿美元的募捐计划，然后将 10 亿美元的募捐计划分为 15 年完成，再将整体计划分解到各个院系。这样具体的筹资目标就能让每个部门院系的任务也十分具体，工作达成度很高。筹资计划中涉及的项目各种各样，主要有校友捐赠、大宗筹款活动、研究基金和多种组合方式。第一种最常见的是校友捐款，通过开展各类校友相关的活动，如校庆、校友返校、校友福利等来增进和校友之间的感情，促进校友捐资。第二种是大型筹款活动，设定主题和巨额筹款目标，以富人、大型企业、大型基金会作为筹款对象，一般由大学校长直接领导，时间跨度也比较长。第三种常见的筹资方式是研究基金，以某个研究项目或者研究团队为载体，通过捐献研究资金的方式，设立研究基金。一方面可以推动科学技术发展，特别是一些基础研究的开展，促进社会发展；另一方面捐资者也可以从中获得长远的利益，如果科研项目获得突破，可以得到战略性的合作支持。

3. 筹资渠道广泛

国外基金会大学的筹资结构展现出多样性和渠道多元化的显著特点。

---

① 佟婧. 中美大学募捐组织结构、运行及特点分析——以清华大学和哈佛大学为例［J］. 中国高教研究，2015（3）：67 – 72.

以斯坦福大学为例，其 2021 财年的收入构成中，捐赠收入占 20%，医疗服务占 22%，科研资助经费占 17%，学费收入占 14%，其他收入占 7%，国家加速器实验室占 8%，而其他投资收入占 12%。这些比例多年来保持高度稳定，而斯坦福大学的捐赠基金总池更是累积至 289 亿美元。① 同样，芝加哥大学的医疗服务收入在其基金池总收入中占有显著地位。2019 年，该收入占基金池总收入的 49%（即 24.01 亿美元），而到了 2020 年，这一比例略有下降，但仍占 47%（即 23.36 亿美元）。② 此外，洛克菲勒大学在科研领域的收入也值得一提。2020 年，该大学通过 COVID - 19 相关研究共获得了 2.8 亿美元的捐赠。③ 这一数字充分展示了该校在科研领域的实力和影响力，同时也揭示了捐赠在支持大学科研活动中的重要作用。

（三）投资管理模式

在国外大学基金会中，投资管理通常采用公司化的运作方式，通过成立专门的资产管理公司，聘请专业的投资团队来管理庞大的大学基金。在美国，基金会通常遵循《一般谨慎投资者法》进行投资活动。根据该法令，基金会的投资行为旨在确保资金的安全性和稳健性，而不是以营利为目的的"投机"。为了实现这一目标，法律规定基金会的理事必须承担投资决策的责任。为了降低投资风险，许多大学的基金会通常将资金的分配进行多元化，将 60% 的资金投入股市，30% 投资于债券，而剩下的 10% 则作为现金储备或存款。这样的配置有助于平衡风险和回报，确保基金会的资产能够长期保值增值。同时，基金会的投资行为也必须遵循相关的法律法规和监管要求，确保合规性和透明度。

以斯坦福大学基金会为例，1991 年斯坦福大学成立斯坦福管理公司

---

① Stanford Facts 2021 ［EB/OL］. https：//facts. stanford. edu/wp-content/uploads/sites/20/2021/02/Stanford-FactYook-2021-FINAL. pdf.

② The University of Chicago. Annual Report 2020 ［EB/OL］. https：//annualreport. uchicago. edu/the-en-dowment/.

③ 2020 The Rockefeller University ［EB/OL］. https：//www. rockefeller. edu/about/annual-report/2021.

（Stanford Management Company，SMC），专门负责基金的管理和运营，其主要目标是提供稳定的财务支持，并确保基金长期价值。斯坦福管理公司组织机构如图3.6所示。

图3.6　斯坦福管理公司组织机构

（四）风险防范体系

大学教育基金会是独立的法人，经费主要目的是教育捐赠，在基金的使用运行过程中存在各类风险，会影响到学校的声誉和品牌，甚至影响学校的生存，需要谨慎防范。国外大学教育基金会由于运行时间长、规模巨大，在风险防范管理上有着成熟的经验，主要表现在：一方面，加强内控，避免财务风险。大学基金会的财务风险主要是指由于货币风险、利率风险、投资风险、价格风险、信贷风险等外因引起的财务相关风险。财务风险防范是大学教育基金会的重要工作之一，一般大学的财务首席都会进入大学基金会的董事会参与财务风险的防范。大学教育基金会一般会聘请银行、审计公司、投资咨询、法律部门等专业机构，由他们提供专业的资本运作支持和法律支持。另一方面，增强外部监管，防范办学风险。大学教育基金会与大学的声誉、社会影响的相关性十分突出，会伴随着很多社会事件，产生社会风险。因此，国外政府和社会公众都对大学教育基金会起到监督的作用。政府会设立专门的监督机构，防范大学教育基金会违规操作。比如，英国慈善委员会作为部长级的政府特设部门，直接对议会和法院负责，对基金会的管理不善和行为不当等问题有开展法定调查的权力，并有权予以严厉处理。

二、国外大学教育基金会的运行特征

（一）市场化运作、多元筹资渠道

国外大学基金会在筹资方面展现出了尤为突出的特点，其规划与实施既成熟又多样。这些基金会在严格遵守当地法律法规的前提下，不遗余力地寻求各种捐资助学机会，并通过市场化的运作手段，有效拓宽筹资渠道、确保资产稳健增值、抵御通胀和外部风险。因此，市场化运作和多元化筹资渠道成为国外大学基金会的两大鲜明特色。在西方社会，慈善捐助文化深入人心，捐助渠道多样，这为大学教育基金的社会化运作和筹资活动提供了优越的社会环境。同时，国外大学教育的市场化程度较高，以民办私立大学为主流。这些大学的主要资金来源依赖于社会捐赠，这使得大学教育基金会在国外大学中的地位尤为重要。这种背景进一步推动了国外大学基金会筹资活动的蓬勃发展，市场化运作和多元化筹资渠道成为其常态。

（二）治理明晰、管理规范

国外大学基金会的运行优势，深植于其制度属性之中，这种属性确保了基金会内部管理体制的规范与高效。首先，各国基金会都受到完善的非营利属性法制的规范，其法人身份因法系的不同而有所差异，如大陆法系的财团法人或英美法系的公益信托法人。这些基金会共同的法律特征是明确的非营利性。例如，在美国，基金会需满足《联邦税法》501（c）（3）条款的慈善组织要求，同时依据美国《慈善法》第 177 条和美国《信托法》的规定，作为慈善组织信托运作，确保所有权和受益权的法律分离。其次，国外基金会受到严格的外部非营利性监管。以英国为例，慈善委员会对基金会拥有登记、问责、监管、扶持及强制执行的权力。在注册登记阶段，慈善委员会注重非营利性的审核，确保基金会始终坚守非营利性的运营原则。在日常监管中，慈善委员会通过年报审查、财务审计和实地访问等多种手段，确保基金会的合规与透明运作。最后，基金会的法人治理结构规范而明确。这种规范性体现在内部治理结构的科学有效性和内部组织架构的简约高效性上。以美国大学基金会为例，其矩阵组织管理结构融合了横向与纵向的组织系统，既强化了各部门间的协同与沟通，又提升了组织的响应速度与灵活性，从而确保基金会能够迅速而精准地达成既定目标。

（三）激励捐赠的税收制度

捐赠税收减免，从经济学的角度来看，实际上是政府给予基金会的补贴，即政府将原本应征收的税额转让给基金会，从而提高了基金会的实际募款金额。捐赠是基金会的重要收入来源，因此，一套成熟且完善的慈善事业捐赠税收优惠和激励制度，能够显著增加基金会的捐赠收入。首先，通过减免慈善事业的税收，可以降低教育捐赠的成本。例如，德国的公益性基金会无须缴纳法人税、所得税，增值税也可以酌情降低至 7%。如果个人捐赠达到 2.56 万欧元或以上，其 7 年内的税收都将被免除。[①] 而在英国，如果高校收到捐赠的股权或房产，捐赠者可以获得收益税的返还。在美国，联邦政府规定，为慈善事业作出贡献的个人、社区基金会、拨款基金会和大型慈善基金会等均免税；面向教育的慈善捐赠全额免税，持有一年以上的股权捐赠也完全免税。其次，实行高额遗产税也是促进社会形成遗赠文化的重要手段。目前全球大部分国家，特别是发达国家都征收遗产税，并实行多级超额累进税率。例如，德国的最高税率为 50%，美国为 55%，法国为 60%，瑞典和英国则高达 98%。遗产税分为总遗产税、分遗产税、混合遗产税等，同时征收赠与税。美国等部分国家的遗产税和赠与税税率统一，这有助于吸引巨额遗赠。最后，建立健全的"计划捐赠"体系是提高捐赠利用率的必要措施。一些发达国家已经建立了相对完善的"计划捐赠"体系，这相当于以信托形式提前进行遗赠，例如韩国的慈善信托、美国的延迟/终身捐赠、慈善剩余信托、慈善引导信托、慈善捐赠

---

① 王名，李勇，黄浩明. 德国非营利组织 [M]. 北京：清华大学出版社，2006：170–171.

年金、慈善遗赠等。这些体系的本质是捐赠人向基金会捐赠资产，并按年或按月获得收入，直至身后捐赠资产尽数归基金会所有。以美国为例，其税收制度相对健全，捐赠激励措施也相对完善。根据美国 2019 财年的数据，美国非营利性私立高校获得的教育捐赠总额为 335.26 亿美元，比 2018 财年的 306.68 亿美元增长了约 10%，占办学经费总额的 13.85%，相比上年增加了 1.50%。[①]

第四节　我国大学教育基金会的运行模式与特征

中国真正意义上的大学教育基金会，自诞生至今尚不足 30 年，处于探索与起步的阶段。尽管目前国内大学教育基金会的整体捐赠金额尚未形成显著规模，且多数仍然根植于大学内部，紧密依附于大学的发展脉络，但在社会主义市场经济的大潮中，它们已逐渐展现出独特的发展模式和鲜明特征。当前，如何有效管理大学教育基金会、确保其资产的保值增值、构建完善的管理体制、评价体系和监管体系，已成为摆在我们面前亟待总结和研究的重要课题。本节旨在通过深入剖析国内大学教育基金会的运行模式，并结合国外大学教育基金会的成功经验，为我国大学教育基金会的发展提供切实可行的建议，推动其走向持续、健康的成长之路。

一、我国大学教育基金会的运行模式

（一）组织管理架构

1. 基本组织架构

按照《基金会管理条例》的相关规定，我国大学教育基金会的基本组

---

① National Center for Education Statistics. Digest of Education Statistics 2020 ［EB/OL］. https：// nces. cd. . gov/programs/digest/2020menu_tables. asp.

织结构包括理事会、监事会和秘书处。首先，大学教育基金会设理事会，理事会是基金会的最高决策部门，负责对大学教育基金会的重要人事、业务和规章制度等方面进行审议表决。理事长是基金会法定代表人，理事成员为 5 ~ 25 人，每届任期不得超过 5 年，可以连任。在基金会领取报酬的理事不得超过理事总人数的 1/3。基金会每年需定期召开理事会。其次，大学教育基金会设监事或监事会，监事任期和理事任期相同。监事主要由校外主要捐赠人、相关管理机构，例如学校纪律监察委员会、审计处、财务处等部门或其他人员，根据工作需要选派产生。理事、理事的近亲属和基金会财会人员不得兼任监事。监事或监事会在基金会中发挥监督的作用，其在人选上具有专业性，在工作上保持独立性。监事依照章程规定的程序检查基金会财务和会计资料，监督理事会遵守法律和章程的情况。监事列席理事会会议，有权向理事会提出质询和建议，向登记管理机关、业务主管单位以及税务、会计主管部门反映情况。最后，大学教育基金会一般设有秘书处，秘书处负责大学教育基金会的日常运营和决策执行。秘书处通常会设置与基金会的发展阶段和愿景目标相匹配的内设部门，如办公室（行政部）、财务部门等，也会根据业务需要，设置筹资、项目管理等部门。

2. 典型组织架构

我国大学教育基金会在长期的实践和管理运行中，根据自己的实际情况，形成了几种典型的管理组织结构。

（1）直线型组织结构。直线型组织结构（见图 3.7）是行业发展初期的一种简单的组织结构，适合初期进行大学教育基金管理的模式。这种模式适用于基金规模比较小，发展处于初期阶段的大学教育基金。这种模式的特点表现在：一是结构比较简单、责任职责明确，一个下级对应一个上级，关系简单，能快速响应，一定程度上工作效率高；二是沟通简单明确，管理沟通信息的来源明确，沟通渠道也单一固定，能保证沟通的速度和客观性。目前，我国大学基金会中刚刚发展的基金会或者基金会规模不大的，都会采用直线型组织，然后再进一步发展。

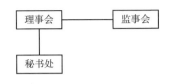

图 3.7　直线型组织模式

（2）直线职能型组织结构：直线职能型组织结构是在直线型组织结构的基础上发展而来的，通过对各类职能进行专业化的部门设置，实现组织的专业化管理。直线职能型组织结构是一种集权式的管理体制，其主要特点在于实现统一领导的实施，并接受职能部门的专门指导和咨询。在这种结构下，下级机构不仅受到上级部门的直接管理，还要接受同级职能管理部门的业务指导和监督。各级行政领导人员逐级负责，确保高度集权。因此，直线职能型组织结构是一种根据管理职能划分部门，并由最高经营者直接指挥各职能部门的组织结构。比如 2006 年成立的厦门大学教育发展基金会就是典型的直线职能型组织结构。厦门大学教育发展基金会理事会下设秘书处，负责日常事务的开展和执行。同时，基金会设有职能部门——综合发展部、项目管理部、财务与投资管理部、对外联络部、信息宣传部，其组织结构如图 3.8 所示。

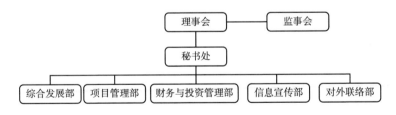

图 3.8　厦门大学教育发展基金会组织结构

此外，在直线职能型组织中，还有按照工作流程来划分职能部门的方式。在大学教育基金会的功能中，筹资、项目运行是重要功能。如成立于 2004 年的北京市中国人民大学教育基金会，理事会下设秘书处，专职工作人员均为大学毕业生，其中硕士及博士研究生人数超过 2/3。同时基金会设有职能部门——项目管理部、财务管理部、投资管理部、筹资部、综合办公室，其组织结构如图 3.9 所示。

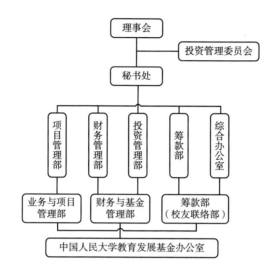

图 3.9　北京市中国人民大学教育基金会组织结构

（3）事业部型组织结构。事业部型组织结构是大学教育基金发展起来后，为了适应不同的客户、区域和产品，而设计的一种分权和集权相结合的组织模式。各个事业部将拥有更大的自主权和经营权，内部管理更加有效率。因此，事业部型组织结构又可以按照不同的划分方式，分为区域型事业部、产品型事业部和客户型事业部。事业部型组织结构特性包括：首先，事业部是专业化管理部门，通过事业部的设立，将所有跟这个事业部相关的活动都集中在了同一个部门，使得这个部门的活动更加专业，专门针对某一客户、某一地区或某一产品，成立专门化的管理部门。其次，事业部的经营政策不一样，在纵向关系上是上下级的关系，在横向关系上是事业部之间的关系。事业部让各个部门内部的经营管理权更加自主，能发挥各自的积极性和主动性，各个事业部均以自身的利润为中心，独立核算。

目前，我国接受捐助较多、捐赠事务发展较快的大学基本上都采用了事业部型组织结构。如 1995 年成立的北京大学教育基金会，在理事会下设置了秘书处，同时设立投资委员会决定投资相关事务。在秘书处下设置了财务部、法务与信息室、品牌文化部、行政部和项目管理部等职能处室，然后按照区域划分了亚洲事务部和欧美事务部，并设立了投资事业部（见图 3.10）。

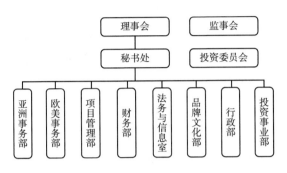

图 3.10 北京大学教育基金会组织结构

大学教育基金会除了地区型的事业部组织模式，还有客户型的事业部，依据不同的客户类型设置事业部，管理不同类型的客户增加大学教育基金会的效益。如成立于 2004 年的南开大学教育基金会，在理事会下面设有秘书处，在秘书处下设有资源拓展部、重大捐赠项目部、企业与集团捐赠事务部、校友及家长捐赠事务部、客户服务部、粤港澳大湾区事务部、行政法务部、品牌与新媒体部、信息管理部、理事会秘书处兼校董联络部、投资资产管理部、风险控制部、财务管理部等职能部门。

（二）筹资管理模式

我国大学教育基金会大多属于非公募基金会。校友捐赠是基金会资金的主要来源渠道，当然也包括一些校企合作企业的捐赠、社会和其他基金会的捐赠。

1. 校友

校友以及校友相关的社会资源包括家长、校友企业等，因为校友跟学校的特殊感情，使得校友资源成为大学教育基金筹资的稳定来源。各高校利用校庆、校友返校等大型活动，筹集基金的情况屡见不鲜。比如 2012

年成立的杭州师范大学教育基金会在 2015 年 107 周年校庆前夕，收到由阿里巴巴集团董事局主席、88 届校友马云捐赠 1 亿元设立的"杭州师范大学马云教育基金"。该校的 REACH 奖学金也是由该校生命与环境科学学院的几位知名校友在杭州师范大学教育基金会设立的专项基金项目。《2022 中国高校基金会大额捐赠观察报告》显示，2021 年统计到的来自校友的大额捐赠（大于等于 1000 万元人民币）笔数在总笔数中接近 40%，校友捐赠在高校大额捐赠中的比例大幅提高。

2. 企业

企业是大学教育基金会大额捐款的主要来源，这些企业包括校企合作企业、校友企业和其他企业。企业捐助一方面可以提升企业的声誉，改善企业的社会形象；另一方面，可以通过校企合作解决技术难题，培养高素质人才。以清华大学教育基金会为例，2020 年大额捐款收入来自深圳市万科企业资产管理中心和万科企业股份有限公司工会委员会，接受的是非现金捐赠，捐赠总额超过 50 亿元。《2022 中国高校基金会大额捐赠观察报告》显示，2021 年 80% 的大额项目均由企业捐赠，而其中超过一半由民营企业或其基金会捐赠；在企业和企业家捐赠的项目中，2015 年以来，由上市公司或其负责人出资的数量逐年上升，2021 年占比已达 39%。

3. 社会捐资

社会捐资为大学教育基金会提供了更加广泛的筹资渠道，有助于提升社会捐资助学慈善的氛围。当前我国各个大学教育基金会都在积极拓宽捐资渠道。社会捐资的主力还是以企业为主，自然人数量较多但金额少，还有以班集体名义进行的捐资。在上海交通大学教育发展基金会 2020 年度报告中，捐款的机构和企业包括 3M 中国有限公司、中国船舶有限公司、中国宋庆龄基金会等 160 余家，集体捐款有 370 余个各类班集体和师生团队，还有超过 1 万余人的个人进行了捐款。

4. 其他基金会

各类机构除了企业外还有其他基金会也是高校教育基金会资金来源的重要力量。如清华大学教育基金会 2019 年度捐赠名单中，就有北京爱思开幸福公益基金会、广东省绿芽乡村妇女发展基金会、厦门海峡研究院发展基金会、中国青少年发展基金会、中国社会福利基金会、中国宋庆龄基金会、中国友好和平发展基金会等。

　　相较于国外捐赠渠道的多样性与形式的创新性，中国大学教育基金会的资金主要来源于各类捐资主体的贡献，且以现金捐赠为主导。在捐赠地理分布上，国内捐赠占据主导地位，而国外资金则更倾向于流向特定的学校或地区。分析北京大学教育基金会2016～2020年的捐资收入情况，可以洞察我国大学教育基金会捐赠资金来源的基本结构。首先，现金捐赠持续占据主导地位。从2016～2020年的数据看，非现金捐赠从2019年才开始出现，且占比较小，显示我国捐赠形式仍有待进一步丰富和多样化。其次，境内捐赠占据压倒性优势。尽管北京大学在国际上享有较高声誉，但其国内捐赠收入比例仍超过60%，反映出国内捐赠市场的巨大潜力和国内捐赠者对教育的深厚情感。最后，个人捐赠虽占比不高，但呈上升趋势。2016年的数据显示个人捐赠几乎可以忽略不计，但随着社会对捐资助学的重视度提升，近年来个人捐赠数额呈现出稳步增长的态势。表3.6详细展示了北京大学教育基金会2016～2022年的捐资收入情况，为深入了解我国大学教育基金会捐赠资金来源提供了宝贵的数据支持。

表3.6　　　　　北京大学教育基金会2016～2022年捐资收入情况

年度	捐资收入（万元）	现金（万元）	非现金（万元）	境内捐资收入		境内自然人捐资收入	
				金额（万元）	比例（%）	金额（万元）	比例（%）
2016	5704966.51	5704966.51	0.00	4004485.70	70	7989.18	0.2
2017	51885.03	51885.03	0.00	40432.88	78	5926.38	14.7
2018	127498.20	127498.20	0.00	72662.65	57	4576.18	6.3
2019	93835.24	93822.79	12.46	61678.69	66	5709.57	9.3
2020	77366.08	77258.25	107.83	50862.36	66	5409.38	10.6
2021	88166.51	85483.74	2682.78	68612.20	78	6882.51	10.0
2022	83282.00	80599.22	2682.78	65111.70	78	13272.18	20.4

资料来源：北京大学教育基金会。

（三）项目运行模式

大学教育基金会的资金使用方式多以项目为载体，因此项目管理在基金会中扮演着举足轻重的角色。当前我国大学教育基金会的项目支出主要集中在以下几个方面：首先，校园基础建设是基金会的投资重点。这包括提升学校的信息化水平、更新教学设施与设备，以及优化校园的基础硬件和软件设施等。例如，浙江大学教育基金会在 2022 年的基础设施项目上实现了 24798.6 万元的收入，并支出了约 1423 万元；而上海复旦大学教育发展基金则在同年的校园建设项目上收入 614.0 万元，支出 1145.8 万元。其次，师生的奖助金是基金会的重要支出方向。这些资金主要用于人才培养、教师发展项目，资助困难学生、奖励优秀学生，以及推动教师的专业发展。例如，我国基金会中心网的资料显示，北京大学教育基金会在 2022 年的教师发展项目上收入了 16047.2 万元，并支出了 11275.4 万元；南京大学教育发展基金会在 2021 年的人才培养项目上则收入了 2374 万元，支出 3557 万元。此外，科学研究、学科建设和院系发展、教育合作及学术交流等相关项目也是基金会的资助重点。这些项目的目的在于推动学校的学科进步，提升教育质量。例如，清华大学教育基金会在 2022 年的研究基金项目上收入了 19817.1 万元，并支出了 24135.2 万元；浙江大学教育基金会则在同年的学科建设与院系发展项目上收入了 82509.6 万元，支出 24163.5 万元。综上所述，校园建设、师生奖助金以及学科科研发展构成了我国大学教育基金会项目的核心组成部分。表 3.7 为 2022 年度部分大学教育基金会项目的信息概览，展示了各基金会在不同项目上的收支情况。

表 3.7　　　　2022 年度部分大学教育基金会项目信息比较　　　　单位：万元

基金会名称	项目名称	项目收入	项目支出
清华大学教育基金会	教育基金	33990.2	80531.8
	研究基金	19817.1	24135.2
	基本建设	2978.5	5906.4

续表

基金会名称	项目名称	项目收入	项目支出
北京大学教育基金会	学科建设	25438.5	25071.2
	教师发展	16047.2	11275.4
	北京大学发树医学发展基金	5000.0	7000.0
浙江大学教育基金会	学科建设与院系发展	82509.6	24163.5
	社会公益活动资助	4681.6	9002.2
	基础建设	24798.6	1423.0
上海复旦大学教育发展基金会	校园建设	614.0	1145.8
	学科建设	2741.0	2514.7
	学生培养	5482.0	3516.2

资料来源：基金会中心网。

（四）投资管理模式

随着我国大学教育基金会的持续发展，其规模已经相当庞大。据基金会中心网统计，截至 2018 年，大学教育基金会的净资产达到了 409 亿元，占据了全部基金会净资产的 28%，年度总收入为 119 亿元。面对如此庞大的基金会资产，规范的管理显得尤为重要。大学教育基金会在投资时，首要考虑的是资金的安全性和流动性，其次是收益性。为了确保资金的有效管理，我国大学教育基金会已经逐渐走向专业化。借鉴国外成功的经验，主要有以下两种基本的管理模式：

（1）委托投资公司管理。这种模式已成为我国大学教育基金会的主流管理方式。由于缺乏专业的投资管理人才，我国大学教育基金会大多选择与银行、券商、信托等机构合作，主要通过购买短期理财产品进行投资运作。这种模式的特点在于，基金会不需要直接参与投资活动，可以获得相对稳定的收益，但需要承担一定的管理费用。同时，存在受托人经营不善的风险。

（2）设立专门的投资管理机构或投资管理公司。例如，清华大学教育基金会通过其全资子公司育泉资产管理有限责任公司这一专业团队来协助基金会进行资产管理。这种模式的特点在于能够节省管理费用,直接进行投资决策,更好地把握投资动态。然而,这种模式的风险需要基金会独自承担。此外,单独设立机构和公司可能会带来较大的长期固定成本。

从风险偏好视角审视,我国的大学教育基金会多数倾向于风险规避,其投资策略以短期为主,注重资金的流动性,追求稳健而非高回报。这种策略确保了资金的相对安全,但也在一定程度上限制了其增值潜力。部分基金会甚至选择将资金存入银行,以银行利息作为其主要收益来源,这体现了其对于风险控制的极度重视。表3.8展示了2022年部分大学基金会的资产分配情况,通过数据对比,我们可以清晰地看到,这些基金会的资产主要集中在流动资产和长期投资上。流动资产的高比例意味着这些基金会拥有较强的资金流动性,能够迅速应对可能出现的风险或机遇。而长期投资则反映了基金会在保持资金流动性的同时,也注重资产的长期增值。值得注意的是,这些基金会的长期债权大多是与关联单位的交易所形成的,这种债权结构极大地降低了风险,因为关联单位之间的交易通常更加稳定、可靠。总体而言,我国大学教育基金会在风险控制和资产配置方面展现出了稳健而审慎的态度。

表3.8　　　　　　部分大学基金资产构成情况表（2022年）　　　单位：%

项目	清华大学教育基金会	北京大学教育基金会	浙江大学教育基金会	上海复旦大学教育发展基金会
流动资产	37.56	29.74	31.02	37.47
长期股权	59.11	69.68	9.90	30.23
长期债权	0	0	57.55	32.29
固定资产	3.33	0.58	1.53	0.01
无形资产	0	0	0	0
其他	0	0	0	0
合计	100	100	100	100

（五）大学教育基金会与大学的关系

目前,我国大学教育基金会和大学虽然是两个独立的法人实体,但两者关系密切。大学在基金会创办时充当发起人或举办者的角色，而在基金会创办后则成为直接或间接受益人。大学教育基金会作为大学发展的重要资金来源，其治理和运作对大学的可持续发展至关重要。大学有着充分的动机参与基金会的治理，以实现基金会的稳健运行和资金的有效利用。由于运行体制的原因，大学对其教育基金会的管理方式产生了深刻影响，导致行政化色彩浓厚。具体来说，有三种情况：首先，大学教育基金会通常被视为学校的处级单位，其经费来源主要依靠学校财政拨款或基金会自筹。基金会的工作人员一部分来自学校的正规编制员工，另一部分则通过外聘方式引入。这种管理方式使得基金会在很大程度上依赖于大学的人力和财力资源，行政化影响显著。其次，大学教育基金会可能与其他校内组织如校友会、董事会等合并办公，虽然人员和办公场所共享，但各组织职责明确，基金会主要负责资金管理，校友会负责联络校友和服务校友，董事会则致力于服务学校董事。这种管理方式在一定程度上提高了资源利用效率，但也强化了行政化管理的影响。最后，大学教育基金会挂靠在学校办公室、发展规划处或对外联络处等部门之下，履行大学教育基金会的基本功能。这种管理方式可能导致基金会的独立性受到限制，进一步强化了行政化管理的倾向。然而，尽管大学教育基金会在实质上可能丧失了独立性，呈现弱自治、强依附的特点，但它们作为独立法人的社会组织，仍需遵循自身的发展逻辑和系统性要求。在未来发展过程中，大学教育基金会需要理顺与大学的关系，明确相互的责任与权利义务，逐步减少大学对基金会管理层的行政化干预，使大学管理层有所为有所不为，变"隶属关系"为"伙伴关系"，确保大学基金会事业健康发展。

二、我国大学教育基金会的运行特征

（一）资金来源的多样性

我国大学教育基金会在资金来源方面展现出越来越明显的多样性，这种多样性不仅体现在捐赠主体的广泛性，还体现在捐赠形式的不断创新上。过去，大学教育基金会的资金来源主要依赖于企业和校友的现金捐赠，但随着社会的发展和公众对教育公益事业的关注增加，资金来源渠道正在发生深刻变化。首先，捐赠主体的广泛性。除了传统的企业和校友捐赠外，政府、社会组织、慈善信托等也逐渐成为重要的捐赠主体。政府通过政策引导和财政支持，推动社会各界参与教育公益事业，为大学教育基金会提供了稳定的资金来源。同时，社会组织通过发起公益项目、筹款活动等方式，动员社会力量支持教育事业，为大学教育基金会筹集了大量资金。慈善信托作为一种新型的捐赠方式，通过设立信托基金，将捐赠者的财产用于支持教育事业，为大学教育基金会提供了长期稳定的资金来源。其次，捐赠形式的多样化。除了传统的现金捐赠外，非现金捐赠逐渐成为重要的捐赠形式。非现金捐赠包括实物捐赠、股权捐赠、知识产权捐赠等，这些捐赠形式不仅丰富了资金来源，还为大学教育基金会提供了更多的资产配置选择。实物捐赠如图书、设备、艺术品等，可以直接用于改善学校的教学和科研条件。股权捐赠和知识产权捐赠则可以为大学教育基金会带来长期的收益，支持学校的长期发展。最后，个人捐赠的崛起。随着社会捐资助学氛围的逐渐形成和公众对教育的重视度提升，个人捐赠在大学教育基金会的资金来源中所占比例正在逐渐上升。个人捐赠者包括校友、教职工、学生家长等社会各界人士。他们通过设立奖学金、助学金、研究项目等方式支持学校的发展。个人捐赠的崛起不仅为大学教育基金会提供了更多的资金来源，还体现了社会对教育公益事业的广泛参与和支持。

尽管我国大学教育基金会在资金募集方面取得了一定的成绩，但仍存在一些亟待解决的问题。首先，我国的捐赠文化尚未形成，公众的捐赠意识有待提高。与西方国家相比，我国的捐赠文化尚不成熟，这在一定程度上限制了基金会的资金募集规模和速度。其次，基金会的筹资渠道相对单一，过分依赖校友和政府支持。缺乏更广泛的市场化筹资手段，如通过资本市场融资、开展公益项目合作等，限制了基金会的资金募集能力。为了进一步提升我国大学教育基金会的资金募集能力，需要加强捐赠文化的培育，提高公众的捐赠意识；同时，还需要拓展筹资渠道，积极探索市场化的筹资手段，实现资金来源的多元化和稳定性。这将有助于大学教育基金会更好地支持我国高等教育事业的发展。

（二）内部治理的规范性

我国大学教育基金会在内部治理方面展现出一定的规范性，这主要体现在其遵循法人治理原则、明确的治理结构以及专门的决策与监督机制。首先，遵循法人治理原则是我国大学教育基金会内部治理的基石。这一原则要求基金会在法律框架内独立运作，明确各利益相关方的权责关系，确保决策的科学性和透明度。其次，我国大学教育基金会建立了相对完善的内部治理结构。这通常包括理事会（或董事会）和监事会等核心机构。理事会是基金会的最高决策机构，负责制定基金会的战略方向、重大政策以及监督基金会的整体运作。监事会则负责监督理事会的决策执行以及基金会的财务和管理活动，确保其合规性和有效性。这种分权制衡的治理结构有助于防止单一决策主体的独断专行，确保基金会的稳健运行。此外，为了加强投资决策和风险管理，我国大学教育基金会还设立了专门的投资决策委员会或风险管理委员会。这些委员会通常由具有金融、投资、法律等专业背景的人士组成，负责制定投资策略、评估投资风险以及监督投资活动的实施。通过这些专门机构的设置，基金会能够更加专业、科学地进行投资决策和风险管理，确保资金的安全和增值。

我国大学教育基金会内部治理存在的问题主要表现在以下四点。其一，治理结构不完善。尽管我国大学教育基金会在注册、设立时基本都建立了理事会和监事会，但其功能未能得到充分、独立地发挥。这导致决策过程缺乏透明度，可能滋生内部腐败和不正当的利益输送。此外，缺乏有效的监督机制也意味着基金会的管理层可能滥用职权，损害基金会的利益。其二，管理制度不健全。管理制度的健全与否直接关系到基金会的运行效率和公信力。然而，目前一些大学教育基金会在这方面存在不足。例如，财务管理制度可能不够严谨，导致资金使用的合规性和效率受到质疑；项目管理制度可能不完善，使得项目的执行过程缺乏明确的指导和监督，导致项目成果不尽如人意。其三，与大学存在依附关系。许多大学教育基金会在设立之初就是为了支持大学的教育和研究活动。然而，这种依附关系可能导致基金会在独立性方面受到限制。例如，基金会的决策可能受到大学管理层的影响，使其无法根据市场需求和公益目的进行独立决策。此外，过度依赖大学的资源也可能导致基金会在自主发展和创新能力方面受限。其四，信息披露不全。我国大学教育基金会在信息披露方面存在的问题不容忽视。信息披露不及时，部分基金会未能按照规定的时间节点及时公开相关信息，内容披露不全、隐瞒关键信息；有些基金会的信息披露渠道不够畅通，信息获取便利度较低，导致公众无法及时获取最新的财务状况、项目进展等重要信息。个别基金会在信息披露过程中还存在造假行为，虚构项目活动、私用经费等，严重损害了公众对基金会的信任度，损害了基金会的公信力和形象。

（三）投资策略的稳健性

鉴于教育资金的特殊性，我国大学教育基金会在投资管理方面表现出极高的谨慎性，这主要体现在其风险管理的意识、多元化的投资布局以及对市场变动的敏感性等方面。首先，稳健的投资策略离不开对风险管理的深刻认识。大学教育基金会通常具有明确的风险管理框架和原则，将风险管理融入投资决策的每一个环节。在制定投资策略时，基金会会充分评估自身的风险承受能力，确保投资活动与自身的使命、价值观和长期目标相一致。同时，基金会还会设定明确的风险容忍度，对不同类型的投资进行严格的风险评估和控制。其次，我国大学教育基金会通常会更倾向于选择稳健的投资方式。这种策略的核心在于确保资金的安全性和流动性，同时追求稳定的收益。稳健投资并不意味着避免风险，而是要在风险与收益之间寻求一个平衡点。因此，基金会通常会选择投资于风险相对较低、收益相对稳定的资产类别，如国债、企业债券、定期存款等。这些投资工具的风险较小，能够提供稳定的现金流，符合基金会对于资金安全性和流动性的要求。此外，为了进一步提高投资收益并分散风险，一些大学教育基金会也会考虑进行多元化投资，包括投资于股票市场、房地产市场等。然而，这些投资通常会在严格的投资决策流程和风险评估框架下进行，以确保投资风险在可控范围内。最后，稳健的投资策略还需要对市场变动保持敏感性。我国大学教育基金会通常会建立专业的投资团队或委托专业的投资机构进行资金管理，这些团队或机构具备丰富的市场经验和专业知识，能够及时捕捉市场变化并调整投资策略。此外，基金会还会定期对投资组合进行回顾和调整，以确保其投资策略始终与市场环境保持同步。

当然，大学教育基金会在投资管理方面也存在着问题。主要表现在，其一，投资收益率偏低。虽然谨慎的投资策略有助于保障资金安全，但也在一定程度上限制了投资收益率。由于主要投资于低风险资产，如存款和债券，这些资产的回报率通常较低，难以满足教育事业的快速发展需求。在通货膨胀等因素的影响下，实际收益率甚至可能为负，导致基金会的资产缩水。其二，风险管理不足。尽管大学教育基金会在投资时会考虑风险因素，但在实际操作中，风险管理的效果并不理想。这主要体现在对投资项目的风险评估不够全面、对市场变化的反应不够迅速以及对潜在风险的控制不够有效等方面。这些不足可能导致资金损失，甚至影响基金会的长期稳健发展。

第四章　基金会举办非营利性民办高校的逻辑机理

非营利性民办高校选择基金会办学的模式（即"基金会大学"）是近年来国家和地方政府大力倡导和鼓励的办学模式之一，在民办教育分类管理改革中体现了其独有的价值和优势。"基金会大学"就是基金会办学的产物，它可以是一开始就由基金会出资创办，也可以是由其他举办者出资创办后，在发展过程中将举办主体由"其他举办者"变更为基金会。本章节通过剖析基金会办学的内涵和特征，以教育产权论、利益相关者理论、非营利组织理论、共同治理理论为基础，研究"基金会办学"的办学体制、法人财产权、内部治理结构、筹资能力、外部政策环境等诸要素，以及诸要素之间的逻辑关系，以期构建"基金会大学"办学新范式。

第一节　基金会举办非营利性民办高校的现实背景与内涵特征

一、基金会举办非营利性民办高校的现实背景

（一）现实困境对非营利性民办高校突破现有办学模式形成倒逼态势

第一，营利性与非营利性办学属性的模糊界定一直是制约民办高校发

展的关键因素。这一问题在分类管理改革中显得尤为突出，成为困扰非营利性民办高校的重要难题。理论上，分类管理政策实施后，非营利性民办高校应拥有学校的法人财产权和收益权。政府可以结合举办者的出资状况、"营""非"选择情况、办学绩效和以往办学收益回报情况等，通过奖励、补偿、税收优惠等各种方式给予举办者相应的财政支持，以鼓励举办者举办非营利性民办高校或直接进行捐赠办学。对于新成立的、资产来源清晰的民办高校，可以按照上述规定执行。然而，对于现有民办高校的存量资产，由于投资主体多元、资产结构复杂、原始出资比例不明确等原因，导致产权界定不清、归属不明。此外，地方政府的奖补政策未能及时落地，使得许多举办者在营利与非营利的选择上犹豫不决。即使部分举办者考虑到高额的土地出让金、税费等因素选择了非营利性办学，他们仍可能怀有延续营利性行为的动机，不愿放弃对学校财产权、收益权的追求。这种现象可能导致"浑水摸鱼"或"搭便车"现象的产生，对非营利性民办高校的健康发展造成不利影响。

　　第二，我国民办高校主要依赖学费和住宿费作为经费来源，并依靠办学积累实现滚动发展。然而，随着生源数量的逐年减少以及学宿费上涨空间的缩小，民办高校的办学成本逐渐增加，其办学积累能力逐渐减弱，面临着日益严重的资金压力。尽管《民办教育促进法》规定非营利性民办高校可以获得政府财政扶持，但从目前各省份已出台的配套政策来看，非营利性民办高校仍然缺乏持续性、常态化的财政补贴，如生均经费、教师社保补助等。同时，政策所允许的竞争性、奖励性财政资金也因办学实力的问题，只有少数民办高校能够在与公办高校的竞争中获得少量金额。此外，民办高校办学的社会影响力相对较低，社会和公众对其公益性和非营利性存在质疑。这导致民办高校在吸纳社会捐赠方面缺乏实力和吸引力。同时，有些民办高校的教学、科研和社会服务水平相较公办高校没有竞争优势，限制了其创收能力。现行的法规政策关于非营利性的定位及其相关规定，使得非营利性民办高校因缺乏资本的可逐利空间而逐渐失去社会资本的青睐和投资。因此，非营利性民办高校所面临的办学经费不足、筹资能力薄弱的问题将愈发突出。

第三，我国民办高校主要由个人或企业举办，举办者牢牢掌握学校控制权，导致民办高校治理模式单边、治理结构失衡的问题难以解决。尽管大多数民办高校设立了董事会，但其成员构成不合理，人员组成单一，多数代表的是举办者利益。在家族制学校中，家族化治理现象尤为严重，许多利益相关者如教授、学生等对学校治理缺乏话语权，无法通过合法途径影响和参与决策。同时，部分民办高校的董事会直接参与办学，对管理团队干涉过多，导致决策权、管理权混淆，校长无法独立自主行使教育教学和行政管理职权。此外，部分民办高校的监事会、工会等机构不健全，党组织作用弱化，监督机制不完善，决策权力缺乏约束。另外，部分民办高校的章程要件不齐全，权力主体责任不清，无法发挥章程应有的自治规范和行为准则作用。这种"出资人控制"的单边治理模式，容易造成内部管理方式粗放，进而衍生出虚假宣传、违规招生、通过关联交易转移资金等不规范办学行为，不利于民办高校的长远发展。

第四，民办高校在体制机制上的优势是其办学特色的重要基础，理应成为其立校之本和强校之路，然而，一些个人或企业举办的民办高校在办学过程中过多考虑经济因素，同时受限于自身的办学水平和经验，以及政策性限制和教育行政部门统一化评估指标体系的影响，导致其办学定位与民办特征不契合，发展路径与公办高校趋同，办学特色难以形成。这具体表现在以下几个方面：一是出于对办学投入与收益的考虑，民办高校开设的专业多为办学成本相对低廉的文科或商贸管理类专业，与区域经济发展、市场需求结合不紧密，难以形成特色专业、品牌专业；二是中高层管理人员和高职称教师中有不少来自公办高校的退休人员，在惯性思维驱使下，教育理念、人才培养方案、课程设置等简单模仿或照搬照抄公办高校，导致人才培养同质化现象严重；三是由于分类管理后各地的奖补政策不明朗，加上自身经济实力有限，一些举办者减少或延缓了对学校的持续投入。即使有所投入，也主要投向土地、建筑等物化资产，很少投入教学、科研、师资队伍建设等方面，导致科研水平低下、教学环节薄弱，教学质量和人才培养水平难以提高。

（二）现行法规为非营利性民办高校实施基金会办学打开了发展之窗

在民办高等教育领域，基金会办学正逐渐崭露头角，成为一股不可忽视的力量。基金会办学指的是基金会作为办学主体，利用募集的资金创建新的学校或从原有举办者手中接管举办权，成为学校新的举办者。这一模式在美国达特茅斯学院、芝加哥大学、卡耐基梅隆大学、德国法兰克福大学以及汉诺威希尔德斯海姆大学等国际知名高校中均有成功实践。这些基金会不仅为学校提供初始创校资金，还在大学的建设与发展过程中起到了重要的推动作用，甚至在某些情况下，基金会成为学校的引领者和决策者。然而，与国际上的蓬勃发展相比，我国的基金会大学尚处于起步阶段。目前，我国登记在册的119家民办高校教育基金会均由高校发起，其功能主要局限于募集资金、资助学校基础设施建设、学科专业建设、科研活动、奖教金、奖助学金等。尽管有一些先行者如仰恩大学、贵州盛华职业学院和西湖大学等开始尝试基金会办学模式，但在拓展资金筹措、参与学校内部治理等方面仍面临诸多挑战和问题。

我国民办高校基金会在办学实践上的明显滞后，背后涉及多重因素，但关键问题主要集中在现实需求、合规合法性和政策导向等方面。从法律角度看，《基金会管理条例》明确了基金会的公益性质和非营利法人身份，并指出基金会可利用捐赠财产从事公益事业。然而，《教育法》和《高等教育法》虽然鼓励各类组织及公民依法办学，但并未明确基金会作为办学主体的具体地位和操作方式。这种法律层面的模糊性为基金会办学实践带来了不小的困扰。政策层面，虽然《国家中长期教育改革和发展规划纲要（2010－2020年）》等文件提倡设立教育基金会，但这些政策主要集中在鼓励学校通过基金会筹措资金和接受捐赠方面，而对于基金会办学模式的明确支持和具体操作指导相对缺乏。这种政策导向的局限性在一定程度上限制了基金会办学的发展。此外，民办高校及其举办者在资金筹措与举办权之间的矛盾心理，对民办高校基金会办学的实际需求形成了一定的制约。随着 2016 年修订后的《民办教育促进法》的颁布，民办高校得以明确区分营利性与非营利性的办学模式，步入了分类管理的新时代。自 2021 年 9 月 1 日起施行的《民办教育促进法实施条例》为民办学校探索基金会办学方式提供了明确的指引。该条例第五条规定，国家鼓励以捐资、设立基金会等方式依法举办民办学校；第五十七条进一步指出，国家鼓励社会力量依法设立用于支持民办教育发展的基金会或专项基金。此外，《加快推进教育现代化实施方案（2018－2022 年）》和《中国教育现代化 2035》均提倡"探索基金会办学模式的改革"和"鼓励设立基金会依法举办民办学校"。《民法典》及其他相关法律法规明确了基金会的非营利法人身份，使其能够作为民事主体从事公益性质的民事行为。不少省市也相继出台配套政策，积极鼓励基金会参与办学。这些清晰、明确的法律和政策导向，有效地突破了基金会作为办学主体举办非营利性民办高校的限制，有力地推动了新时期非营利性民办高校基金会办学的发展（吕宜之，2020b）。

二、基金会举办非营利性民办高校的内涵界定

在学术视角下，基金会办学被定义为由基金会作为学校的创办者，利用募集的资金创建的大学，即所谓的"基金会大学"。基金会和大学均为独立的法人实体。基金会具备"捐助法人的资格"，而学校则具备"事业法人的资格"或"民办非企业法人资格"，两者之间不存在任何从属关系。基金会对学校的法人财产权进行管理。"基金会大学"是民办大学的非营利性质与社会资本的跨界融合。一方面，基金会的公益属性和非营利法人的特性，与非营利性民办高校的本质属性具有内在的一致性。这确保了民办高校从体制、机制、管理到运行等各个层面均能坚守其公益性和非营利性。另一方面，随着民办高校进入分类管理时代，基金会作为第三方组织参与民办高校的教育治理的条件逐渐成熟。以捐赠产权为基础的基金会办学模式，符合并响应了当前民办教育分类管理改革的新要求。《民办教育促进法》明确规定，非营利性民办学校的举办者不得从举办者变更中

获得收益、办学结余全部用于办学、学校终止时剩余财产继续用于其他非营利性学校办学。这些规定促使非营利性民办学校的举办者必须放弃出资资产的所有权和对资产的回报要求，将资产投入转变为事实上的捐赠，但并未获得"捐赠办学"的名分。在此政策背景下，个人或企业若想建设真正的非营利性民办高校，通过基金会办学模式实现捐资办学是一个理想的选择，这样可以将政策要求、高校发展诉求以及举办者的捐赠办学愿景完美结合。

目前，基金会办学模式在我国民办基础教育领域已初具雏形，主要形式有：第一，基金会举办，委托其他学校管理。部分国际化学校虽由基金会举办，但在学校运营上采用其他学校管理的模式，充分利用管理方的办学资源优势开展办学。如万科教育发展基金会在 2015 年举办深圳万科梅沙书院，由深圳中学负责日常教学管理；清华附中稻香湖学校由清华附中基金会出资成立，由清华附中提供教育教学管理。第二，政府＋企业基金会举办，共同设立基金会运营。部分国际学校由政府和企业基金会举办，并共同成立基金会负责学校运营。例如，深圳市明德实验学校由深圳市福田区人民政府和腾讯公益慈善基金会联合举办，并委托双方共同成立的明德教育基金会进行管理。第三，企业＋社会基金多方举办，学校自身进行运营。例如，深圳哈博学校是哈博教育集团与美国常春藤教育基金会等共同发起成立的。在办学中，聘请部分高水平外籍教师担任学校顾问，参与学校的课程管理和办学评估。第四，先注册成立基金会，接受来自创办人家庭、基金会会员、家长及其他社会人士的捐赠，然后由基金会举办民办学校，旨在为学校的发展提供稳定的资金保障，并将学校的捐助金与学费等收入共同用于奖学金助学金、课程研发、学校发展项目等方面。

在民办高等教育领域，基金会办学尚处于起步探索阶段，真正进行办学实践的仅有仰恩大学、贵州盛华职业学院和西湖大学三所民办高校。这三所学校也代表了三种不同类型基金会创办大学。其一为家族基金会办学，仰恩大学是我国新中国成立后第一所全日制民办本科高校，由爱国华侨吴庆星及其家族创办的仰恩基金会举办；其二为企业家捐赠型基金会办学，贵州盛华职业学院就是由台湾企业家王雪红、陈文琦夫妇捐资的基金会创办，旨在帮助残障人士及山区贫困学生，办学过程中也得到了很多志愿者和企业家的大力支持。目前，筹建中的福耀科技大学和宁波东方理工大学也都是由企业家捐赠的基金会创办。福耀科技大学是由福耀集团董事局主席曹德旺发起，河仁慈善基金会首期捐资 100 亿元创办，定位为高水平理工科研究型民办高校；宁波东方理工大学则是由"中国芯片首富"之称的虞仁荣发起，由虞仁荣教育基金会创办，定位为高起点、高水平、国际化的新型研究型大学。其三为众筹型基金会办学，西湖大学就是典型的案例，由知名学者施一公等人发起创办，主要通过民间筹资成立杭州市西湖教育基金会，继而由西湖教育基金会创办西湖大学，是一所以博士研究生培养为起点的新型高水平民办大学。学校在成立之初，就得到了近百位（家）个人或企业的捐赠，可以说，西湖大学是我国第一所真正意义上的基金会大学，具有"先有基金会、后有大学"的基本程式和典型的"众筹"特征。杭州市西湖教育基金会作为西湖大学的举办者，承担办学资金筹集、构建学校治理框架等职责。

三、基金会大学和大学基金会的区别

在学术研究中，对于"基金会大学"和"大学基金会"这两个概念，常常存在一定的混淆。为了更清晰地界定基金会办学，有必要对这两个容易混淆的概念进行明确的区分。通过辨析这两个概念，我们可以更好地理解基金会办学的独特之处，以及它在支持非营利性民办高等教育发展中的重要价值。这不仅有助于提高学术研究的准确性，也有助于指导实践活动的有效开展。

基金会大学是一个重要的概念，其中基金会作为大学的创办者和发起人，其角色和职责与其他类型的大学存在显著差异。首先，基金会作为大学的主要创办者和发起人，在大学创建过程中发挥着至关重要的作用。它不仅负责筹集和管理资金，还从宏观角度影响大学的教学和运营决策。与传统的附属机构或辅助机构不同，基金会作为办学者，直接参与大学的治理和管理。在资金筹集方面，基金会大学的筹资规模通常较大，筹资对象更为广泛，包括社会各界公益资金，尤其是来自大企业、大慈善家的捐赠。部分资金也可能来源于政府财政或国有企业。在基金会大学的创建过程中，通常是先在民政部门登记设立基金会，然后再创办大学。在日常运营中，基金会作为举办者，承担着重要的管理职责。这些职责包括但不限于：明确学校的办学理念和公益性质、构建学校治理框架、决定学校董事会成员构成、推举董事会成员、选聘校领导团队、监督办学资金使用情况、了解学校管理运行和财务状况等。当学校举办权发生变更或学校面临终止时，基金会还需要提出相应的解决方案，并参与学校的解散和清理工作。根据我国相关法律法规的规定，基金会大学运行的经费主要来源于非政府组织和社会法人的捐资。这意味着基金会大学是一种社会资金办学的形式，属于非营利性民办大学的范畴。

大学基金会的角色和职责与基金会大学存在显著差异。首先，大学基金会的主要职责是筹集资金，为大学的教学、科研和公共服务提供必要的资金支持。与基金会大学不同，大学基金会不负责举办大学，而是作为大学的衍生物，为大学的可持续发展提供财务保障。在日常运营中，大学基金会由于不具有举办者的身份，不是大学治理的主体，不会主导学校治理结构。因此，其职责相对单一，主要是筹集资金，并确保大学的财务状况稳定。大学基金会在不同类型的大学中都可以存在，包括公办大学、营利性大学和非营利性大学。其筹资对象主要面向本校校友或校友企业，以及校企合作企业。筹资规模往往取决于学校的办学历史、办学层次、校友成就等因素。一些办学历史较悠久、知名度高的大学，基金会筹资能力都很不错，比如北京大学教育基金会、清华大学教育基金会、浙江大学教育基金会等。然而，需要注意的是，一些地方院校和民办高校所设立的基金会，由于其筹资规模较小、筹资金额较少、捐款渠道单一等因素，往往仅作为学校的一个部门或机构存在，这些基金会在学校发展中的作用变得微乎其微，甚至处于一种可有可无或名存实亡的状态。

四、基金会举办非营利性民办高校的功能特征

基金会作为独立主体举办民办学校，是民办教育发展的一次创新性探索，从办学属性上保障了非营利民办高校的公益性、非营利性；从办学资源供给上保证了非营利性民办高校能多渠道获取办学资金和社会各界捐赠；从办学方式上摒弃了此前民办高校举办者独大、家族式管理的混乱模式；从办学手段上提供了多元治理学校的民主性。基金会具有其他办学形式所不具备的优势，利用好这一优势，则可能为我国民办教育发展谱写新的篇章。

第一，基金会本身的非营利性保证了民办高校办学的公益性。基金会作为非营利组织，其核心目标在于满足社会需求而非追求利润。这种特性确保了民办高校在办学过程中的公益性方向。基金会的自主权和自发性使得其财产权属于社会公共利益，遵循"非分配原则"，即产权不属于任何组织或个人。这种制度设计确保了资金不用于组织成员之间的利益分配，而是作为实现组织使命的手段。根据《民法典》的规定，为公益目的以捐助资产设立的基金会取得捐助法人资格。这意味着，一旦捐助人捐出特定目的的财产，这些财产便完全脱离捐助人的控制，不会因财产管理人的更迭而影响其用途。因此，通过设立基金会大学，其捐赠的资产成为社会资产，不再归属于捐赠者。这确保了财产权与经营权的真正分离，为学校法人财产权提供了更为坚实的保障。此外，基金会作为捐助法人举办非营利性民办高校在保障学校法人财产权方面具有显著优势。这不仅确保了资金投入高等教育领域的纯粹捐资性质，消除了个人或企业举办非营利性民办高校的潜在利益诉求。更重要的是，当非营利性民办高校终止办学时，基金会能够接受学校管理过程中形成的社会资产和捐赠资产，并作为法人独立、有效地确保剩余资产继续用于其他非营利性学校。这一机制进一步完善了非营利性民办高校的退出机制。

第二，基金会的公益性为非营利性民办大学的可持续发展提供了坚实

的资金保障，同时增强了公众对捐赠的信心。由于我国民办高校的发展历程，许多非营利性民办高校面临着资金来源单一的问题，导致获得的社会捐赠较少。作为民办高校的举办者，需要确保财务透明和公开，以更好地接受监督和规范基金会创办的高校。这有助于学校树立良好的社会形象，消除原举办者以公益和非营利性的名义享受优惠政策或谋取利益的现象。此外，这也为学校获得社会力量出资和社会捐赠提供了法律保障和应有的声誉。同时，这也消除了国家财政投入非营利民办大学的政策障碍和对国有资本流失的担忧。基金会作为资源整合的优秀平台，以公益慈善活动为纽带，结合社会各界的爱心，通过公募或非公募的形式广泛募集社会资源和资金。这为民办教育领域提供了更多的资助渠道，有助于解决民办非营利高校高水平发展的资金问题。因此，基金会的公益性对于非营利性民办大学的可持续发展至关重要。

第三，基金会的规范化治理对民办高校治理结构的完善和治理能力的提升具有积极影响。作为非营利组织，基金会的产权结构决定了其治理模式为利益相关者的"共同治理"，强调自治和独立性。基金会具有独立的内部治理机构和制度体系，不受其他组织监督控制，但接受政府监管、第三方审计和财务信息公开等外部监督。基金会运作的自主化、规范化和专业化有助于改善由其创办的民办高校的治理结构，提高办学透明度，确保学校内部制度和管理机制的统一协调，推动民办非营利性大学实现治理体系和治理能力的现代化。明确举办者与高校之间的治理边界，消除资本权力的假设，实现决策权与执行权的分离，提高权力行使的透明度和可操作性。推进多元共治、权责分明，构建利益相关者共同参与的现代大学治理体系。

第四，基金会与民办高校之间的治理边界清晰，有助于保障民办高校的办学自主性，并激发其创新发展的动力。基金会作为非营利性民办高校的举办者，其办学理念着重于实现教育服务的公益性和非营利性，较少受到公众和市场的干预。捐赠受益人、政府和公众对基金会有一定的监督权。基金会的治理机制决定了其举办的民办高校具有自治的特点。与个人或企业举办的民办高校相比，基金会作为举办者更能明确学校产权与经营权的界限，实现举办者与办学者的有效分离。这有助于更好地尊重和保护民办高校的自主性，使其摆脱对举办者或政府主管部门的依赖，成为独立的办学主体，拥有学校管理权并独立履行义务和责任。在民办教育分类管理改革的新阶段，拥有办学自主权的非营利性民办大学能够充分发挥民办体制和机制的优势，它们可以更充分地考虑市场和社会需求，合理配置资源，协调各方利益，激发学校活力，进一步向高水平大学的目标迈进。

第二节　基金会举办非营利性民办高校的理论基础

一、教育产权论

教育产权论是一种教育经济理论，它关注的是教育资源的配置和利用问题。教育产权具有广义和狭义之分。广义的教育产权包括教育领域内的资本产权和劳动力产权；狭义的教育产权即特定学校的财产权利。教育产权的主体是多元的，其利益主体既包括教育投资者，也包括教育产权的各种权利在分解条件下的承担者，即教职员工。教育产权的内容是丰富的，主要由教育资产产权和教育资本产权两方面构成。教育资产产权包括用于教育教学的房屋、土地、设施和物品等有形资产；教育资本产权包括教育经费、政策、制度、知识、品牌、服务、师资、生源等无形资产。教育产权论认为，教育资源包括有形资产和无形资产都是一种财产，应该被明确地归属于某个所有者，这个所有者拥有对这些教育资源的占有、使用、收益和处置的权利。具体来说，教育产权论主张教育资源的所有权、使用权、转让权和收益权的分离和统一，即教育资源应该归属于国家或集体，但使用权可以归属于各个学校或教育机构，转让权则可以归属于教师和学生，收益权则可以归属于提供教育服务的个人或机构。此外，教育产权论还强调了教育资源的私人性和公共性之间的平衡，即教育资源的配置和使用应该考虑到各利益相关者的利益，实现资源的优化配置和利用。① 总之，教育产权论是一种关注教育资源配置和利用的教育经济理论，它强调了教育资源的所有权、使用权、转让权和收益权的分离和统一，以及私人性和公共性之间的平衡。教育产权论有助于理解和评价不同类型的民办高校，在组织形式、管理模式等方面进行比较分析。

对非营利性民办高校办学模式的研究离不开产权问题，产权的明晰是研究的核心。民办高校可以理解为各产权主体按照一定的规则签订相应的"合约"而组成的集合体。作为独立法人，民办高校在财产所有权和人力资本所有权方面的初始界定、划分与维护，主要涉及解决民办院校的财产归属权问题，即明确财产归属于哪些主体，以及各办学主体所拥有的权利和资源。教育产权是决定教育领域资源配置方式、权利义务关系及运行机制的基础。教育产权论可以解释非营利性民办高校在资金来源、资源分配等方面的特点，明确和量化教育收益权、剩余财产分配权和财产处置权等权利的分配和归属，明晰各利益相关方的产权关系，包括举办者、校长管理团队、教职工、学生等，并且为分析其治理结构提供了理论依据。教育产权结构决定的学校管理体制影响着办学者的素质、能力高低和努力程度。有什么样的产权结构决定采用什么样的管理体制，进而决定聘用什么样的校长和教师。此外，教育产权论还可以指导非营利性民办高校如何更好地适应市场环境，按照价值规律和市场机制优化教育资源配置，接受各方的监督，规范财务管理，保护学校资产安全，提高办学效率和自身竞争力。总之，教育产权论对于非营利性民办高校办学模式的研究具有重要的理论指导和实践参考意义。

二、治理理论

治理理论，也称为公共治理理论，是公共管理学科的一个重要分支，

---

① 徐绪卿. 民办院校办学体制与发展政策研究 [M]. 北京：中国社会科学出版社，2018：29 – 32.

它主要关注公共部门如何有效地管理社会事务。治理是指社会政治共同体的成员，基于公益原则，通过共同参与和民主协商的方式，形成决策机制、社会政治管理方式以及相应的社会政治体制。它不仅体现了政治共同体内部成员之间的权利关系，还反映了共同体成员对社会和法律规范的自觉遵守。治理理论认为，政府不再是唯一的权力中心，而是与市场、社会等其他力量共同参与社会事务的管理。在治理理论中，政府的作用被重新定义，它不再仅仅是制定政策和执行计划，而是与其他利益相关者合作，共同解决社会问题。治理理论的核心概念包括：治理机制、治理网络、治理能力等。这些概念强调了政府与社会之间的互动关系，以及政府如何通过与其他利益相关者的合作来提高治理效率。[①] 治理理论的出现背景是全球化和复杂化的社会环境。全球化使得不同地区的文化和经济相互交融，而复杂化的社会环境则需要政府具备更强的灵活性和创新能力。在此背景下，治理理论为政府改革提供了新的思路和方法。总之，治理理论是公共管理学科中的一个重要分支，它强调政府与其他利益相关者之间的合作和互动，以提高治理效率和社会效益。治理理论的出现为政府改革提供了新的思路和方法，对于应对全球化和复杂化的社会环境具有重要的意义。[②]

治理理论为非营利性民办高校办学模式研究也提供了新的视角。为了实现大学的良好治理，治理理论倡导多元主体治理、权利之间的相互制衡和治理法治化，强调组织间的关系和过程的治理。民办高校与公办高校的办学体制截然不同，在治理结构、治理机制构建上需要不同的工具和路径。在民办高校治理结构方面，治理理论主张通过有效的治理结构来平衡各方利益相关者的权力和责任，包括举办者、董事会、行政机构、教师、学生等。治理机制方面，强调通过建立科学合理的决策机制、监督机制、激励机制等治理机制及相互之间有机耦合关系来提高非营利性民办高校治

① 孙曙光. 治理理论视阈下我国公立大学内部制度研究 [D]. 长春：吉林大学，2017.
② 徐绪卿. 民办院校办学体制与发展政策研究 [M]. 北京：中国社会科学出版社，2018：41－44.

理的有效性和效率。治理能力是非营利性民办高校实现其使命和目标的重要保障。治理理论的核心就在于研究和探索如何通过一系列策略和措施，有效地提升治理能力，从而提升学校的整体表现和绩效。治理环境是非营利性民办高校治理的基础，包括学校的外部环境（如政策法规、市场竞争等）和内部环境（如文化氛围、资源配置等）。治理理论关注的是如何通过改善治理环境来优化学校的运行和发展，寻求政府、大学与社会之间的协调和平衡，建立多元治理机制。因此，在非营利性民办高校办学模式的研究中应用治理理论可以帮助学校解决治理困境，实现其使命和目标，提高学校整体表现和绩效。同时，也可以帮助学校更好地适应外部环境和内部环境的变化，提高其灵活性和创新能力。当然，也需要关注治理理论在非营利性民办高校治理中可能面临的问题和挑战，如治理观念的转变、利益分配的复杂性、外部环境的变化等，需要不断探索和创新，以适应新的形势和需求。

三、利益相关者理论

利益相关者（stakeholders）的概念起源于经济学领域。1963 年，美国斯坦福研究所的研究人员首次明确提出了利益相关者理论（stakeholder Theory），并定义为：对企业而言，存在这样一些利益群体，若无他们的支持，企业将无法生存。[①] 这一理论是对传统的股东中心主义或董事会中心主义的治理模式的挑战，促使公司治理理念和结构发生了深刻变革。人们不再将公司治理问题局限于所有者与经营者之间的委托—代理关系，而是认识到公司治理是由各利益相关者组成的系统。利益相关者理论强调，企业的发展离不开各利益相关者的投入和参与，如股东、债权人、员工、消费者、供应商、客户、贸易商、管理者和政府等。他们不仅影响企业，同时也受到企业的影响，并承担部分经营风险。因此，他们有权参与企业

---

① 董圣足. 我国民办高校法人治理问题研究 ［D］. 上海：华东师范大学，2009.

的决策。公司不仅要为股东的利益服务，还要确保所有利益相关者的共同利益得到最大化和最优化。企业不能把所有的利益相关者都按同一标准纳入自身的经营管理活动中，因此企业在经营决策过程中必须区分不同利益相关者的利益诉求，对利益相关者进行分类管理。① 在利益相关者分类方面，弗雷德里克（Frederick，1988）依据利益相关者对组织的影响方式不同，将利益相关者划分为直接和间接利益相关者。直接利益相关者指与组织发生最直接关系的团体，如雇员、股东、供应商、顾客等；间接利益相关者指直接或间接接受组织次级影响的团体，如政府、社区、行业协会、媒体等。1997 年，美国学者米切尔在深入研究利益相关者理论的产生与发展历史的基础上，提出了属性评分法来定义利益相关者。他认为，企业的利益相关者可根据其与企业的关系密切程度，分为三大类。首先，最广泛的定义是指那些影响企业活动或受企业活动影响的所有人或团队，包括股东、雇员、债权人、消费者、供应商、政府部门、相关社会组织以及周边社会成员等。② 其次，稍为狭义的定义是指与企业有直接关系的人或团体，排除了政府部门、社会组织和社会团体以及社会成员等。最后，最窄的定义是指在企业中下了"赌注"的人或团体，这一定义与主流经济学中的"资产专用性"概念相联系，即只有在企业中投入了专用性资源的个人或团体才是利益相关者。对于非营利组织来说，由于其行为总是出于社会公共利益或其成员的非经济利益考虑，因此，在其成立之初，由于"所有者"的缺位，非营利组织需要面对更加多样化的利益相关者群体。为了实现其服务宗旨，非营利组织需要考虑到社会各方面的利益。因此，利益相关者理论为非营利组织的治理结构提供了有力的支持。然而，相比于公司组织，非营利组织的利益相关者界定更加困难和复杂。

非营利性民办高校作为非营利性组织，其特殊属性决定了其利益相关

---

① Charkham J. Coporate Governance：Lessons from Abroad ［J］. European Business Journal，1992（4）：8 – 16.

② 肖洋. 大学治理结构的缘起及构建 ［D］. 长沙：湖南师范大学，2006.

者的多元化与复杂性，非营利性民办高校与公办院校相比，各利益主体之间呈现更为错综复杂的利益关系。其涉及的利益相关者不仅包括管理层、教师、学生等内部相关者，还包括举办者、捐赠人与团体、社会公益组织、公众、民政部门、教育部门等外部相关者。不同的利益主体有不同的利益诉求，相互之间存在着方向不同的利益关系。分类管理背景下非营利性民办高校办学模式创新必然会触及部分利益相关者的利益。利益相关者理论认为，在保证举办者利益的同时，必须考虑利益相关者的利益。在大学内部，应尽可能采用讨论的方式进行决策，以吸纳各种利益相关者的意见。对于教师、行政人员以及其他利益相关者的责任，应通过治理过程进行合理分配，以确保决策的科学性和公正性。利益相关者理论通过平衡各利益相关者主体间的利益诉求，实现共同治理、共担风险、相互制衡的管理模式。通过利益相关者理论，高等教育制度的本质可定义为高等教育利益相关者之间的"契约网"。因此，非营利性民办高校办学模式创新应充分发挥各利益相关者的作用，甄别梳理并充分考量各利益相关者的性质与特点及利益诉求，寻找利益均衡点，协调和满足各方利益需求，增强办学共识，凝聚人心，促进各利益相关者的合作共赢，确保非营利性民办高校更好地服务其公益使命和公共责任的承担。

四、第三部门理论

第三部门理论是对具体的部门进行分类、理解的一种基本理论，主要研究介于政府与企业之间的非营利组织的具体性质及其活动特点等。这些组织既不是政府组织的延伸，也不是企业的下属机构，而是具有自身独特地位和特征的利益相关者。第三部门，也被称为志愿部门，是独立于政府和私人部门之外的一个领域。它以实现公共利益为目标，强调非营利性和志愿性。这些组织在民政部门注册，主要包括社会团体、基金会、非政府组织、民办非企业单位以及未注册的草根组织。虽然每个第三部门单位的成立背景和运营方式各不相同，但它们普遍具有以下特点：不以营利为目的、以服务公众为宗旨、不用缴税等。这些组织提供各种公共服务，如教育、医疗和扶贫，并在促进社会公平、倡导人权和维护社会和谐方面发挥关键作用。第三部门理论认为，政府和市场这两个部门可能会出现失灵的情况，因此需要"第三部门"来维护公共利益，承担政府和市场未能承担的功能。这些组织的发展可以弥补市场失灵和政府失灵的现象。① 该理论鼓励人们创建和维护关注公共利益、非营利性的组织，通过各种方式如筹款、志愿者活动和宣传等，推动公共利益的实现。三次分配的实现途径包括市场、政府和道德力量。通过这三种力量的结合，可以实现资源的公平分配。在第一次分配中，市场机制起主要作用；在第二次分配中，政府通过税收等手段进行宏观干预；在第三次分配中，道德力量则起着调节和平衡的作用。第三部门理论也强调对公益组织的监督和评估。这些组织应该对其活动进行透明和负责任的治理，以确保其资源的合理使用和公共利益的实现。同时，也需要接受来自政府、资助者和其他利益相关者的监督和评估。同时，第三部门理论还鼓励公益组织参与到政策制定和倡导中来，也可以通过宣传和教育活动，提高公众对公共问题的认识和参与度。第三部门的意义和作用就在于促进经济增长和增加就业机会，提供公共物品和弥补政府缺陷，增加资源运用的透明度和合理性，培养人们的互助精神和分担政府责任，促进社会公平和稳定，对社会资源进行公平、合理和高效率的配置。总之，第三部门理论为社会组织的研究提供了一个重要的框架和视角，帮助我们更好地理解这些组织的性质、特点和作用，从而为推动社会公益事业的发展作出贡献。

第三部门理论为非营利性民办高校办学模式的研究也提供了重要的理论基础。在我国，非营利性民办高校被视为一种提供准公共产品和服务的社会组织机构。它具备公共性、服务性和教育性等非营利组织的属性和特点，因此应被归类为第三部门。作为第三部门的一部分，非营利性民办高

---

① 唐斌. 教育多元筹资问题研究——兼论第三部门在教育筹资中的作用 [D]. 武汉：华中师范大学，2008.

校在教育领域发挥着不可替代的作用，并与政府和市场形成互补关系，共同推动我国教育事业的进步。第三部门理论关注的是非营利性组织在社会发展中的角色和作用，以及这些组织如何实现其特定的使命和价值观。在非营利性民办高校的研究中，第三部门理论可以帮助我们深入理解这些学校的使命、价值观和治理结构，以及它们如何与社会互动并推动社会公益事业的发展。通过应用第三部门理论，我们可以明确各教育筹资主体的责任和相互关系、教育服务的物品属性与教育筹资间关系，更好地分析非营利性民办高校办学模式及其运营和发展，评估其绩效和社会影响，并为这些学校探索基金会办学模式提供指导。此外，第三部门理论作为一种工具理论，还可以帮助我们探讨非营利性民办高校在教育领域以外的社会活动中所扮演的角色，以及它们如何与其他组织和利益相关者合作，共同推动社会的发展。总的来说，第三部门理论是一个不断发展和演变的理论领域，它为我们理解非营利性民办高校的发展、作用和未来趋势提供了重要的视角和方法。然而，由于第三部门的多样性和复杂性，我们仍需要进一步研究和探讨其面临的问题和挑战，以促进其更好地发挥作用。

第三节　基金会举办非营利性民办高校的要素构成

一、非营利性

"非营利性"是基金会举办大学的本质属性，主要体现在以下几个方面：首先，基金会举办非营利性民办高校的办学目的纯粹是为了培养人才、推动社会进步和发展，并为更广泛的人群提供优质的高等教育机会。它不以追求经济利益为目的，完全以公益为导向。其次，基金会大学的资产均属于"捐赠"性质。无论是初始的基金会投入、社会各界的捐赠、学校的滚动积累，还是国家的直接或间接资助，均被视为对大学的"捐助"，并归属于学校法人所有。这种资产属性确保了资金的有效利用，并确保其用于学校的持续发展。再其次，基金会大学的日常运营和管理严格遵循非营利的原则。这意味着其运作和投资决策都受到严格的监督和自我控制机制的约束，以规避高风险和追求高回报的行为。尽管基金会可以通过投资获得收益，但这些收益必须全部用于学校的慈善事业和非营利性办学，而不能用于其他目的。此外，基金会举办的非营利性民办高校还受到严格的财产保全机制的约束。这确保了学校的财产和产权结构不被轻易变更，且学校的治理结构也必须保持稳定。任何擅自改变财产或治理结构的行为都是被严格禁止的。最后，通过基金会举办大学的模式，民办高校举办者不仅要遵守相关的法律法规，还要遵循基金会的管理规范，维护其公益形象，确保大学的非营利性不受损害。这为大学提供了稳定的治理结构和机制，使其能够专注于教育使命的实现。

二、办学自主性

基金会举办的大学与其他民办大学的重要区别在于其办学的自主性和独立性。在基金会及其所支持的大学体系中，两者均作为独立的非营利法人实体而存在。基金会拥有"捐助法人"的法律地位，而大学则具备"事业法人"或"民办非企业法人"的资格。这两者在法律层面上并无从属关系，与基金会的捐赠者也不存在任何依赖关系。作为大学治理结构的重要组成部分，基金会的角色不可替代学校的董事会。同时，根据相关法规，基金会必须实施严格的利益回避制度，以确保其行为与大学的利益保持一致。具体而言，捐赠人向基金会捐赠财产后，在基金会的内部治理中并不享有任何特殊权利。与我国大多数由个人或企业举办的民办高校不同，这些高校通常采用"出资人控制"的单边治理结构。在这种结构下，学校的办学绩效与举办者的个人或企业利益紧密相连。举办者享有核心权力，如办学选择权、章程制定权、首届理事推选权、校长团队选聘权以及举办者变更权等。这种结构导致举办者对学校的实际控制成为影响学校规范办学的主要障碍，也使得非营利性民办高校与举办者之间存在许多不规范的关联交易。相比之下，基金会的治理结构相对较少受到家族控制。这意味着基金会大学能够从根本上切断家庭、学校和企业在办学中的利益关联，使学校真正成为独立办学、自主办学的主体。这种结构特点为基金会大学提供了一个更加规范和透明的治理环境，有助于其实现教育使命并维护公共利益。

三、资金来源多元化

高校的资源筹措能力是影响大学办学实力和可持续发展的重要因素。基金会多元筹资是基金会大学赖以生存和发展的先决条件。与基础教育不同，高等教育的运行成本很高，是一个资金密集型领域，需投入大量的资金来支持学校建设、师资培养、科研创新等方面的工作。作为举办者的基金会本身具有强大的筹款能力、大量的资金以及优秀的资金管理能力，有能力撬动更多的社会资源注入教育领域，缓解非营利性民办高校的资金困境；也可以通过不同的渠道寻求财政经费保障，发挥财政资金引领带动社会资本、民间资本等支持教育事业发展，形成教育经费投入上的政府与社会合力，建立多样化的筹资方式，实现财务独立。鉴于中国目前的教育投入现状，基金会大学需要发展自己的特色，建立强大的筹款力量和有效的筹款体系。一方面，可以由基金会、校友会和各个院系共同实施筹款计划；另一方面，可以引导那些已经致富的公司和个人，以公司或个人身份建立非公募基金会，并通过投资方式管理资产，以商业化的模式运作基金会。研究型基金会大学则需要不断提高学术水平，从政府部门或其他社会组织获得研究类的教育经费。高校不仅要在整体战略规划中遵循基金会的意愿，而且还要编制详细的战略发展规划和布局。

四、治理体系完善

如何在实现捐资者办学主张的同时充分保障学校自主权，是举办者基金会和被举办者民办高校之间关系的核心问题。基金会可能因其"强控制"地位而影响学校的自主权，进而影响捐款者实现其办学意愿。从所有权角度来看，基金会和捐资者并不构成隶属关系。非营利性民办高等学校一旦完成筹建并进入运营阶段，便成为拥有法人财产权的独立法人。然而，作为举办者，基金会可根据章程规定的权利和义务参与高校的运营和管理。从法理上讲，基金会和非营利性民办高校的管理结构以理事会和监事会之间的权力划分为基础。在实践中，主要捐赠人或作为法人的捐资方负责人通常担任基金会的理事长，在制定基金会办学宗旨、理事会人选和管理方面发挥关键作用。在高校筹办过程中，举办者对学校章程的制定、内部治理架构以及人才选聘过程具有决定性影响，并对大学的内部管理具有最终决策权和绝对控制权。因此，在基金会办学模式下，存在发起人和主捐赠人通过控制基金会进而控制非营利性民办高校的风险。在此情境下，捐款方的个人意愿得到全面体现，但这也可能干预学校的自主性。为了保障大学的自主性，必须打破举办者或主要捐赠人对大学的"强控制"局面，并在基金会内部建立强有力的制衡体系。一方面，由于我国的基金会成立时间较短，创始人和主要捐赠人对基金会的全面控制难以避免。在挑选基金会理事时，必须以支持非营利性民办高校办学为宗旨作为标准，慎重任命子女及其他亲属。另一方面，应实现学校控制权的社会化。与教育基金会不同，大学涉及众多利益相关者，包括员工、学生及其家属、商业界、社会、专业协会等，具备控制权资本化转向控制权社会化的条件。大学应吸纳与大学有联系的外部专业人员参与决策，并建立面向利益相关者的内部治理机制。

五、公益性和社会责任

在民办高等教育中，办学公益性和履行社会责任是其本质特征。对于基金会大学这一模式，它具有独特的内涵，主要表现在三个"符合"上。首先，作为大学的一种举办方式，基金会大学必须遵循高等教育的基本规律，致力于促进人的全面发展，培养出优秀的人才。它应坚守教育的公益性，承担起为社会服务、引领社会前行的责任。在学生接受教育的过程中，基金会大学应确保学生能够从中受益。其次，基金会大学在实现其功能时，还需满足基金会的公益性要求，积极履行其社会责任。作为一项公益事业，教育捐赠必须遵循自愿和无偿的原则，并始终以实现公益目的为导向。捐赠者不得从捐赠的基金中获取任何形式的个人利益。基金会的核心在于实现公益捐赠的制度化和组织化，从而确保资源得到有效和公平的利用。这一属性确保了大学在办学过程中能够维护和实现教育的公益性，并履行其人才培养、科学研究等社会责任。最后，基金会为大学提供的经费，应当专款专用，仅用于符合公益性质的项目，不得挪作他用，更不能用于任何营利性活动。根据国际通行做法和我国的法律法规，基金会可以进行合法的营利性投资，但所获得的利润必须全部用于章程中规定的公益项目。一旦大学接受了基金会的资金，它不能直接将这些资金用于任何营利性活动。筹集到的资金主要用于支持大学的建设项目、提升教师的教学与科研能力，以及帮助学生顺利完成学业。通过这些项目和活动，不仅特定的群体能够从中受益，整个社会也将因此而获得长远的益处。综上所述，基金会大学的公益性是由基金会的性质和教育事业的本质特性共同决定的。其核心目标在于培养优秀人才、为社会提供服务，并在实现这一目标的过程中，确保教育资源真正用于公益目的，而非任何营利活动。

第四节 基金会举办非营利性民办高校的制度逻辑

制度是一个社会的游戏规则或在形式上是人为设计的构造人类行为互动的约束。[①] 在建设教育强国、建设高质量教育体系的新背景、新要求下，规范办学与高质量发展已经成为党中央对民办教育改革和发展的政策主基

---

① 道格拉斯·C. 诺斯. 经济史中的结构与变迁 [M]. 上海：上海三联书店，1994.

调。聚焦基金会举办民办高校的可行性和其现实路径，需要从办学地位、产权基础、主体资格等多维度入手，分析基金会办学的完整制度框架，为非营利性民办高校创新办学模式提供法律及合规支持。

一、分类管理制度给予了基金会办学合法地位

虽然目前基金会作为举办者在我国民办高校办学中尚属个例，但"基金会办学"这一举办模式已经得到国家、地方政府的高度重视，越来越多的民办高校也开始了实践探索。随着国家立法的不断完善和民办教育分类管理制度的建立，基金会办学已经获得了合法地位。基金会也因此凭借其在汇集办学资源、增进社会交流、增强办学条件保障等方面的优势，进入了高校管理者的视野。各地先后出现了基金会参与公办高校或者民办高校办学的共建模式。

现行的《民办教育促进法》和《民办教育促进法实施条例》中，基金会作为民办高校的举办者获得了明确的法律支持，清晰地传达出国家对基金会办学的支持态度。此外，中共中央、国务院印发的《中国教育现代化2035》中指出，"鼓励设立基金会依法举办民办学校，规范民办学校融资途径，保证学校办学安全"；中共中央办公厅、国务院办公厅印发的《加快推进教育现代化实施方案（2018-2022年）》中指出，"积极扩宽投资渠道，鼓励社会力量捐资兴学。"上述两份重要文件均大力鼓励和支持基金会依法举办民办学校、推进基金会办学模式改革探索。各省、自治区、直辖市在落实《民办教育促进法》及其实施条例以及国家相关政策文件的基础上，也纷纷制定了相应的政策文件，给予"基金会"合法的办学主体身份。如上海市2017年出台的《上海市人民政府关于促进民办教育健康发展的实施意见》中提出，继续做大做强上海市民办教育发展基金会，市有关部门对上海市民办教育发展基金会予以支持；鼓励社会力量按照国家关于基金会管理的规定，设立民办教育发展基金会，充分发挥基金会在筹集社会资源和资金、非营利性民办学校资金支持、民办学校终止办

学的剩余资产处置、非营利性民办学校改革发展和特色创新、促进公益性强的优质民办教育机构健康成长、鼓励社会力量兴办教育等方面的作用。同时，在 2021 年 9 月修订的《上海市民办教育发展基金会章程》第二章"业务范围"中明确"通过受赠等方式，依法成为部分非营利性民办学校的举办方"。2021 年广州市教育局、广州市民政局联合印发《关于促进我市教育基金会发展的实施意见》中，明确"探索教育基金会办学模式。教育基金会可探索举办非营利性民办学校，履行举办者职责，完善现代学校制度，创新学校治理模式，在防范化解区域民办教育办学风险中发挥更大作用。"从各省份出台的政策来看，各地都积极鼓励基金会举办非营利性民办学校，并强调基金会在办学资金筹措、学校治理及履行社会责任等方面的独特优势。

由此可见，基金会举办非营利性民办高校，既从国家法律法规层面得到了认可，也从各省市政策层面得到了大力支持，同时，作为非营利性民办高校制度建设的一项探索，基金会办学模式的改革推进也必将在其中发挥重要作用、产生重大影响。

二、分类管理制度为基金会办学奠定了产权基础

学校法人财产权是学校成为法人的前提，学校法人财产权的独立性是构建现代学校制度的必要条件和基本前提。在 2016 年《民办教育促进法》修订之前，我国民办大学的办学模式主要以投资为主。由于国家及地方政府为鼓励社会力量办学而采取的合理回报的法律默认，导致举办者投资办学的动机、民办高校的合理回报和所有权归属法律规定之间存在矛盾。这使得举办者对民办高校董事会过度控制，成为阻碍民办高校改革与发展的主要矛盾。2016 年开始实施的《民办教育促进法》取消了合理回报的规定，明确了民办高校分类管理标准。这一改革结束了我国民办高校长期以来"营利性与非营利性"属性不分的局面，标志着民办高校分类登记、分类管理的新发展阶段的开始。该法律的第十九条、第三十六条、第三十七

条和第五十九条对非营利性民办高校"非营利性办学"进行了规范，进一步明晰了民办高校的法人属性和财产归属等核心问题。这使得营利性与非营利性民办高校的法人产权属性在法律上具有内在一致性，同时也为非营利性民办高校实现社会捐资办学提供了产权依据。非营利性民办高校的法人财产主要来源于举办者投入、国有资产、社会捐赠以及办学积累等。其产权的特殊性在于"没有所有者"，但这并不意味着没有产权。它是一种社会化产权、公益性产权，非营利性民办高校的资产被视为社会公益资产。

根据修订后的《民办教育促进法》及其实施条例，非营利性民办高校被赋予法人财产权，但举办者不能私自分配办学利润和剩余财产。对于那些选择非营利性办学的存量民办高校，其举办者不再享有前期办学资产的所有权、管理权、收益权和分配权。这些资产在理论和逻辑上都被视作捐赠资金，后续用于学校运营的各类资产同样被视为捐赠。对于 2016 年 11 月 7 日前设立并选择登记为非营利性办学的民办高校，为了平衡因国家政策调整所带来的对举办者利益的侵害以及对他们历史性贡献的认可，给予出资者相应的补偿和奖励。而对于新建的非营利性民办高校，其财产自设立之日起即为公益财产，所有投入学校的资产均被视作对非营利性法人实体的捐赠。这从现实逻辑层面上消除了非营利性学校办学的历史遗留问题与投资办学之间的矛盾。随着分类管理改革的深入，非营利性民办高校逐渐转向捐资办学模式，其产权以捐赠资产为基础。根据《基金会管理条例》的描述，基金会是以从事公益事业为目的、使用自然人、企业和其他组织所捐赠的资产的非营利性法人。在这种情况下，基金会与非营利性民办高校在所有权制度上具有共通之处，为非营利性民办高校探索基金会办学模式提供了产权基础。

三、法人制度改革赋予了"基金会"办学主体资格

自 2021 年 1 月起施行的《民法典》根据企业法人的目标和功能，对企业法人进行了营利性与非营利性的划分。其中，第八十七条明确规定，

为公益目的或其他非营利目的而成立的法人，不向出资人、设立人或会员分配利润，这类法人为非营利法人。非营利法人包括事业单位、社会团体、基金会、社会服务机构等。《公益事业捐赠法》第三条进一步指出，非营利的教育、科学、文化、卫生、体育事业等均属于公益事业的范畴。这意味着，以公益为目的并从事公益事业是非营利法人的主要法律特征。这两部法律的规定与民办高等教育营利性与非营利性分类管理原则相吻合，为非营利性民办高校基金会办学提供了坚实的法律基础。基金会作为以捐赠财产为基础的非营利法人组织，其公益性和非营利性质与非营利民办高校的法人属性和办学特点高度一致。同时，基金会具备筹集社会资本和资金的能力，可以作为民办高校筹集社会资本的主要渠道，从而增强非营利民办大学的办学资金实力。《民办教育促进法实施条例》第七条明确规定，"举办或者参与举办民办学校，不得利用国家财政性经费"。这意味着，尽管事业单位法人在法人属性上与非营利民办院校具有内在一致性，但这并未彻底解决非营利性民办院校面临的问题，尤其是资金问题。而社会团体法人是会员的集合体，旨在实现成员的共同利益，这与非营利民办高校的社会公益目的存在冲突，因此不适合作为非营利民办高校的举办者。

然而，在办学动机和目的上，个人和企业作为举办者呈现出本质的不同。个人属于自然人的范畴，其办学动机受到政治和社会层面复杂多变因素的影响，往往呈现出多样性。相对而言，企业作为营利法人，其核心目标是追求利润并回馈给股东和其他出资人。这种营利性本质与非营利性民办院校的办学目标存在天然的冲突。在这种情况下，基金会作为办学主体具有显著的优势。通过基金会的形式，我们可以明确学校法人的归属，有效规避因办学主体变更可能带来的风险。这为非营利性民办高校提供了一个合法、合理、有序的变更机制，确保学校的长期稳定发展。同时，基金会作为桥梁，能够调和企业的营利性与高校的公益性之间的矛盾，实现双方的共赢。例如，芝加哥大学和洛克菲勒大学最初由洛克菲勒集团资助，但通过成立洛克菲勒基金会，它们成功转型为真正意义上的非营利性高校。从当前企业法人的分类、非营利企业法人的属性与目的，以及政府对非营利办学的政策倾向等方面进行深入分析，可以发现，基金会作为非营利组织在化解个人和经营性机构在非营利办学方面的矛盾方面具有显著效果。对于希望合理运用公益资源办学的企业而言，基金会无疑是最佳选择。①

---

① 黄洪兰. 基金会举办非营利性民办高校的现实基础、产权保障与推进策略［J］. 黑龙江高教研究，2021（5）：22－27.

第五章　基金会举办非营利性
民办高校的个案研究

本章选取了德国公法基金会大学、土耳其基金会大学、西湖大学和贵州盛华职业学院等国内外四所基金会举办非营利性民办高校的案例，希望能为我国基金会办学提供一些经验借鉴。

第一节　德国公法基金会大学个案研究

一、德国公法基金会大学基本情况

（一）办学历史

传统的德国大学基本都是国家设立和资助的。公立大学是德国高等教育的主体。德国的大学在许多方面是各个联邦州政府的下属单位，可以依靠国家强大的财政支柱发展；同时，国家也获得了对大学的治理权。进入21世纪，受德国经济负增长和欧洲"博洛尼亚进程"的影响，德国的高等教育面临资金不足等一系列的问题，在国际竞争中远远落后于其他欧美国家的大学，亟须改革创新。1998年，联邦层面的《高教法》进行了第四次修订，高校被允许以国家机构之外的形式存在；2000年，德国黑森州率先修改了州《高教法》；2002 年，下萨克森州也开展了高等教育改革，试图用公法基金会大学这一新的组织形式来解决这些问题，即在《下萨克森州高等教育法》中对本州公立大学的承担主体进行相应更改，即国家公立高校的责任承担主体向公法基金会转移，从而实现德国高校的去国家化、去行政化。公法基金会，作为德国基金会的一种特殊形式，是国家实施间接管理的重要公法法人模式。它具有以下显著特点：首先，其设立或撤销均需依据相关法律法规进行；其次，其服务宗旨必须具有公共性质，即资金只能用于推动公益事业的发展；最后，其内部组织结构类似于社会团体，保持相对稳定和固定。2003 年，下萨克森州率先在联邦州内推行高校管理模式的改革，成为公法基金会改革最广泛、最深入的州。同年 1 月 1 日，德国哥廷根大学正式转变为德国首所公法基金会大学，为高校管理模式的改革树立了典范。随后，法兰克福大学、奥斯纳不吕克应用科技大学、汉诺威希尔德斯海姆大学等也纷纷效仿，陆续转型为公法基金会大学。

（二）治理结构

公法基金会大学在组织结构上具有相对的独立性，其基金会机构不受大学行政机构的干预。这些大学通常设立了基金会理事会、校长委员会、评议会，部分高校还设立了校务委员会。基金会理事会是决策、监督和协商机构，负责对大学重大事务进行表决和监督校长委员会。校长委员会则是基金会的执行机构以及大学的领导机构，负责处理大学内部的具体日常事务，并享有人事权。在基金会事务方面，校长委员会作为基金会理事会的执行机构，负责执行基金会理事会的决议，并接受其监督。校长作为校长委员会主席，为该委员会制定方针路线。评议会是最高权力机构，也是协调基金理事会和校长委员会的中介。它负责聘任基金理事会的五名校外人士，并对校长委员会人选具备建议权。部分公法基金会大学，如奥斯纳布吕克大学（Universitaet Osnabrueck），还设立了校务委员会作为咨询机构。在人员任免方面，公法基金会大学的公职人员任免权限掌握在大学校长手中。大学教授、教师和助教以及管理人员都是大学基金会的公职人员，其岗位的设立和废除由大学决定。这些公职人员原先属于国家公务员，隶属于联邦州政府，但在公法基金会大学中，其主管上级变为基金会，不再受到公务员法的保护。大学教授的任免需经过校长委员会和基金会理事会协商一致，而校长委员会成员的任命或免除则掌握在大学基金会理事会手中。大学校长的直接领导是基金会理事会的主席，而高校其他工作人员的上级领导是校长，校长同时任免基金会新产生的公职人员。因此，基金会拥有大学职务主体权力。

（三）政府角色

在基金会改革之前，哥廷根大学作为国家的行政机关的下属单位，与其保持着上下级的紧密关系。在这种关系下，政府对高校的管理涉及各个方面，并且其财政投入是高校办学经费的主要来源。然而，这种管理方式使得高校难以追求纯粹的学术自由和教授治校。随着德国高校的公法基金会改革，大学与联邦州政府之间的关系得到了重新界定。原有的上下级关系逐渐转变为相互协商的关系。在这种新的关系中，联邦州政府对高校的管理和调控主要通过与大学共同协商和评估目标来实现。这一转变意味着政府从"管制者"的角色转变为"外部利益相关者"。联邦州政府对高校的管理不再涉及具体细节，避免了对高校事务的过度干涉。相反，政府遵循辅助原则，将更多的管理权限下放给高校。此外，政府的财政援助也不再直接拨给高校，而是拨给基金会，由基金会负责管理高校的财政收入。这一改革使得高校在财政管理上获得了更大的自主权，同时也加强了与政府之间的合作关系。通过这种改革，德国高校公法基金会大学在保持学术自由和教授治校的同时，也与政府建立了更加平等、协作的关系。

公法基金会大学的发展目标在于成为"以企业模式运作的高校"。通过公法基金会作为大学的责任主体，大学得以摆脱政府管制的束缚，真正回归公民社会。政府对基金会大学的监管主要体现在法律程序层面，因为大学的资产和资源已不再属于政府的管辖范围。这进一步激活了越来越多的社会私人资本，为高校的教学和科研注入新的活力。公法基金会作为中间机构，在协调政府、高校和社会三者之间的关系中发挥着关键作用。首先，政府通过法律监督、目标协商、中介评估等方式实现对高校的间接监管。这使得高校获得更多的自治权，成为拥有独立法人资格的机构，其责任主体是公法基金会。高校通过学术自治委员会制定自治管理法规，独立承担和负责科研和教学任务。其次，公法基金会是高校校舍和不动产的所有者。它通过经营基金会资产为高校的办学收入作出贡献。长远来看，基金会的资产将持续增加，成为高校办学收入的主要来源。最后，大学基金会机构将社会资源用于大学教育和科学发展。基金会资产的高效管理为高校的自由发展创造了先决条件，同时也吸引了社会闲置资本的投入。这不仅促进了高校的可持续发展，也加强了与社会各界的合作关系。[1]

（四）资金筹措

公法基金会大学在办学资金上的独立性，是其摆脱国家控制的关键因素。由于德国的大学基本不收取学费或仅收取少量学费，公法基金会大学的办学经费收入主要来源于三个方面：联邦州的年度财政资助、基金会资产和基本资产。当公立大学转型为公法基金会大学时，它不再作为政府部门的附属机构，而是成为接受公共财政资助的独立实体。政府将财政资金投入公法基金会，由基金会的理事会负责管理，这种资助是间接的。这是公法基金会大学与其他形式的大学在经费方面的最根本区别。财政资金主要用于科学研究的基本设施、重点学科的建设、课程设置以及培养高校后备力量等方面。基金会大学虽然不再承担国家的责任，但政府拨给基金会大学用于研究和教学的款项不得挪用于基建。基本资产是指大学自建立以来所使用的不动产以及现有资产存量。在改制初期，州政府无偿划拨给大学初始土地及其他动产。办学过程中，州政府对大学进行土地转让及不动产的捐赠，并提供非产权转让土地的无偿使用和建筑物维修费用。除了基

---

① 张晓玲. 以"目标协商"为导向的德国高校公法基金会改革——以哥廷根公法基金会大学为例 [J]. 德国研究，2011，（4）：59 – 65.

本资产之外，大学还可以通过企业或社会资本等第三方以捐助和馈赠的形式获取基金会资产。来自科学或艺术领域的捐赠，大学要将全部收益用于相应领域的科研活动和教学发展。同时，这部分收益不纳入联邦州对高校下拨的年度财政资助之中。而财政资助之中未动用的部分在 5 年之内会算作大学的基本储备资金，再过 3 年就会自动转入大学的基金会资产。此外，大学还可以向银行申请最高额度为 500 万欧元的贷款，学校的地产也可以用于商业租赁，赚取租金。最后，大学还可以参与社会企业的建设和合作以获取相关收益。

在基金会大学的初创阶段，通过社会捐助和馈赠形式获得的基金会资产仅占大学收入的较小部分。在短期内，联邦州的年度财政资助仍然是基金会大学办学收入的主要来源。而"真正的"公法基金会资金主要由机构的存量资本和基金会资产组成，是完全脱离国家资助的基金会。与美国、英国等国家相比，德国的基金会文化尚不成熟，公法基金会大学仍需国家的间接支持，因此尚未成为"真正的"基金会大学。公法基金会大学的产生和发展是一个渐进的过程，而非一蹴而就。为了实现财务独立，大学通过筹措社会闲置资产、参与社会企业营利性活动以及商业租赁等方式增加办学收入。长远来看，大学自有资本的累积将不断扩大，国家财政援助占大学办学总收入的比重将逐渐减少。这一趋势意味着两方面的发展：一方面，基金会大学将逐步实现财务独立，在资产管理上拥有更多自由和空间；另一方面，大学与社会的距离将不断缩短，大学将真正成为服务社会的公共机构。

二、哥廷根大学基本情况

哥廷根大学（Georg-August-Universitaet Goettingen）建于 1734 年，是一所世界一流的综合性研究型大学。哥廷根大学在创办初期以自然科学和法学闻名，拿破仑就曾在此研学法律，一度被称为"法科大学"，而后其在计算机科学、物理学、数学等领域也取得令人瞩目的成绩。哥廷根大学作为一所历史悠久、名人辈出的高等学府，拥有 49 位诺贝尔奖获得者，创造了著名的"哥廷根诺贝尔奇迹",为世界所瞩目。然而,在2000年左右,面对下萨克森州的财政压力,学校领导层开始寻求通过新的组织形式来重振大学的地位并引领德国大学的发展。经过几年的努力,终于在2003年左右,整个学校和医学院的联邦州年度财政资助系统实现了整体转型,成为德国第一批基金会大学。根据《下萨克森州高校法》的规定,哥廷根大学制定了《哥廷根大学章程》。其中第三款明确规定:哥廷根大学的责任主体由哥廷根大学公法基金会承担。这一变革使得学校从国家的公办高校转变为独立的公法意义上的基金会法人。所有的财产和设备都成为哥廷根大学公法基金会的资产,不再隶属于州科教部。这一变革不仅使得哥廷根大学在财政上获得了更大的自主权,而且进一步加强了学校与社会的联系,为其未来的发展奠定了坚实的基础。

哥廷根大学转型为基金会大学后,政府退出监管,不会再出现为了节省开支而强行裁员,取消某些学科或冻结一些岗位的情况,而是相信基金会大学更有能力调整和优化人才结构。它在遵守法规的前提下,拥有全方位的自主管理权,包括择优录取学生、教授任命权、人才招聘权、实施绩效工资、选择教学语言,优化行政管理结构等。最关键的是能够更自由地开展多元化创收活动。这意味着能够积极争取来自社会的捐助,以进一步提升教学和研究质量。此外,重点支持特色项目也是至关重要的,这样能够增强服务意识并扩大人才资源。哥廷根大学可以在获得基本财政资助的条件下,实现自主治校。可以说,基金大学是充分发挥校长们的领导智慧的试验田。

哥廷根大学的领导机构具有交叉管理的特点。由于大学与大学医学院系既相互独立又保持紧密联系,因此存在两个基金会理事会:大学基金会理事会和大学医学院基金会理事会。这两个理事会共同组成了基金会理事会,负责处理与大学和大学医学院相关的所有事务。在基金会理事会的会议中,校长委员会成员、大学和大学医学院人事委员会主席、大学和大学医学院男女平权代表以及1名学生代表拥有提案权。这一设计确保了各方利益得到充分代表和平衡。值得注意的是,哥廷根大学并未设立校务委员会作为其领导机构。这种组织结构的选择可能与其独特的办学理念和历史背景有关，也可能与大学对交叉管理的重视程度有关。

哥廷根大学的基金会理事会由 7 名成员组成，5 名校外成员主要来自经济、科学或者文化领域，其中至少有 3 名女性成员。此外，还有 2 名成员分别由联邦州文化和科学部以及大学校务委员会派遣。基金会理事会的主要职责是为大学提供建议、对重大事务进行表决，并对大学校长委员会的行为进行监督。校长委员会由校长和其他 4~5 位副校长组成，校长担任委员会主席，负责制定方针路线并代表哥廷根大学对外行使职权。评议会通常由 7 名大学教授、2 名其他教师代表、2 名学生代表和 2 名工作人员代表组成。其主要职责包括编制学校的发展规划、推荐或罢免校长委员会人选，雇用和解聘基金理事会校外理事，并负责对校长委员会的目标协调条款和办学经费预算进行听证。①

由此，转型后的基金会大学的事务管理权转移到了高校手中。校长委员会是负责大学具体事务的主要机构。由于基金理事会的成员都是兼职，无法投入更多的时间和精力，而评议会制约校长委员会的权力也有限，校长委员会就获得了较大的办学自主权和行动能力，可以根据自己的办学理想自主地调整学科结构，变革学校组织。

三、案例启示

在维护其公益性质的基础上，德国大学的公法基金会改革对大学的发展产生了深远的影响。这一改革不仅实现了组织层面的创新，包括获得国家认可、接受社会捐赠和具备独立法律地位的能力，还进一步强化了大学服务社会的功能和使命。与美国强调资助型基金会的作用不同，德国公法基金会并不回避与政府部门的合作。这一特点对我国民办高校在分类管理后兴起的基金会办大学模式具有重要的启示意义。

---

① 杜卫华，任平. 德国公法基金大学模式探究［J］. 高教探索，2020（8）：33-36，65.

（一）政府实现间接管理

公法基金会改革使德国大学实现了去国家化、去行政化，但并不意味着政府放弃对公法基金会大学的监管，而是通过对既定目标进行协商和评估的过程中实现间接管理。目前，我国政府对民办高校的管理错位、缺位、越位的问题时有发生，造成"一放就乱"或"一乱就收"的现象。因此，在建设基金会大学的时候建议参照德国的经验，处理好各级政府与基金会、大学的关系，严格遵守相关法律法规和大学章程，政校分离、管办分开，给予学校充分的办学自主权；可以运用政策、规划、拨款、评估等管理手段，对基金会大学进行宏观调控和指导，但不干涉其具体办学活动，破解政府"放不下"和高校"接不住"的两难困境。

（二）政府给予财政支持

德国政府在放权的同时，通过年度财政资助和绩效拨款等方式，来约束和激励公法基金会大学。尽管随着公法基金会的逐渐成熟，财政资助经费占到大学办学总收入的份额越来越小，但大学在建立初期还是非常需要政府通过基金会给予的间接资助。目前我国政府尚未将基金会大学列入高等教育财政预算体系，未对其进行年度财政或生均经费支持。基金会大学虽然是民办高校，但其非营利的办学属性，理应享受和公办高校同等的财政支持待遇。因此，建议政府在一定培育期内对基金会大学给予一系列财政支持，包括大学初创期的土地无偿划拨、生均经费拨款、人才引进费用、学生资助和捐赠配比等；也可以通过设置竞争性项目，如特色学科建设项目、竞争性科研项目、科研成果转化等，通过比较优势来争取绩效拨款。培育期过后，政府逐渐减少财政拨款，受助大学顺利过渡为主要靠自身造血发展的、名副其实的基金会大学。

（三）多渠道筹集办学资金

德国公法基金会大学的办学资金来源多元，通过基金会办学激活社会资本参与办学；大学又通过参与企业营利性活动、商业租赁、社会捐赠、科研成果转化等多种方式来筹集办学资金，逐渐减少对国家财政拨款的依赖。目前我国基金会大学的办学资金来源单一，基金会对其举办的大学财务供给能力有限。因此，要提升基金会大学多渠道筹资的能力，鼓励高校向社会拓宽办学经费来源。基金会大学的发展应与区域经济社会的整体发展协调一致，专业和课程设置应与工商业发展的需求相适应，把更多精力用到面向社会，开放办学；同时，要充分发挥基金会理事和校友的作用，鼓励他们直接或间接为大学的建设和发展提供财力支持。

（四）多维度构建管理架构

德国公法基金会大学建立了包括基金会理事会、校长委员会、评议会、校务委员会等多元主体参与的管理架构，实现了举办权、行政权和学术权适度分离。结合我国民办高校的办学实际，建议基金会大学建立基金会理事会、学校董（理）事会、党委、校长委员会、学术委员会等决策机构以及设立独立董事、监事会、教代会等监督机构，多元利益主体间通过平等协商与合作，从不同层次、不同方向对基金会大学进行管理，加强内外部监督约束，形成各自独立、权责明确、相互制衡的关系，实现决策、执行、监督等机构之间的良性互动，提升基金会大学的治理能力。

第二节　土耳其基金会大学个案研究

一、土耳其基金会大学基本情况

（一）办学历史

在20世纪70年代，土耳其的私立高等教育曾被明确禁止，直到1981年《新高等教育法》颁布后，才开始允许私立基金会兴办非营利性大学。

土耳其第一所基金会私立大学成立于 1984 年。1997 年迎来了基金会私立大学的第一个建设高峰期，第二个建设高峰阶段为 2007～2012 年，2015～2018 年是第三个建设高峰期。土耳其基金会举办的私立大学一般由企业或家族向慈善基金会注资，再由基金会创办。基金会私立大学的设立有两个前提条件：一是该私立大学必须为非营利组织，公益性办学；二是不得设立涉及军事和国家安全事务（如警察等）的教育机构或组织。基金会在申请设立大学时，需要向土耳其高等教育委员会提供文件材料，包括大学建设规划（校园建设方案、教育设施规划等文件）、资金证明（资金、财产、股票等收入文件）以及拟设立学校的教育教学制度、财务管理制度等文件，其中资金证明中的出资额需要满足该大学年运营费用的 20%。毕尔肯大学（Bilkent University）是土耳其第一所非营利性私立大学，位于土耳其首都安卡拉市郊，创建于 1984 年。1993 年，土耳其科驰集团下属基金会创办了科驰大学；1996 年，萨班哲基金会创办了萨班哲大学。这几所基金会私立大学尽管建校时间不长，但发展速度较快，都是土耳其极具影响力的大学，在全球高校排名中都位居土耳其前列。他们在办校初期就致力于培养最具竞争力的毕业生，跻身世界一流大学的行列。这些学校大都采用全英文教学，重视师资质量，大部分教师都拥有欧美高校的博士学位，与欧洲委员会、政府机构、研发机构、企业界都有紧密的合作，在社会享有极高的办学声誉。

（二）发展现状

截至 2019 年 11 月，土耳其共有普通高校 207 所，其中基金会私立大学 78 所，占全国大学总数 37.68%；在读本科生 378734 人，占在读学生总数的 63.7%；副学士学生 132860 人，占在读学生总数 22.3%；在读研究生 83261 人，占在读学生总数的 14%。由此可见，土耳其基金会私立大学在以培养层次上呈现出两头小、中间大的"纺锤形局面"，以本科教育为主，本科在读学生数量占比接近 2/3。由于各大学的办学时间、办学条件不尽相同，各学校办学规模也呈现出较大差距。以 2019 年为例，在读学生数量最多的为伊斯坦布尔艾登大学，在读学生数达到 36000 人；规模最小的是洛克曼医科大学，仅有 381 人。根据 2019 年 6 月土耳其高等教育委员会公布的数据显示，有 65 所基金会大学含有本科和研究生教育两级办学层次，有 51 所大学含有副学士、本科和研究生教育等三级办学层次。从不同培养层次的在读学生规模来看，副学士在读学生最多的是伊斯坦布尔艾登大学，有 14955 人。在读本科生最多的是耶迪蒂普大学，有 19833 人。在读硕、博士研究生最多的是伊斯坦布尔奥肯大学，共计 7672 人。除办学规模上的差距外，在师资方面土耳其基金会私立大学的差距也颇为显著。基金会私立大学中最高生师比为 5：1，最低生师比为 578：1；不少学校还是存在师资短缺的情况。总体而言，土耳其基金会私立大学的发展不均衡。[①] 以毕尔肯大学、萨班哲大学为代表的一部分高水平的私立基金会大学已形成了自身独特的办学理念，教学设施配置一流，办学资金充裕，能够吸引海内外的专家学者来校任教，办学实力雄厚，已经赶超了老牌公立大学，成为土耳其高等教育的佼佼者。而另一部分刚刚起步的基金会私立大学由于缺乏办学经验，不能通过高等教育委员会的评估，办学质量低下，社会声誉较低，办学举步维艰，有些甚至面临着关闭或是缩小办学规模的状况。

（三）治理结构

土耳其基金会私立大学与其资助企业或家族的联系非常紧密，往往以出资者或家族企业拥有者的名字来命名。在管理体制上，尽管土耳其基金会私立大学采取董事会制度，董事会是大学最高决策机构，但是家族制管理的色彩依然很浓。在程序上，基金会推选的董事会成员名单需上报土耳其高等教育委员会进行审核，经同意后才能担任。然而，私立大学的董事会主席无一例外地由家族领袖或其接班人担任，并有相当数量的家族成员担任大学董事。对于这些富裕家族或企业而言，举办私立大学是他们回馈

---

① 杨滢. 土耳其高校考试招生制度研究［D］. 厦门：厦门大学，2021.

社会、承担社会责任和彰显社会价值的重要方式之一。尽管基金会私立大学也在不断吸引基金会以外的社会捐赠，但其办学经费仍主要依赖于创办家族（或企业）。

（四）政府角色

土耳其基金会私立大学和公立大学一样都需要接受高等教育委员会的监督与管理。基金会私立大学在课程设置、人员聘用、办学条件和行政管理等方面每年都要接受土耳其高等教育委员会的审查和评估，评估不合格的基金会私立大学将面临批评警告、限期整改、限制招生、停止招生、停办整顿等不同程度的处罚。为确保基金会私立大学能够更好地服务于社会，政府在办学条件上制定了严格的要求。例如，基金会私立大学必须提供至少两学年的正规教育，确保教学人员的比例和科研成果达到全国排名前50%的公立大学水平。此外，学校必须为学生提供至少15%的全额奖学金，这些奖学金通常以奖学金招生名额的形式发放。与公立大学相比，政府为基金会私立大学提供了相对宽松的办学环境和一系列扶持政策。私立大学可以获得政府赠予的土地或向政府租赁土地。此外，私立大学的师生享有不低于公立大学师生的社会身份和地位。更有甚者，私立大学能够说服政府在特定方面给予政策放宽。例如，萨班哲大学成功说服高等教育委员会修改管理规定，使其得以创新学位项目。私立大学还享有其他优惠政策，如捐赠税收减免和学费自主定价。这些政策既鼓励和吸引了更多社会资金投入办学，又使得有条件的私立大学能够采取小班额、国际化项目和全英语授课的方式，与同级同类公立大学形成错位发展。在良好的经济条件和政府优惠政策的支持下，基金会私立大学办学资金更加充足，教学与科研环境更为宽松，办学优势更加凸显，为土耳其大学跻身世界一流大学作出了突出的贡献。①

---

① 李虔. 国外一流私立大学发展的多元模式研究——基于对美国、韩国、土耳其和拉美经验的考察［J］. 外国教育，2018（8）：44-55.

二、萨班哲大学基本情况

（一）举办者：萨班哲基金会

萨班哲基金会是土耳其最大的家族基金会之一。该基金会成立于1974年，是萨班哲兄弟为了纪念他们的父母，遵循"与人民分享我们从这片土地上获得的东西……"的原则创建的。萨班哲家族在土耳其拥有众多的工业企业集团，为推动土耳其经济发展作出了巨大贡献。同时，萨班哲家族成员非常重视社会和文化机构的价值，是各种慈善活动中的杰出人物。截至2022年10月，基金会已在土耳其建立了120多个机构，其中包括萨班哲大学、38所中小学、19个宿舍、16个教师中心、4个医疗设施、5个体育设施、15个文化中心、4个图书馆和7个社会设施等。基金会每年还向400名大学新生和近1500名学生提供大学入学、欠发达省份学生、残疾学生等不同类型的奖学金。基金会本着创建"一个人人平等享有权利的社会"的愿景和"为土耳其的教育、文化和社会发展作出贡献，改变个人生活"的使命，通过赠款、联合伙伴计划、研讨会和其他计划活动等为土耳其81个省实施的226个项目捐赠拨款6100多万土耳其里拉，在全国范围内产生了较大影响。基金会设有董事会和执行委员会。董事会是萨班哲基金会的最高决策机构，由萨班哲控股公司董事会选出7名成员组成，任期3年；是基金会的执行机构。它根据董事会授予的任务开展工作。执行委员会由5名成员组成，即董事会主席、董事会副主席和从董事会成员中选出的3名成员，任期为3年。[①] 居勒·萨班哲（Güler Sabanci）是萨班哲基金会的董事会主席，同时也是萨班哲控股公司的主席和萨班哲博物馆的主席。

（二）萨班哲大学介绍

萨班哲大学（Sabanci University）是土耳其的一所非营利性私立大学，

[①] 资料来自萨班哲基金会官网。

位于伊斯坦布尔，由土耳其萨班哲集团所拥有的萨班哲基金会于1996年参照美国高等教育办学模式投资成立，1999年起开始招生。萨班哲大学采用全英文教学，教授基本都毕业于世界一流大学。萨班哲大学共有三个学院，分别是工程与自然科学学院（FENS）、艺术与社会科学学院（FASS）、商学院（SBS）。学校设有11个本科项目，52个研究生项目，17个博士项目。根据学校官网的数据显示，截至2022年10月，该校在校学生5057人，其中本科生4405人、研究生989人；已有毕业生16286人；专任教师437人，其中专职教师289人，兼职教师148人；行政管理人员412人；校园面积1317581平方米；建筑面积193392平方米。近年来，萨班哲大学发展迅速，2024年，QS世界大学排名526位，2022泰晤士亚洲大学排名第78位。受萨班哲基金会的资助，有60.86%的本科生可以获得奖学金。

萨班哲大学旨在培养具有高尚道德品质、强大自信心、良好沟通能力和批判性思维，并致力于解决全球问题的跨学科人才。学校采用开拓性和创新性的教学模式，并为教学活动提供了最好的教学设施设备。萨班哲大学一直致力于营造国际化和多元文化的校园文化环境。除了项目和课程选择的自由外，萨班哲大学还允许学生自由选择课外社会活动和学术发展项目，并为学生提供与学术界密切合作和国际教育的机会。在入学后，萨班哲大学的学生可以在不申报专业的情况下选择学院。萨班哲大学的本科教育始于基础发展计划——萨班哲教育系统的核心。基础发展计划旨在让所有学生处于平等的地位，无论学生的背景如何，学校都将帮助他们通过学习作出明智和成熟的职业决策。基础发展计划包括两个重要的教育阶段。其一是基础发展年（FDY）旨在提高萨班哲大学学生的沟通技能和英语水平。所有学生入学都必须参加英语评估考试（ELAE）。被认为需要额外帮助的学生参加基础发展年，通过ELAE的学生则可以入读新生大学课程。该年仅包括英语和土耳其语课程，学生的成绩不取决于考试结果，而取决于课程的整体表现。最终具有足够的语言能力和学术技能的学生，可以进入大学课程阶段的学习。其二是大学课程，这是针对本科生的核心课程，也是来自不同学科的课程集合。大学课程采用多学科方法设计，建立了自然科学与社会科学之间以及其他学科之间的联系。

三、案 例 启 示

（一）明确非营利性办学属性

土耳其基金会大学设立的前提条件就是该大学必须为非营利组织，基金会的举办者都热衷于慈善事业，愿意通过举办基金会大学来回馈社会。比如萨班哲基金会的现任董事会主席居勒·萨班哲就是著名慈善家，她的家族以公益办学为宗旨创办了萨班哲大学。民办教育分类管理改革背景下，我国基金会大学的举办者和办学团队要明确办学使命，把握"公益性"办学内涵。内外利益相关者的利益诉求和价值取向存在差异，为了实现综合平衡与协调，需要求同存异，深入认识和理解基金会大学的核心价值观、战略目标以及办学方针。通过凝聚共同的价值追求，增强对非营利性这一身份的认同，并尊重教育规律，明晰非营利性民办高校的组织特性。以制度为纲，以契约为约束，我们将推动基金会大学健康可持续发展。

（二）积极寻求企业的资助

在土耳其，私立高等教育的发展得到了经济实力雄厚的财团和企业的有力支持，尤其是那些享有良好办学声誉的基金会私立大学。这些大学得益于家族企业及其基金会的慷慨资助，为其发展提供了重要的资金支持。这些家族企业不仅通过基金会给学校投入了充足的办学资金，还为教师、学生设立奖教金、奖学金等。同时，政府鼓励大学和社会机构、企业科研合作，注重技术生产与产出相结合，通过科学技术成果转化实现创收。我国的基金会大学筹资能力薄弱，办学经费短缺问题依然十分突出。因此，建议基金会大学加大开放力度，拓展社会筹资渠道。一方面，要面向社会、面向市场实施全面的开放性办学，利用体制机制优势改进办学手段，加大政校企合作力度，吸引新的社会资本参与办学；另一方面，要依托自身优势学科专业，推进产学研用一体化。要在应用性科研和科技创新推动校办产业发展上下功夫；要在直接为企业服务的技术研发、产品开发、工艺革新上下功夫，形成新的办学收益增长点。

（三）完善质量认证和监管

土耳其政府非常重视基金会大学的质量保障，建立了非常完善的质量评估保障体系和高等教育认证框架，切实提升了土耳其高等教育质量和国际竞争力。建议我国结合基金会大学的办学现状，分层分类完善高等教育质量评估体系和质量保障机制，制定明确的教育质量标准和要求，鼓励和引导不同类型建设院校和学科合理定位，凝练特色，在各自领域争创一流；按照不同学科人才培养的不同规律和需求标准，完善多元评价体系和常态化监测系统。基金会大学可以寻求外部机构对其教育质量进行审核和认证，如专业认证机构、行业协会等，以提高教育质量的公信力和社会认可度。此外，在确保教育质量认证和监管机制健全的基础上，应该给予民办高校更多的自主权。通过与国外高校的合作，民办高校可以引进国外先进的课程体系、教材和教学方法，共享优质教育资源。同时，还应致力于打造一批具有国际影响力和竞争力的民办高等教育品牌，为提升我国教育的整体水平作出更大的贡献。

第三节　西湖大学个案研究

一、西湖大学的举办者：杭州市西湖教育基金会

（一）杭州市西湖教育基金会介绍

杭州市西湖教育基金会（以下简称"西湖教育基金会"）是西湖大学

举办者和主要捐资机构，其宗旨是以开展慈善活动为宗旨，资助建设民办教育事业；培养前沿科学研究和高技术领域的高层次人才；推进我国教育事业发展。基金会经浙江省民政厅批准于 2015 年成立，为非公募基金会。作为西湖大学与社会各界之间的桥梁，西湖教育基金会致力于推动西湖大学与社会资源的良性互动与合作。基金会积极广泛地吸收社会资源，为西湖大学的创建与发展提供了有力支持。通过获得的捐赠收入，基金会承担了西湖大学的日常运行费用，包括学科发展、学生发展、师资建设以及校园建设等方面的支出。西湖教育基金会的公益属性和教育使命使其自诞生之初就承载了两种内在基因。无论是作为教育的探索者还是公益的践行者，基金会始终致力于实现教育与公益的跨界融合，为高等教育的发展贡献力量。我国基金会中心网公布的资料显示，2021 年度西湖教育基金会总收入 22.93 亿元，其中捐赠收入 21.24 亿元，公益支出 1.77 亿元。

作为西湖大学的举办方，西湖教育基金会承担着为西湖大学筹集资金的重任。与国内现有高校基金会不同，西湖教育基金会先于大学成立；与现有民办大学不同，西湖大学的举办方非个人或企业，而是一个社会组织。国家先后出台的《关于修改〈中华人民共和国民办教育促进法〉的决定》和《关于鼓励社会力量兴办教育促进民办教育健康发展的若干意见》等文件，为基金会举办非营利性民办高校的办学模式提供了法律依据。西湖教育基金会率先开创了基金会兴办中国高水平研究型民办大学的先河，为民办教育跨越式高质量发展提供了强大的动力和示范意义。

（二）杭州市西湖教育基金会组织架构

西湖教育基金会的组织结构主要采用的是直线职能型，在理事会下设秘书处，秘书处下设各个职能部门。理事会下还设有科学顾问委员会和投资委员会，协同管理西湖教育基金会的投资相关事务。秘书处是一个关键的部门，作为各部门互相沟通的信息平台，需要协调科学顾问委员会和投资委员会，各职能部门也都在秘书处的领导下开展工作。同时设置监事会监督基金会的运作。

1. 理事会

西湖教育基金会由 16 名理事组成理事会，每届任期为 5 年。理事连任一般不超过两届，连选可以连任。理事长为基金会法定代表人，现任理事长、法定代表人为陈越光，秘书长为刘旻昊。理事会是西湖教育基金会的决策机构，按照章程行使以下职权：制定和修改章程；选举和罢免理事长、副理事长、秘书长；决定重大业务活动计划，包括资金的募集、管理和使用计划；审批年度收支预算及决算；制定内部管理制度；决定设立办事机构、分支机构、代表机构；决定由秘书长提名的副秘书长和各机构主要负责人的聘免；听取和审议秘书长的工作报告，检查秘书长的工作；决定基金会的分立、合并或终止；决定其他重大事项。理事会每年至少召开 2 次会议，由理事长负责召集和主持。理事长行使以下职权：召集和主持理事会会议；检查理事会决议的落实情况；代表基金会签署重要文件；以及章程和理事会赋予的其他职权。副理事长、秘书长在理事长领导下开展工作。秘书长行使以下职权：主持开展日常工作，组织实施理事会决议；组织实施基金会年度公益活动计划；拟定资金的筹集、管理和使用计划；制定基金会的内部管理规章制度，报理事会审批；协调各机构开展工作；提议聘任或解聘副秘书长及财务负责人，由理事会决定；提议聘任或解聘各机构主要负责人，由理事会决定；决定各机构专职工作人员聘用；以及章程和理事会赋予的其他职权。理事的权利和义务：选举权、被选举权和表决权；参加理事会会议，对基金会重大事项进行决策；勤勉尽责，积极参加和监督基金会的各项业务活动；遵守基金会章程，维护基金会的合法权益；对基金会的各项工作实施监督，提出意见和建议；对表决后的理事会决议承担责任；对任职期间知悉的基金会未公开信息负有保密义务；有关法律、法规及本章程所赋予的其他权力。

2. 监事会

杭州市西湖教育基金会设立监事会，规定理事、理事的近亲属以及基金会财会人员不得担任监事。在产生和罢免监事方面，主要捐赠人负责选派监事；业务主管单位根据工作需要选派监事；登记管理机关也会根据工作需要选派监事；监事的变更则需依照其产生程序。作为监事，其权利和义务如下：监事有权依照章程规定的程序检查基金会财务和会计资料，监督理事会是否遵守法律和章程。监事列席理事会会议，有权向理事会提出质询和建议，并应当向登记管理机关、业务主管单位以及税务、会计主管部门反映情况。作为监事，应当遵守有关法律法规和基金会章程，忠实履行职责。

3. 职能部门

随着基金会事务的发展，西湖教育基金会的职能部门也在不断调整中。2016~2017年杭州西湖大学教育基金会的各部门是以职能来划分，分成了公共事务部、项目部、发展部、国际发展部、投资部、信息技术部、财务部、人力资源部；2018年调整为投资管理部、运营与合规部、合作与发展部、公众参与部；2019~2020年又调整为综合管理部、合作与发展部、公共事务部。2022年以来，杭州西湖教育基金会秘书处下面按照职能划分成投资顾问委员会、科学顾问委员会、专家顾问委员会、综合办公室、合作与发展部、协调联络办公室、社会关系与公众筹款部、资金运作部、战略研究部等部门（见图5.1）。从职能部门的设置来看，基金会非常注重资金的全过程管理，从战略研究、合作发展到协调联络、社会关系维护，再到筹款和资金运作，完备的组织结构为基金会捐赠理念的实施提供了组织制度保障。

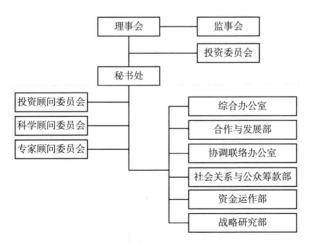

图5.1　2022年以来杭州西湖教育基金会组织结构

（三）西湖教育基金会具体运作

西湖教育基金会的资金筹措是在理事会的领导和指引下开展。通过全体成员具有针对性的不懈努力，筹款工作取得了显著的成效。西湖教育基金会的善款主要有：发起人捐赠或资助的发起人的资产；自然人、法人或其他团体的志愿捐献；投资所得；其他合法所得。表 5.1 是 2016～2020 年西湖教育基金会基本财务状况，从表中我们可以看到西湖大学基金会的净资产每年增长都很快，2020 年已经达到 2016 年的 550 倍。在短短五年多的时间里，基金会从无到有，其筹款额及到账金额已经上升到国内教育基金会的前列，取得了丰硕的成果。

表 5.1　　　　　**2016～2020 年杭州西湖教育基金财务收支状况**　　单位：万元

年度	净资产	捐赠收入	公益支出	年度总收入
2016	604	1728	1300	1733
2017	70735	76019	5827	76189
2018	131035	69406	11941	69487
2019	186256	65428	16599	72383
2020	332693	148904	11475	159009

资料来源：基金会中心网。

目前西湖教育基金会创始捐赠人共有 53 位个人或组织，创始捐赠人通过各个渠道，为西湖大学的筹建与发展捐赠，成为西湖大家庭的一分子。他们来自各行各业，包括企业家、投资人、公务员、教师、医生和学生等，遍布全球各地，如中国、缅甸、美国、英国和法属圭亚那等地。由于西湖大学目前尚无毕业校友，也没有很大的社会知名度。因此，西湖教育基金会的筹资活动主要围绕基金会的品牌推广开展。

西湖教育基金会的资产主要用于：为西湖大学的发展提供资金，为从事尖端科研及高科技的高科技人员提供资金；员工薪酬、福利及行政办公费用；购买基础设施的固定资产；按有关法律、法规和规章要求进行的其他经营活动。资助项目分为 5 个模块，包括人才支持、学科发展、校园建设、院系发展以及专项资金，这些模块和项目包含了西湖大学发展的方方面面。近些年，西湖教育基金会积极拓展筹资渠道，持续提升捐赠人服务，开展了各种类型的年度捐赠项目。2021 年度捐赠项目包括：（1）西湖大学捐赠冠名教授席位基金，旨在帮助西湖大学吸引一批国际顶尖学术人才，激励他们在各自领域进一步取得杰出成就。根据教授职业阶段不同，设立冠名讲席教授、冠名教授、冠名副教授、冠名助理教授席位。捐赠以留本基金的形式，用每年的投资收益支付冠名教授的工资、津贴、科研费用和其他日常性费用。（2）西湖大学荣誉创校校友授予在学校筹建期对学校给予过重大贡献的热心人士。他们是名垂校史的首批荣誉校友，以"校友"为名，践行"伙伴、家人"的使命。（3）西湖大学图书馆捐赠基金，用于支持西湖大学电子期刊数据库的筹建。该基金全部为留本基金，即以捐赠资金本金开展投资，并以捐赠资金的投资收益及利息等收益专项支持西湖大学图书馆的发展，为西湖大学提供长远支持和保障。（4）西湖大学座席冠名捐赠计划。为了让更多西湖家人参与到西湖大学发展建设中来，西湖教育基金会启动了座席冠名捐赠计划，首期开放学术会堂、学术环长廊、学院讲堂等场所的座椅用于冠名捐赠。一个人、夫妻俩、一家三口、全班同学、一个公司……都可以在某张座椅上留下属于自己的独特印记，捐赠资金将用于西湖大学的发展。项目可冠名座席共计 1760 余席。（5）西湖大学苗木冠名捐赠计划，旨在邀请社会爱心人士参与西湖大学校园建设，在美丽的西湖大学校园留下宝贵的印记，共建充满人文情怀的研究型大学。捐赠人可对校园的部分绿化苗木进行冠名，每期 5 年，可持续性捐赠。（6）公募合作项目，包括"西湖大学青年人才奖励计划"、让 AI 陪你说说话、科学之树播种未来、西湖罕见病研究专项计划等。[①]

西湖教育基金会在 2018 年更新基金会的标识与视觉系统，使得基金会的内外品牌形象更加统一。西湖教育基金会的微信公众号与订阅号是基金会发布官方资讯、项目进展反馈、捐赠人维护、公众互动沟通的

---

① 资料来自《西湖教育基金会 2021 年报》。

主要线上渠道。服务号的主要功能是为捐赠人群体服务，是基金会的官方新闻、项目进展发布渠道；订阅号则围绕时政热点、行业新闻等策划专栏，丰富基金会的传播内容，发挥基金会在社会层面上的引领与倡导作用。基金会通过微信、微博发布线上活动，号召公众讨论与参与话题，提升其对于公益事业与西湖大学发展的关注，实现有效互动。基金会每月初都会以邮件方式为捐赠人发送月报，主动汇报基金会与西湖大学取得的阶段性成果，邀请捐赠人进一步了解基金会与西湖大学的最新发展动态。西湖教育基金会在北京、杭州均设有办公室，面向社会募集资金，涉及科技、教育、公益三大主题的特点，基金会对媒体建立了分级资源库，在不同层面进行媒体拓展，达到辐射各地域与各层次受众、增强基金会品牌传播度的效果。

二、西湖大学

（一）西湖大学介绍

西湖大学是由西湖教育基金会举办、国家重点扶持的新型研究型民办高校，在新的科教兴国的时代里，为实现梦想而诞生。2015 年 3 月，施一公、陈十一、潘建伟、饶毅、钱颖一、张辉和王坚七位杰出人士，共同向国家提交了《关于试点创建新型民办研究型大学的建议》。这一提案不仅得到了国家的高度认可，更获得了大力支持，为西湖大学的诞生奠定了坚实的基础。西湖大学的起源，可以追溯到浙江西湖高等研究院。经过数年的精心筹备与努力，西湖大学终于在 2018 年 2 月得到了教育部的正式批准，并正式挂牌成立。自成立以来，西湖大学始终坚守着一流的师资、学科、人才和成果的办学宗旨，致力于为国家的科教兴国战略、创新驱动发展战略贡献自己的力量。

西湖大学围绕"高起点、小而精、研究型"的办学定位，不追求大而全，适当发展学科，培养高端拔尖人才。西湖大学实施董事会领导下的校长负责制。董事会是学校的最高决策机关，同时下设监事会、顾问委员会、校务委员会、学术委员会。学校由生命科学、科学、工程三大学院组成，2018 年 1 月西湖高等教育研究院开始与复旦大学、浙江大学联合培养博士研究生，目前已招收六届 1200 余名博士生；截至 2020 年 6 月，西湖大学共有 125 名科学家，其中 13 名教授是本学科的领军人物，主要分布在生物、物理、化学、工程、信息、基础医学等学科，各自研究领域均处于世界领先水平。在教育部的批准下，西湖大学于 2022 年正式启动了本科招生计划。作为国内为数不多的试点高校之一，西湖大学不仅可以面向高二学生招生，而且首次在浙江省进行创新班的试点招生。经过严格的初审、初试、高考和复试等多个环节的考核，首届创新班成功录取了 60 名优秀学生。西湖大学致力于为学生提供一流的科研训练，并为每位学生配备多名导师，确保他们得到全方位的指导与支持。借鉴中国传统书院和世界名校的书院模式，西湖大学设立了四大书院，打破了学院和专业的界限。这种模式使学生能够跨越语言、文化、家庭和专业背景的界限，通过沉浸式的学习生活方式实现跨界交流与融合。

作为新型高水平民办大学，西湖大学在成立伊始，就带着诸多崭新的基因，引发关注。具体来说，一是办学理念新型。西湖大学以创建世界一流大学为目标，聚焦前沿科学技术研究，推进基础研究和学科交叉融合，坚持特色化办学、差异化发展，坚持公益性、非营利性办学。二是举办主体新型。目前我国大部分民办高校是由企业、行业协会或自然人创办，而西湖大学是由西湖教育基金会作为举办方，基金会办大学。三是治理模式新型。西湖大学按照现代大学制度的要求，对内构建了完善的治理体系和新型的日常运行管理机制；对外则建立了新型的大学—政府关系和大学—市场关系。在民办教育分类管理和高等教育"双一流"建设背景下，建设以西湖大学为典型代表的新型高水平民办大学，有利于树立标杆，激发高等教育改革、创新活力；有利于发挥鲇鱼效应，形成公办与民办高校之间的良性竞争，有利于弥补国家财政教育经费的不足，是我国经济社会转型和高等教育高质量发展的客观需要。

（二）西湖大学的组织架构

西湖大学实行董事会领导下的校长负责制。学校秉持"教授治学、行政理校、学术导向决定行政服务"的治校理念，构建创新高效的现代大学治理体系。董事会为学校最高决策机构，对学校重大事项进行研究、讨论和审批；董事会下设九个专门委员会，包括治理委员会、教育与学术事务委员会、财务委员会、审计委员会、薪酬委员会、发展委员会、产业关系委员会、规划与基础设施委员会和公共关系委员会（见图5.2），2018年4月首届董事会成立，任期四年；学校校长由董事会任命，副校长由校长提名，董事会批准。

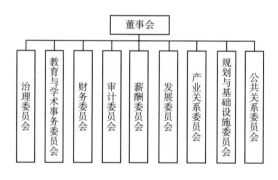

图5.2　西湖大学董事会机构

监事会负责检查学校财务、人事、教学等办学管理工作，监督、纠正违反法律法规、损害学校利益的行为；按照民办教育促进法和西湖大学章程的规定，依规设立中共西湖大学委员会，充分发挥政治核心作用和思想引领作用，把握社会主义办学方向。党委书记通过参加董事会、校务委员会，参与学校重大事项决策管理。同时设立顾问委员会、校务委员会和学术委员会等。顾问委员会是西湖大学战略发展和重大决策的咨询机构，是整个学校发展方向和发展趋势的把脉者、指导者，由在学术和教育管理方面享有盛誉的著名学者组成；学术委员会作为学校的权威学术组织，肩负着学术事务的决策、审议、评定和咨询等重要使命。为了维护学术活动的正常秩序，学术委员会严格遵循学术规律，并尊重学术自由与平等。为了激发学术创新和促进学术发展，学术委员会积极鼓励并支持人才培养，为教师、科研人员和学生提供必要的支持和激励。同时，学术委员会致力于保障学术质量，通过提供指导和支持、建立评估机制、促进学术交流和合作等方式，提升教师、科研人员和学生在学术活动中的参与度和贡献，确保他们在教学、科研和学术事务中发挥核心作用。西湖大学的组织结构如图 5.3 所示。

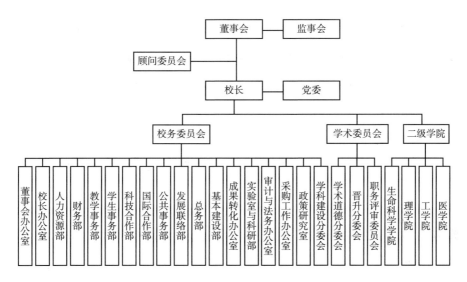

图 5.3　西湖大学组织结构

（三）西湖大学的内涵式发展

西湖大学的设立，是我国高等教育创新办学体制机制的重要里程碑，它推动了民办高等教育内涵式发展的进程，为我国高等教育事业的繁荣注入了新的活力。

1. 办学定位

西湖大学在办学之初就立足师生需求和自身特点，设定了"高起点、小而精、研究型"的办学定位。在西湖大学的办学理念中，"高起点"意指学校以博士生培养为起点，并与其他知名高校如复旦大学、浙江大学等实施联合培养博士研究生项目。通过与国内顶尖高校的联合培养博士项目，西湖大学能够充分利用优质教育资源，提高博士生的培养质量和学术水平，从而在国内外高等教育领域中树立自身的品牌形象；另一方面，"高起点"也意味着西湖大学在办学之初就具备较高的办学标准和要求。学校注重师资队伍建设、学科建设和科研创新等方面的工作，以确保在教学和科研方面达到或超越国内一流高校的水平。"小而精"则体现在学校的学科设置和师资队伍上。西湖大学坚持发展有限学科。学校在设置学科时，不追求大而全，而是选择具有优势和特色的学科进行重点发展。通过集中资源和力量，西湖大学致力于在这些有限学科领域内取得突破性的研究成果和创新性的人才培养。西湖大学面向全球选聘具有较高学术造诣或学术潜力的领军人才和青年科学家。学校注重师资队伍的建设，尤其是高水平师资的引进和培养。此外，"小而精"的办学理念还体现在西湖大学的教育教学和科研创新上。学校注重培养学生的创新能力和实践能力，通过开展小班化、个性化、国际化的教育教学模式，为学生提供更加优质的教育资源和多样化的学习机会。"研究型"则强调西湖大学注重基础学术研究，致力于在各个学科领域内开展深入、前沿的研究工作。学校鼓励师生进行跨学科、跨领域的合作研究，以促进学术交流和知识创新。同时，西湖大学致力于在技术原始创新和科技成果转化方面作出重大贡献。学校鼓励师生积极开展创新性的科学研究，并努力将研究成果转化为实际应用。这一办学定位使学校具有前瞻性眼光与格局，为未来的学术发展和人才培养奠定了坚实基础。

2. 学科建设

西湖大学，作为我国首家以基础性、前沿性研究为己任，致力于科研体制改革与培养创新人才的新型高水平民办大学，自创立以来，始终秉持着开拓进取、引领未来的办学宗旨。学校汇聚了一批享有盛誉的学者，如中科院院士、结构生物学家施一公，被誉为"量子之父"的著名物理学家潘建伟，以及中科院院士陈十一等，他们的卓越成就不仅为西湖大学带来了丰富的学术资源，更为其赋予了国际化的视野。西湖大学秉持着与社会经济、科技发展紧密接轨的理念，对学科发展方向进行了精准定位，强调重点建设领域的突出，并敢于打破传统的学科框架，创新组织模式。在学科设置方面，学校进行了科学的规划与合理的布局，初期优先发展理学、医学和工学这三大门类。此举不仅促进了各学科间的深度交叉与融合，而且致力于构建基础实验室和创新平台，以便更好地支持跨学科、高集成的领域研究。这种与时俱进的学科建设策略，不仅满足了专业成长的需求，还为学科群的长远发展奠定了坚实基础。西湖大学还积极搭建开放、协同的学术环境与科研技术转化平台。通过汇聚顶尖科技专家，学校不仅在科研领域取得了显著成果，还为产业界、投资者和企业搭建了一座坚实的桥梁。借助商业开发的力量，西湖大学的科研成果得以迅速转化为市场价值，进一步推动了学术与经济的深度融合。

3. 人才培养

西湖大学秉承个性化、多学科交叉的培养理念，积极与国内外知名大学、研究机构建立紧密的合作关系。这种独特的双向学生培养模式，不仅吸引了众多国外学子前来求学，还通过选拔机制将本校学生送往国内外进行短期交流与培训，进一步拓宽了他们的学术视野和综合素质。在教育模式上，西湖大学勇于突破传统，摒弃了以灌输知识为主的教育理念。学校注重发展创新教育，将培养学生的创新能力作为核心目标。通过采用启发式、探究式、案例式等多种教学方法，西湖大学激发学生的学习热情和创造力，鼓励他们在学术研究中发挥主观能动性，积极探索未知领域。此外，西湖大学还注重实践教学和产学研学校与企业、研究机构等开展深度合作，为学生提供实习、实践和项目合作的机会，培养他们的实践能力和创新精神。这种实践教学与理论教学相结合的方式，有助于学生在实践中发现问题、解决问题，提高自身的综合素质和应用能力。西湖大学在教育培养模式上勇于创新，注重学生的个性化发展和创新能力培养。通过与国内外知名大学、研究机构的合作以及实践教学与产学研一体化发展，西湖大学为我国高等教育改革和创新人才培养方式积累了实践经验。

4. 资金筹集

作为一所非营利性民办大学，西湖大学的办学经费来源多样化，主要包括举办者出资、办学收入、竞争性科研项目经费、人才政策经费以及政府扶持经费。其中，西湖教育基金会通过募集社会和民间捐赠资金，为西湖大学的日常运行提供了稳定的经济支持。这种多元化的经费结构不仅保障了学校的正常运行，还有助于提升学校的整体实力和学术水平。西湖大学通过组织"求是西湖学会、湖心讲堂、思享汇"等品牌活动，与捐赠人及公众保持良性互动，拉近西湖大学与社会的距离，提升学校的社会影响力和美誉度。校长施一公更是学校筹资的主导力量之一，他同时担任西湖教育基金会筹款委员会主席。首先他自己带头慷慨解囊，为学校捐款300多万元；其次他还用自身的影响力积极投入各类筹资活动中去，作为大学的校长，他积极为自己学校代言。如2019年"99公益日"期间，第一次"触网"乐捐平台的施一公校长捐款1000元，并发起"一起捐"。腾讯乐捐平台活动三天内，跟随施一公校长一起捐的参与人数超过200人。①

三、案例启示

（一）现代大学制度推进基金会大学的治理体系建设

分析西湖大学的组织机构和发展历程我们发现，正是因为接轨国际的现代大学制度推进了西湖大学的治理体系和治理能力现代化，促进了西湖教育基金会和西湖大学的共同发展。首先，基金会作为学校举办者，是一个完全独立的机构，有自己完善的组织架构和议事决策机制，承担了大学绝大部分的运营费用，但不直接插手学校的管理，在权责关系划分上，实现了举办权与管理权的分割，为现代化的学校制度建设提供了重要基础；

---

① 致谢9371笔捐赠！你们是2019照亮我们的"光子"［EB/OL］．（2019－12－31）［2024－02－20］．https：//www.westlake.edu.cn/news_events/westlakenews/UniversityNews/202006/t20200615_5237.shtml.

基金会的"慈善性"与西湖大学的"非营利性"定位与性质要求又十分契合，保证了办学的公益性和非营利性。其次，西湖大学遵循大学的治理特点，注重公信力。西湖大学的董事会为学校最高决策机构，董事会构成多元性较强，国内外知名人士、捐赠人代表、政府部门代表、师生代表等组成，学生代表在董事会也拥有平等决策权。同时，设立顾问委员会，由学术和教育管理方面享有盛誉的 18 位国内外著名学者组成，进一步提升学校决策的科学性、专业性。西湖大学赋予教授们充分的治学自主权，并实行扁平化的"独立实验室"制度。这种制度下，学院下设的各个独立实验室拥有高度的自主权，可以根据自身的科研需求和发展规划自行开展科研团队的招聘和组建工作，并进行跨学科、跨领域的合作研究。这样的组织结构有助于促进学术自由和创新能力，鼓励教授们在各自的领域内开展前瞻性和探索性的研究，从而推动学校的整体科研水平不断提高。同时，这种治理结构也有助于提高学校的行政效率和资源利用效率，确保学校的管理和决策更加科学、合理和高效。再其次，党委书记由政府选派，作为学校的政治核心，通过进入董事会、校务委员会履行把握方向、提供保障、规范办学的职责；同时设置监事会，负责检查学校办学管理工作，如教学、财务、人事等。最后，校长不要求职业化但强调专业化，实行全球遴选，并全面负责校务工作。《西湖大学章程》明确校长条件要求，应具有丰富的高等教育管理经验，较高的政治素质、管理能力，且在学术界拥有重要影响。西湖大学建立的现代大学制度，清晰界定了举办者（基金会）、办学者（学校董事会和校长管理团队）、学校行政、教育者、受教育者的权责关系，明确了行政权、教育权和学术权的相互分离。正如校董事会主席钱颖一提出的：以制度为基础按规则办事；给校长最大的治校空间；给教师最大的治学自由。自成立以来，完善的治理体系助力西湖大学取得瞩目的办学成绩。

（二）多元筹资模式保证基金会大学的可持续发展

西湖大学是依托杭州西湖教育基金会发展起来的，西湖大学的发展完全依托社会捐资助学，社会捐赠收入已仅次于清华大学和北京大学。西湖大学发展的路径，是学习国外非营利民办大学发展的轨迹。众所周知，美国许多民办高校如哈佛大学、耶鲁大学、普林斯顿大学等世界知名高校的产生和发展都离不开社会捐资助学的大力支持。

其一，基金会的专业化运作提升了增值能力。西湖大学采用基金会办学的模式，基金会的资产管理独立于学校的财务，由专人进行组合投资管理；不同于我国大部分高校，基金会的资产由学校财务统一代管，这一做法大大激发了基金会的增值能力。基金会实行独立于学校的市场化、专业化运作机制，形成了一系列卓有成效的筹资方略，针对不同慈善群体，基金会每年都举行各种定期或项目性的筹款活动吸引捐赠，不断提升筹资理念和层次，使得基金会近几年的捐赠金额一直保持增长趋势。基金会设有专门的运作和管理团队，有一支业务技能精湛、专业水准高、掌握市场规律的专业化筹资队伍，大大提升了捐赠基金筹集和使用的专业性。

其二，西湖大学的高水平办学吸引捐赠。西湖大学作为新型高水平大学，力求在基础研究和前沿技术的原始创新方面有所突破，并根据社会发展需求，适度进行学科方向调整；西湖大学致力于教育教学，持续提升办学质量和人才培养水平，集聚一流师资、打造一流学科、培育一流人才、产出一流成果，不断提升品牌形象、扩大影响力，以品牌效应加大教育捐赠意愿、吸引更多教育捐赠；同时，开办成果转化类校办企业或教育相关经营活动，提升经营收入。如西湖大学成立了西湖大学发展有限公司，主要经营成果转化落地业务。

其三，发挥名人效应增加捐赠收入。在美国，无论是公立大学还是私立大学，筹集资金一直是校长的主要任务之一。能否担任董事，关键也是要看其能否为学校创造财源。例如，纽约大学选择校董时遵循的原则是：捐献资金、积极筹款或者主动退出（Give money, get money or get off）。施一公、陈十一等发起人成功创办西湖大学，确实是一个充满梦想与行动的典范。他们不仅怀揣着对教育改革的崇高梦想，更通过切实的行动将这一梦想变为现实。作为各自领域的佼佼者，他们的影响力不仅体现在学术成就上，更在于他们能够通过名人效应，引发社会的广泛关注和支持，从而推动西湖大学的发展。施一公教授作为西湖大学的校长，其角色远超过了一个传统的行政领导。他不仅是学校的象征和代表，更是连接社会各界与学校的桥梁。通过出席各类活动，施一公教授不仅展示了西湖大学的魅力和实力，更借此机会与企业家和捐资者建立了紧密的联系。他的个人魅力和远见卓识，使得许多企业家和捐资者愿意为西湖大学的发展贡献力量，为学校注入了源源不断的资源和活力。施一公一直有一个梦想，希望中国能出现美国哈佛、耶鲁，英国剑桥、牛津那样世界最顶尖的大学。让世界上最顶尖的青年学生都能来中国上学、读博，从而抢占科学制高点。他说，"如果把西湖大学创办过程比作一束光的话，我们每位捐赠人就是组成这束光的每一个光子"。① 尽管西湖大学目前还没有毕业的校友，但是西湖大学激发了很多普通人的捐资梦想，他们看到西湖大学的发展潜力，相信这所学校能够为中国的高等教育带来变革。因此，他们积极投身到西湖大学的发展之中，为学校的未来贡献力量，为西湖大学的长远发展奠定了坚实的基础。

（三）政府的大力支持推动了基金会大学的快速发展

从西湖大学的案例中看出，我国政府对捐资助学、基金会办学持积极的态度。自 2010 年起，国家相继颁布了多项政策法规，旨在鼓励社会力量通过捐赠、投资及合作等多种方式参与各级各类学校的举办。在此时代背景下，西湖大学应运而生。浙江省委、省政府作为地方政府，为西湖大学的筹建提供了积极的支持。为了解决筹办过程中遇到的各类困难，政府多次召开专题会议，并采取了一系列措施。例如，推动落实学校法人财产

---

①　致谢 9371 笔捐赠！你们是 2019 照亮我们的"光子"［EB/OL］.（2019 - 12 - 31）［2024 - 02 - 20］. https：//www. westlake. edu. cn/news_events/westlakenews/UniversityNews/202006/t20200615_ 5237. shtml.

权和资金支持，确保西湖大学的正常运行。此外，杭州市和西湖区也积极协调各类政策资源，协助解决西湖大学在人才引进、办学用地用房、经费等方面的困难，为其顺利落地提供了有力保障。西湖大学的筹建从提出建议到博士入学仅用时不到三年，创造了中国民办高校建设的"杭州速度"。这一成就的背后，离不开各级政府财政资金的大力支持。杭州市政府和西湖区政府等为西湖高等研究院和西湖大学提供了大量的财政资金，其中杭州市政府给予施一公、陈十一、潘建伟和饶毅四位教授领衔的团队各 1 亿元项目扶持资金，用于引进一流人才和开展尖端科学研究。西湖区政府更是投入 8 亿元建设西湖大学云栖校区，并投资 60 亿元建设西湖大学云谷校区。西湖大学的获批与创建，突破了民办高校转型的政策和制度壁垒，为我国一流民办研究型大学的创建和发展开拓了政策和制度空间。这一成就的取得，不仅体现了政府对高等教育发展的重视和支持，也为我国民办高校的发展提供了新的思路和方向。2023 年 4 月，浙江省教育厅发布了《浙江省支持新型高校建设实施细则》，提出以一事一议、一校一案等方式，在资金保障、用地需求、资源投入、教育教学改革等方面支持包括西湖大学在内的新型高校建设。从浙江来看，支持新型高校建设是深入实施高等教育强省战略的重要举措，将进一步推动高等教育高质量发展，为打造"重要窗口"、助力"两个先行"提供基础性和战略性支撑。这一政策的出台，进一步表明了政府对高等教育创新发展的坚定决心和有力支持，也为包括西湖大学在内的民办高校提供了更为广阔的发展空间和机遇。

综上所述，西湖大学的基金会办学模式是非营利性民办高校办学模式的重大创新，也使得建设世界一流民办高校成为可能。正如校长施一公在第四届中国慈善文化论坛上所说，"正是社会捐赠办学的模式，让西湖大学能够更加灵活地探索如何建立现代大学治理制度和更好的人才培养机制，保障我们的教授和学生能够更快、更好地实现创新和突破。从这个意义上说，西湖大学是属于全中国每个公民的"。①

第四节　贵州盛华职业学院个案研究

一、贵州盛华职业学院举办者：威盛信望爱公益基金会

威盛信望爱公益基金会成立于 2009 年 2 月，由威盛电子（中国）有限公司发起，在中国民政部登记，原始基金数额为 3000 万元，来源于王雪红个人捐资，属于非公募基金会。"信望爱"寓意"信念、希望、爱心"，希望通过基金会的运作，帮助更多的人获得生活的信念和希望，向社会传递更多的关怀和爱心。基金会宗旨是"促进两岸民间教育、科技、文化交流，促进儿童青少年计算机及信息技术普及，关怀弱势群体，改善贫困及偏远地区之环境和灾区重建，为其提供教育、医疗、科技等服务，参与社会公益活动，促进社会安定和谐，发扬信望爱之精神。基金会不参与任何政治活动。"威盛信望爱公益基金会业务范围包括：捐赠、救助社会弱势群体，帮助贫困居民、偏远地区改善生活环境，提供教育、医疗、科技等服务；关怀儿童（孤儿）、青少年、残疾人及老年人等福利工作；资助戒毒活动；在贫困地区、偏远地区和受灾地区设立学校及其他教育项目，帮助其恢复及改善教育基础；社区关怀、福利工作，为扶贫、赈灾等目的提供教育、医疗、科技服务及筹建学校、安置用房等慈善、公益活动、促进两岸民间教育、科技、文化交流；促进儿童青少年计算机及信息技术普及等。表 5.2 显示了 2017～2021 年度威盛信望爱公益基金会财务信息状况。

---

① 王亦君．施一公：西湖大学捐赠者超万人 捐助教育是最好的慈善方式之一 ［EB/OL］．(2019 - 12 - 17) ［2024 - 02 - 20］. https：//baijiahao. baidu. com/s？ id = 1653141555041337366&wfr = spider&for = pc.

表 5.2 　　　　　　　　2017～2021 年度威盛信望爱公益基金会
近五年财务信息状况表 　　　　　　单位：万元

年度	净资产	捐赠收入	公益支出	年度总收入
2017	3097	1103	970	1143
2018	3021	700	718	727
2019	3018	320	360	412
2020	3031	236	249	285
2021	3012	218	255	262

资料来源：基金会中心网。

　　威盛信望爱公益基金会的实际捐助人威盛电子（中国）有限公司，通过财团法人基督教中华信望爱公益基金会，将所有的资产都捐给受托人威盛信望爱公益基金会，而盛华学院则会按照捐款人的协议，从受益人身上得到真正的利益。在此过程中，威盛公司通过将其资产间接地转移到信托人并赋予其委托权，从而对其进行监督。而受委托人威盛信望爱公益基金会，则要根据捐赠者签订的协议，承担与慈善机构相关的公益事业的代理责任，保证捐助者的知情权，并承担向捐赠人报告的义务。

二、贵州盛华职业学院

（一）贵州盛华职业学院介绍

　　贵州盛华职业学院是一所由威盛信望爱公益基金会捐资 2.5 亿元，台湾爱国企业家王雪红和陈文琦夫妇创办，致力于培养人才的非营利性公益慈善大学。学校位于贵州省惠水县，坐落于省级风景名胜区百鸟河风景区内，是经过贵州省人民政府和教育部批准备案的全日制普通高等职业院校。学校创建于 2011 年，目前有在校学生 5000 余人，80.8% 的学生来自贵州农村，少数民族学生占全校学生人数近一半；学校始终坚持"公益兴学，教育扶贫"的办学宗旨，以"诚信、爱心、高尚"为校训，是贵州省政府重点支持的职业学院。在当前国家大力扶持非营利性民办高校发展的明确政策价值取向下，贵州盛华职业学院作为国内首家以基金会作为举办者的非营利性民办高校，加入了全国非营利性民办高等学校联盟，学校章程规定永远不要求合理回报、不要求分红。在"深化办学模式改革、创新教育扶贫模式"的探索实践道路上，开创了中国民办高等教育的全新范式，成为一所具有鲜明特色、高标准建设的职业学院。①

贵州盛华职业学院"以市场需求为导向"设置专业，校企深度合作，企业参与课程设置与教学，来自企业一线的资深员工参与教学和实训课程，强调在教学中的实践性，强调培养实际能力，实施订单式培养，项目驱动化教学；目前开设有酒店管理、计算机应用、数字媒体、互联网营销、工商管理、茶产业、民族文化传承等20余个市场紧缺型专业，合作企业负责学生实习，保证对合格学生100%推荐就业。合作企业均为大型品牌企业或具有行业前景的成长型企业，如与百度公司、万豪国际酒店管理集团、用友公司、HTC公司、北京唐人坊公司等企业建立合作关系。同时学校还设立光明天使学院，作为贵州省唯一一所面向视觉障碍群体进行办学的高职院校，学校无偿为盲人和视障人士开设康复治疗技术专业，体现了对社会弱势群体的人文关怀和责任担当。学校坚持慈善办学，慈善不是简单的金钱给予，"授人以鱼不如授人以渔"，学校希望通过每一名贫困学生的就业带动一个家庭脱贫。学生在校学习期间，有组织地直接参与工作，掌握生存技能，并获得相应的学资和生活费用。家庭经济困难的优秀学生"可以不向父母要学费"完成大学学业并且拥有一份工作；入校一年级新生85%可获得入学奖学金；在奖助学金帮助下，高年级学生可将实习部分收入缴纳学费。知识结合实践，充分就业，真正脱贫。

贵州盛华职业学院作为一所地处西部经济不发达地区的高职院校，在创建之初就面临着信任危机、资源匮乏、观念落后等问题。惠水县当年的财政收入仅为2亿元，属于一个典型的贫穷地区，教育资源也严重不足。当有学者到这里表示要花几百万元建一所不求回报的大学时，遭到当地政

---

①　资料来自贵州盛华职业学院网站。

府相关部门、老百姓的质疑和信任危机。县城内没有什么好的企业和工厂，人才的短缺一度给办学者带来了很大的压力；生源方面，2011级学生137名，生死攸关。贫困地区之所以落后，最根本的原因还是人的意识、观念、思维等方面的落后。但贵州盛华职业技术学院的创始人和办学团队，在这种情况下，选择创办了一所意在帮助那些穷孩子改变命运的非常规、非平庸的扶贫大学，把大学建到最需要的地方去，帮助有需要的人完成学业、实现梦想。在贵州这个贫穷的农村地区，如何招聘和留住盛华学院的老师，是盛华学院发展的一大难题。学校根据创校时的构想，成功实现了招募全球志愿者担任教师、组建有特色的多元化师资管理队伍、营造准英文教学环境的目标。为了更好地贯彻和体现学校的教育扶贫思想，盛华学院根据贵州地区的经济发展需求，对专业设置进行了专门的规划，并将其与企业进行了深入整合。

（二）贵州盛华职业学院公益产权关系

贵州盛华职业学院举办者是威盛信望爱公益基金会，举办者与学校之间的关系体现了公益财产上的产权关系。贵州盛华职业学院的实际捐赠人是盛威电子股份有限公司，盛威电子股份有限公司委托财团法人基督教中华信望爱基金会将财产捐赠给受托人威盛信望爱公益基金会，再由威盛信望爱公益基金会依据捐赠人合约让实际受益人贵州盛华职业学院受益。这种关系就是捐赠人、受托人和受益人之间形成的信托关系（见图5.4）。

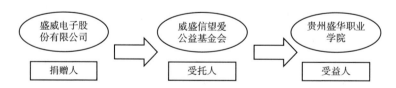

图5.4　贵州盛华职业学院公益产权关系

在上述过程中，威盛电子股份有限公司作为捐赠人，将其财产捐赠给威盛信望爱公益基金会，并赋予该基金会委托权。这种委托权具体体现为对基金会的运作和管理的监督权。作为受托人，威盛信望爱公益基金会需严格遵循捐赠人订立的捐赠合约，履行对所接收公益财产的代理职责。同时，基金会还需保障捐赠人的知情权，并及时向捐赠人报告相关情况。值得注意的是，威盛信望爱公益基金会和盛华职业学院这两个法人组织在此关系中保持独立，并各自完成其法人治理工作。

根据捐赠来源的差异，基金会会出现不同的产权结构及其相应的类型，进而形成独特的治理模式。具体来说，独立产权、共同产权和公众产权这三种产权结构，是由三类不同的捐赠来源所形成的。它们分别对应着独立基金会、共同基金和公众基金会这三种典型的基金会类型。①

威盛信望爱公益基金会的主要捐赠来源是特定的财团法人基督教中华信望爱基金会。因此，在产权结构方面，它更接近于独立产权类型。然而，在治理模式方面，威盛信望爱公益基金会采用了共同产权的治理结构——理事会监督。这意味着该基金会的运作和管理受到了理事会的严格监督，确保其行为符合捐赠人的意愿和公共利益。② 这种治理结构的采用，使得威盛信望爱公益基金会在保持独立产权的基础上，更加注重与捐赠人和公众的沟通和合作，以实现更好的公益效果。

（三）贵州盛华职业学院内部治理

贵州盛华职业学院的最高权力机关是董事会，而校务委员会则是学校的常设机构，负责学校日常事务的管理与决策。贵州盛华职业学院的第一任董事长、副董事长和董事都是由举办方推选出来的。学校设立监事一名，按照董事会章程规定，监事不能由董事会成员、校长和财务主管担任。图 5.5 是贵州盛华职业学院组织结构图。

从组织结构图中我们可以看到，学校在正常的直线职能组织结构下，非常注重监管。首先，学校有监事监督董事会，负责检查学校的财务，监督董事、校长执行学校章程和相关法律法规的情况；其次，学校在校长和

① 王名，徐宇珊. 基金会论纲 [J]. 中国非营利评论，2008（1）：16－54.
② 罗先锋. 我国非营利性民办高校发展研究 [D]. 厦门：厦门大学，2018.

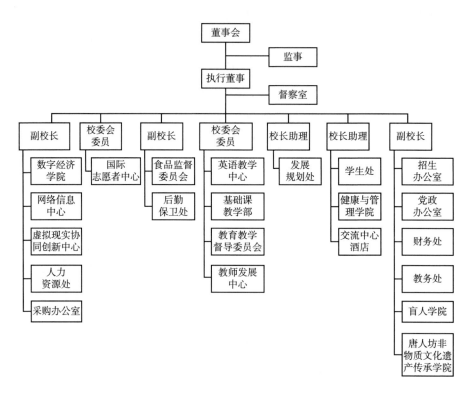

图 5.5　贵州盛华职业学院组织结构

校务委员会之间设有督察室。督察室主要职责包括：根据学校工作规划和年度工作计划，制定学校督导工作计划和制度并组织实施，重点对学校教育教学、基础建设、财务人事等进行经常性督导；对上级作出的重大决议和学校形成的重要决定的落实情况进行督促检查；经常深入教学一线，听课评教，调查研究等。这个督察室跟大学中的督导评估不一样，不仅向下负责一线的教学课堂，还要向上负责学校的规划、年度计划以及重要职能部门的监督。得益于创办者的信任，校长及其管理团队在学校有较大的办学自主权。作为第一所慈善扶贫大学的校长，盛华职业学院执行校长孙伟是以志愿者的身份参与学校建设；校务委员会由学校教职工代表大会选举和董事会任命两种方式产生，其成员中有四位也是志愿者身份，主要负责执行学校董事会的决议，审议学校中长期发展规划、年度工作计划、年度财务预决算、人事任免、大型基建和大宗物资采购决策等。在师资队伍建设方面，学校老师分为三部分，一部分是校长多年办学打造的核心团队，一部分是招聘进来的，还有一部分是志愿者。学校提倡志愿者文化，常年有来自欧美等地区 30 余名志愿者外籍教师，志愿者在整个教师队伍中占了近 20% 的比例，组建了一支有特色的多元化师资管理队伍。

（四）贵州盛华职业学院办学资金来源与使用

1. 资金来源

贵州盛华职业学院的办学资金主要来自威盛信望爱公益基金会，依据基金会中心网的数据，自 2010 年起至 2021 年的 12 年间，威盛信望爱公益基金会持续投入贵州盛华职业学院款项累计达到 24735.46 万元，具体各年度的捐款数据见表 5.3。

表 5.3　　　　2010～2021 年度威盛信望爱公益基金会给盛华
职业学院捐赠金额　　　　　　　　单位：万元

年度	教育事业捐赠金额
2010	3671.50
2011	12897.46
2012	929.91
2013	1427.03
2014	1513.56
2015	975
2016	1672
2017	802
2018	230
2019	245
2020	186
2021	186
合计	24735.46

资料来源：基金会中心网。

2. 办学资金管理与使用

威盛信望爱公益基金会捐赠给贵州盛华职业学院的办学资金主要用途包括学校基础设施建设、资助学生学习、人才培养和教学实训实践基地建设等。

一是学校基础设施建设。贵州盛华职业学院作为一所注重环境艺术的高等学府，由清华工美公益设计团队倾心打造的校园设计，荣获第三届"中国环境艺术奖最佳范例奖"，充分展现了其独特的艺术魅力和深厚的文化内涵。这所学校占地面积150亩，总建筑面积约6万平方米，规模适中，环境优美。校园内设施完备，包括行政楼、教学实训楼、图书馆、国际会议中心、国际交流中心以及志愿者中心等。这些设施为教学和学术研究提供了有力保障，确保了教学质量和学术研究的不断提升。此外，学校还配备了体育馆、学生宿舍、教师公寓以及食堂等完善的体育和生活设施，为师生提供舒适便捷的学习与生活环境。除了体育馆，学校还设有篮球场、网球场和标准运动场等多样化的运动设施，以及从法国进口的标准攀岩设备，进一步丰富学生和教师的课余生活，促进身心健康。学校国际会议室有同声传译设备，还支持全球同步视频会议，为师生提供可连接全球的网络教育学习平台。总之，贵州盛华职业学院以其独特的校园设计、完善的设施设备和丰富的课余生活，为学生和教师提供了一个优雅、舒适的学习与工作环境。

二是学生资助和人才培养。贵州盛华职业学院的办学使命就是实现教育扶贫，坚持慈善办学，履行企业的社会责任，回馈社会。学校建立了"奖优助贫"的资助体系，除设立优秀学生奖学金外，还制定了各种学费减免政策。三年学费全免的学生比例占到了30%～40%，不少于1/3的学生可获得半额学费助学金，部分特别困难学生还可享受到一定的生活费补助。如学校设立"乡村振兴"新生助学金，对建档立卡的贫困户和"农村户籍"学生享受三年"零学费"就读和给予新生助学金；对优秀的学生实行高额的新生奖学金和优秀学生奖学金；学校摆脱单一的书本教育，给每位学生配备一台学习用的电子设备，学习平板、笔记本电脑或智能手机，让学生接受一流的教学资源；对家庭特别困难的学生提供相关的勤工助学的帮扶政策；对有残疾证的学生进行专项资助，特别对盲人学生免交学费、书费、住宿费，提供每月 400 元生活费，提供每年 1000 元交通补助，提供学习用品。尽管学校的运营经费经常入不敷出，但学校每年 40%～50% 的学费收入还是以各种形式资助给了学生。

三是建设实践基地。贵州盛华职业学院办的每个专业都力求校企深度合作，来自企业一线资深员工把真实的商业项目引入教学和实训课程；合作企业负责 100% 学生实习，保证优秀学生就业；合作企业均为大型品牌企业或具有行业前景的成长型企业。同时，学校高度重视实践教学，致力于打造高标准的实训实践基地。在旅游艺术品设计与制作专业方面，学院与北京唐人坊公司携手合作。唐人坊公司不仅捐赠了相关设备，还协助建立了"贵州民族服饰博物馆"；在酒店管理专业方面，学院与万豪集团合作，获得了该集团的捐赠，建立了酒店管理实训室；在茶叶加工与营销专业方面，学院与多彩贵州生态农业公司紧密合作。该公司捐赠了相关设备，并协助建立了茶艺表演实训室。这一合作为学生提供了专业的茶叶加工和营销实践场所，有助于提升他们的实际操作能力和市场竞争力；在互联网营销与管理专业方面，学院与百度公司达成了重要合作。百度公司捐赠了凤巢系统，为教学和研究提供了强大的支持；在智能手机精修专业方面，学院与 HTC 集团合作，获得了该集团的捐赠，建立了电子电工实训室；贵州省残联还为学校盲人学生捐建了按摩实训室。高质量严要求地建设学校的实训实践基地，不仅在硬件上配备了专业岗位所需的设施设备，还指派了专业的技术人员做导师亲自指导学生学习，提升实践应用能力。这些合作不仅为学生提供了宝贵的实践机会，还加强了学院与业界的联系，为学院的实践教学注入了新的活力。

三、案例启示

（一）举办者坚守公益办学初心

威盛信望爱公益基金会的实际出资人王雪红，出身名门，其父亲是台湾台塑集团的创始人王永庆。王雪红对公益和教育事业的热心，与其父亲一脉相承。王雪红的父亲在 20 世纪 60 年代为培养台湾工业中坚力量，创设了明志工业专科学校，后改制为台湾明志科技大学。该校与台塑企业结合，给学生提供工读实习机会，不仅让学生从实习中获得报酬，减轻家庭经济负担，顺利完成学业，更培养其独立自主的精神。学校以"勤劳朴实"为校训，工读实习相结合，获得业界普遍好评，有效解决了学校教育与企业用人之间的落差问题，也实现了产学接轨的教育目标。贵州盛华职业学院创办初期在教育环境上与当时的明志工专颇为相似，亟须通过教育让孩子们学习技能快速成长、帮助家庭脱困。学校的校训"诚信、爱心、高尚"也是源自创办人王雪红的父亲提出的"生根、深耕"的精神内涵。

2011 年王雪红通过威盛信望爱公益基金会捐资创办了贵州盛华职业学院，践行教育扶贫理念，培养企业实用技能型人才，帮助贵州山区贫困学生学习技能，让学生能高品质就业，最终帮助学生及家庭脱贫，并在十余年的办学过程中始终不忘初心，持续通过基金会对学校给予公益捐赠，帮扶弱势群体。执行校长孙伟也憧憬打造一所不追求投资回报的大学，帮助有需要的人完成学业，实现梦想，向社会传递更多的关怀和爱心。盛华学院的健康可持续发展也正是得益于创办者和办学团队有明确的办学使命和共同的办学愿景，对公益性办学的高度认同。创办者和办学团队对非营利性组织的发展内涵都有着深刻的理解，以捐赠者的身份参与办学，从学校章程、组织架构、人员招聘、制度建设到办学实践都遵循了公益性办学的理念，也注重培育和激励其他捐赠者、志愿者参与公益教育事业，学校得到了社会各界的高度认可和信任，已逐渐发展成为特色鲜明、办学规范、公益性强的非营利性民办高校。

（二）基金会办学治理结构探索

贵州盛华职业学院是国内首家以基金会作为举办者、致力于慈善扶贫的非营利性民办高校。学校由威盛信望爱公益基金会出资创办，举办者基金会和盛华职业学院是两个独立的法人主体，有各自独立的章程、决策机构（董事会）和组织机构，治理边界清晰，能够充分自治。举办者威盛信望爱公益基金会专业性、自治性都很高，能够增加公众的捐赠信心，拓宽基金会筹资渠道。基金会自创办起每年对学校持续捐赠投入，且运作规范、透明，自觉接受政府、行业协会、信息公开等多种形式的监督；盛华学院则利用民办高校体制机制优势，立足地方、服务地方，通过人才培养、教育与产业互动，很好地落实了学校教育扶贫的办学理念，保证了两个非营利组织公益目标的实现和组织的非营利性特征。

盛华职业学院的治理机制为民办高校现代大学制度的建设进行了若干有益的探索。基金会与学校之间的独立运作使得两个治理主体的优势都得以充分发挥，良好的"决策距离"也最大程度保障了学校的办学自主权，受政府和市场干预较少，学校的办学管理团队能够在保持办学公益性不变的情况下，独立运作推动学校发展；另外，基金会与学校相对独立，有效实现举办者和办学者分离，能够保证基金会对学校的运作和管理起到监督指导作用，使得学校能按照基金会的捐赠意图和办学使命去系统谋划发展，实现共同的愿景。贵州盛华职业学院以基金会为举办者创办非营利性民办高校对当前国内民办高校基金会办学模式的尝试有很好的示范作用。

（三）职业教育扶贫模式探索

前一个案例介绍的西湖大学，是施一公等人建设新型高水平研究型大学梦想的办学实践，基金会定位起点高，位于繁华的都市，募集资金的数额也高。相比较而言，贵州盛华职业学院则是一种基金会教育扶贫的办学模式。创办者王雪红、陈文琦夫妇的办学初心就是到贫困地区，办一所秉持教育扶贫理念的高等职业院校。习近平总书记指出"扶贫必扶智，让贫困地区的孩子们接受良好教育，是扶贫开发的重要任务，也是阻断贫困代际传递的重要途径"。① 贵州盛华职业学院始终坚持"公益兴学，教育扶

---

① 习近平主席在 2015 减贫与发展高层论坛上的主旨演讲 ［EB/OL］. （2015 - 10 - 16）［2024 - 02 - 20］. https://www.gov.cn/xinwen/2015 - 10/16/content_2948386.htm.

贫"的办学宗旨，始终坚持资助与育人并重，把大学办到最需要的地方去，通过教育的方式，"授之以渔"去改变贫困地区面貌的做法值得借鉴和学习。

在探索教育扶贫模式上，学校积极尝试，从学生技能辅助、勤工助学到教师志愿者，再到产学深度合作，探索出了一整套扶助办法，不仅提升了学生的职业技能，还带动了地方经济发展，可以说是一个全方位的扶贫实践。扶贫要扶"钱"，学校对建档立卡的贫困学生免学费，分类分批发放各类奖助学金，使学生不会因交不起学费而失学；扶贫要扶"弱"，学校成立盲人学院，实行"三免三提供"政策，并通过现代化教学手段和"残健融合"，帮助盲人建立自信，关爱弱势群体；扶贫要扶"女"，学校通过免费学习非遗技艺，帮助少数民族女生掌握一技之长，实现就业，带动家庭脱贫；扶贫要扶"志"，学校设立务实的目标，从生活小事做起，养成良好习惯，教会学生能接受挫折，微笑面对逆境，让学生不仅掌握谋生技能，更要学会做人做事和感恩，阳光灿烂、自信开朗。[①]

（四）教育扶贫与地方经济融合发展

贵州盛华职业学院在坚持慈善办学理念的指引下，一直在探索如何让学校获得造血功能，实现良性发展。从 2014 年开始，贵州盛华职业学院全面实施以"既办教育又办产业"为指引的人才培养模式教学改革，从产业发展中获得学校发展的新动力。职业教育与公司合二为一，通过学院老师作为导学老师实现基础课程的指导，实操性的课程则与企业完全融合。首先，贵州盛华职业学院以培养高素质复合型的技术技能人才为核心目标，创新实施了真实项目驱动的"1234 = 5 + X"人才培养模式。在此模式下，学院紧密结合数字经济领域的头部企业，如百度、阿里、腾讯、京东、美团以及 HTC（宏达电子）等，将它们的真实商业项目引入教学过程中，返聘已经毕业的优秀盛华学子回校担任项目经理、实训指导教师，

---

① 陈秋圆. 贵州盛华职业学院：教育扶贫无问西东 [J]. 小康，2019，11（上）：52-54.

上班就是上课，老师就是经理，实训室就是教室，每个学生安排工位；学生按项目分组，从信息收集、方案设计到项目实施及绩效评价，都由学生负责，每位学生都有自己的 KPI 考核；课程跟着项目走、边干边学，学以致用，学生的知识技能能够快速匹配数字经济产业需求。其次，贵州盛华职业学院积极参与地方经济建设，把职业教育与培训改革作为地方经济社会综合发展战略的一部分，如百鸟河数字小镇产业发展中，小镇与学院制定培训计划、签订"人才订单"，激发了学生的学习和创业热情。唐人坊公司与贵州盛华职业学院联合开办非物质文化遗产传承学院，招收当地少数民族学生，通过"产教"融合的模式，直接实现学生的创收致富，是小镇企业产教深度融合的一个缩影。贵州盛华职业学院通过与地方经济深度融合、与业界头部企业的深度合作，为学生提供了一个实践性强、与行业接轨的学习环境，从而为培养高素质复合型的技术技能人才奠定了坚实的基础，也推动了学校可持续发展。

第六章　基金会举办非营利性
　　　　　民办高校的实践路径

　　基金会举办非营利性民办高校是国外私立大学一种较为常见、成熟的办学模式，分类管理后也将会成为我国民办高校办学模式的创新探索和重要趋向。伴随着国内社会财富的增长、非公募基金的迅速成长、第三次分配和共同富裕的深入推进，将会有越来越多的基金会以举办者的身份依规参与学校办学和管理。分类管理改革实施后，基金会举办的非营利性民办高校可以分为两种情况：其一，以基金会作为举办者，全新创建非营利性民办高校。其办学模式可以参照西湖大学的办学模式，先在民政部门注册非公募基金会，再由该基金会捐资举办非营利性民办高校；其二，现有民办高校（原先由个人或企业作为举办者）变更为由基金会作为举办者，举办非营利性民办高校。无论是新建高校还是现有民办高校转设，基金会办学模式在我国尚处起步阶段，探索一条既符合我国国情又切实可行的实践路径尤为重要。

第一节　基金会举办非营利性民办高校的建构思路

一、凝聚办学共识，明确组织使命

　　一个组织的使命，提供了组织存在最重要的理由，同时也为组织最终创造公共价值提供了方向。使命和组织目标的确定要比组织生存的保证更为重要。[①] 公益性和非营利性是基金会办学模式的鲜明属性，符合教育发展内在规律和办学的基本价值诉求，也是基金会大学可持续发展、高质量发展的重要源泉。要坚守办学公益性和非营利性原则，需要举办者、民办学校管理者、师生、政府和社会各方的共同协作与努力。这要求基金会大学端正办学理念，确立长远的办学目标，始终以立德树人为根本任务，办出让党和政府放心、让人民满意的高等教育，为社会的繁荣稳定和国家的长远发展作出积极的贡献。

首先，基金会大学的举办者或基金会的创办人应坚守教育的初心，明确办学的使命与目标，深刻理解基金会大学的公益性内涵和非营利性定位。尤其是现有民办高校年轻一代的继承人，要激励他们对办学持有浓厚的教育情怀和强烈的使命感，自强不息、坚毅执着，将教育事业当作毕生奋斗的事业，把办学理想融入中华民族伟大复兴的实践中，坚决摒弃功利性办学观念。举办者在理性作出"非营利性"办学选择后，要摆脱侥幸心理，转变观念，克服原有的认知偏差，愿意放弃出资资产的所有权和对资产的回报要求，着眼长远，将社会效益和公益性放在首位。在此基础上，激发举办者的创新活力和潜能，持续推进管理体制创新、教学科研创新、融资手段创新、办学模式创新，立志于"百年名校"的持久运营和传承。[②] 在所有工作中，举办者应以受教育者的利益为重，诚信办学、依法办学，不断追求社会效益的最大化。

其次，学校管理团队、师生等利益相关者要凝心聚力，凝聚办学共识，建立共同愿景。学校管理团队要明确办学理念和发展定位，需要遵循高等教育规律，摆脱原有的办学路径依赖，深化内部体制机制改革；并在此基础上，系统谋划学校发展战略，系统推进与基金会办学模式相适应的

---

① 约翰.布赖森.公共与营利组织战略规划：增强并保持组织成就的行动指南（第三版）[M].孙春霞，译.北京：北京大学出版社，2010.

② 阙明坤.中国高水平民办高校生成机制研究［M］.北京：中国社会科学出版社，2023.

内部治理结构、资源配置方式、办学特色凝练等改革创新。这样，学校的决策层和执行层才能与学校的办学目标、定位相吻合，从而保障社会公益责任的实现。教师是立教之本、兴教之源。教师是学校教育变革的核心力量。对于广大教职工来说，应当将自己视为学校的主人翁，立足岗位，主动担当，奉献自我，全心全意为学生服务，真正做到教书育人、管理育人、服务育人，为实现学校的办学目标贡献自己的力量。

最后，在确保基金会大学办学公益性上，政府发挥着至关重要的作用。政府应走出对民办高校公益性理念的认识误区，矫正对公益性理念的认识偏差。《民办教育促进法》从学校法人性质与财产属性相统一的原则，改变了过去民办高校举办者自有产权的认可，明确非营利性民办高校不但享有法人财产权，而且举办者不再享有投入部分的产权，对选择非营利性办学的存量民办高校举办者的财产权益作出了"给予补偿或者奖励"的规定。因此政府应打破思维定式，转变错误思想观念，在社会上凝聚基金会大学公益性办学的共识，增强公众对基金会大学的认同度和信任度。不断完善地方民办教育的相关政策法规，加大对基金会大学的扶持力度，帮助解决基金会大学公共财政投入少、资源分配不均、信息不对称而带来的民办高等教育质量不如公办教育的现状，保障民办高校公益性办学理念的顺利落实。只有这样，基金会大学才能全面提升优质高等教育服务的供给能力，才能获得更广阔的发展空间，从而更好地满足广大人民群众不断增长的个性化教育需求，并充分彰显其社会地位和社会价值。

二、创新办学机制，优化资源配置

民办高校的办学机制在一定程度上决定着办学主体构成、治理体系搭建、权责关系划分、办学资源配置、办学经费筹措等。基金会办学模式，是指由社会力量或政府依法设立具有独立法人资格的基金会，再由基金会独立或共同举办实施学历教育的非营利性民办学校，是一种保障学校非营利属性和实现现代化学校治理的全新办学模式。《基金会管理条例》明确，基金会的财产及其他合法收入受法律保护，不得再进行分配，不得私分、挪用、截留、侵占基金会财产。基金会举办民办高校能够在制度上保障民办学校办学收入不得分配，从源头上确保了非营利性民办学校的公益性、非营利性。基金会办学模式是民办教育发展的重要趋向，也是国家民办教育政策的未来取向之一。在分类管理改革背景下，基金会作为一种组织形式，可能是替代个人或企业举办非营利性民办学校的理想选择，以实现产权独立并确保非营利目的的落实。①

全新的基金会办学模式需要政府、民办高校、社会共同探索深化管理体制机制的改革路径，破除固有的制度壁垒，形成以基金会为举办者、民办高校为办学主体、政府大力扶持、全社会积极参与，充满活力、富有效率、优势资源集聚的办学新格局。首先，要建立成熟的基金会运营体系。基金会的运营模式能够拓宽民办高校的筹资渠道，在一定程度上优化了其筹资环境，增加教育投入。但高等教育不同于基础教育，其办学成本和办学投入高昂，需要持续、大量的资金投入。只有足够成熟的基金会运营体系和捐赠机制才能够支撑起民办高校的日常运营。作为基金会大学的举办者，基金会需要具备强大的筹款能力和高超的基金投资能力。然而，从我国目前的基金会发展情况来看，纯民办的基金会往往面临资金募集和筹款能力的挑战。为了解决这一问题，可以鼓励一些已经成功的企业和个人积极参与，以企业或个人名义设立大型非公募基金会。这些基金会可以通过投资方式来管理资产，并采用商业化模式进行运作。这种策略不仅可以为学校提供稳定的资金来源，还能通过有效的投资策略实现资产的增值，进一步增强基金会的筹款和投资能力。此外，要加强对外交流，充分借鉴国际上关于善款增值保值的成功经验和做法，加强对慈善工作中关于不动产、股权以及慈善投资等相关问题的研究，掌握和遵循市场规律，进行资本运作，确保基金的保值增值，使基金会的各类资金能够更好地支持基金

① 黄洪兰. 基金会举办非营利性民办高校的现实基础、产权保障与推进策略［J］. 黑龙江高教研究，2021（5）：22 - 27.

会大学的建设发展。其次，基金会大学作为独立的实体，应具备独立运转的能力，积极寻求并获得各种资金支持，形成多元化的筹资结构，确保财务自主。为了实现这一目标，大学应形成自身的特色，建立一支有力的筹款团队和高效的筹款机制。这支团队将由大学校友会和各院系相关部门共同组成，协同校长完成筹款任务。同时，基金会大学应不断提升自身的科研水平，以吸引政府和其他机构的科研专项捐赠或其他竞争性赠款。在大的战略规划上，大学需遵循举办者基金会的意志，但同时也应形成自身特色化、系统化的学校战略部署。这样的战略部署应基于对市场需求、学科发展趋势以及自身优势的深入分析，确保基金会在竞争中获得长期的优势地位。[①] 最后，基金会办学模式需要赢得全社会的信任和认同。举办者和基金会大学的社会认同度越高，教育的捐赠率就越高。基金会大学非营利法人的落实和办学公益属性的转化能够帮助基金会大学增强社会公众的信任，赢得更多社会公益慈善组织和个人的助力，打通捐赠渠道，获得更多办学资源。

三、规范运行程序，完善组织架构

首先，尊重、保障举办者权利。民办高校举办者的权利分为财产类权利和非财产类权利。财产类权利主要包括收益权和剩余财产分配权；非财产类权利主要指对学校的控制权和管理权，包括"事权"和"人权"。现有民办高校转为基金会办学，即实现了捐资办学，原举办者对其投入的资产失去了财产权属，不再享有财产类权利，包括对财产的所有权、收益权和分配权。但依旧可以借助举办者身份依照章程规定的权限与程序参与基金会或民办高校的决策机构，保障举办者的"治权"。比如担任基金会首届理事长职务，保障原始举办者的"事权"和"人权"，以此鼓励非营利

---

① 刘金娟，方建峰. 我国基金会参与非营利民办高校办学探索 [J]. 复旦教育论坛，2019 (6)：41－47.

性民办学校举办者走向基金会办学，稳定现有民办高校，实现举办者变更的平稳过渡。

其次，完善内部治理结构。通过实践创新，以基金会举办非营利性民办高校的办学模式，可以有效完善学校的内外部治理结构，进而完善基金会大学整体的治理体系，提升其治理能力。基金会的独特产权结构决定了其治理模式为利益相关者的"协同治理"。这种模式强调内部的独立性和自治性，确保了学校拥有独立、完整的内部管理机构、制度体系和治理程序，避免受到外部组织或个人的干预。同时，基金会运作的高度自治、规范化和专业化要求，也进一步促进了基金会大学治理结构的完善，提高了办学的透明度，确保了体制与管理机制的内在统一与协调性。明确基金会与基金会大学之间的治理边界，有助于改变当前民办高校以出资人为主的单边治理结构。通过剔除资本权力部分，实现决策权与执行权的分离，增强权力运作的透明度和可操作性，从而形成多元化共治、分权制约、权责对等、利益相关者共同参与的现代大学治理体系。

最后，健全学校管理制度。完善的学校管理制度是依法治校、实现学校可持续发展的制度保障。非营利性民办高校办学模式创新，必须要在改革实践的同时，利用民办体制机制优势，学校各方面、各环节协同作战，不断完善学校各项管理制度，加强学校规范管理，提高学校决策结果的科学性和决策执行的有效性，以完善的政策制度促进办学模式的深层创新，以科学高效的内部管理机制，助推学校教育事业的快速发展。

第二节　基金会举办非营利性民办高校的产权关系

清晰而完整的产权是民办高校实现分类管理、构建现代大学制度的核心内容。民办高校进入营利性和非营利性分类管理的新时期，明晰非营利性民办高校的法人财产权，保障非营利性民办高校法人财产权的独立性，厘清基金会与非营利性民办高校之间的产权关系是构建基金会办学模式的关键视角和所要解决的重要现实问题。

一、明晰基金会大学法人财产权的内涵

在经济学领域中，产权是一个核心概念，它涉及自然人或法人对各类财产的所有权、使用权、处置权等权益。具体到民办学校的产权，它涵盖了学校的财产所有权、占有权、经营权等各方面的权利关系。根据《民办教育促进法》等相关法律法规，非营利性民办学校的举办者不能从办学活动中获得收益，学校的结余资金也必须全部用于学校的持续发展，而非营利性民办学校在清偿债务后的剩余财产，必须继续用于其他非营利性学校的发展。这就意味着，非营利性民办学校的产权呈现出一种"无所有者"的特征。当举办者选择非营利性办学时，他们放弃了追求所有权和收益权，转而专注于为学校创造更大的社会价值。在这个背景下，"学校法人"成为学校产权的合法拥有者，代表学校对外承担法律责任。对于非营利性民办高校的法人财产权，一个合适的法理界定是：非营利性民办高校的财产权既不属于公有财产，也不属于私有财产，更不属于任何个人或团体。甚至从某种意义上说，它也不完全属于国家。相反，它是社会化的产权、具有公益性质的产权。这种产权形式强调的是为社会公众提供高质量的教育服务，而非追求经济利益的最大化。[①]

基金会大学的法人财产权主要包括所有权、收益权、剩余财产分配权和控制权等权项。（1）所有权，基金会大学存续期间，不论是作为事业单位、捐助法人或者社会团体以及民办非企业单位登记，基金会大学法人都依法对举办者投入民办学校的资产、国有资产、受赠的财产以及办学积累等组成的学校财产享有所有权，基金会大学举办者不享有财产所有权。（2）收益权，是指获取收益和回报的权力。根据《民办教育促进法》的

---

① 徐绪卿，王一涛．民办学校产权制度的确立与明晰——对《民办教育促进法实施条例》修订的建议［J］．教育与经济，2018（3）：9 – 13，19．

规定，非营利性民办高校举办者不得从办学活动中获得收益，学校的结余资金也必须全部用于学校的持续发展。因此，举办者不享有收益权。而基金会大学作为法人主体，对举办者投入的资产享有收益权，可以使用法人财产进行经营活动，但仅限于符合非营利法人目的的事业。（3）关于剩余财产分配权，这是指学校终止后剩余财产的分配问题。剩余财产分配权是"财产所有权"的重要体现，也是产权主体非常关心的问题。根据《民办教育促进法》的规定，非营利性民办高校举办者同样不享有剩余财产分配权。当基金会大学终止办学时，其财产在依法清偿后如有剩余，应按照国家有关规定给予出资者相应的补偿或者奖励，剩余财产将用于其他非营利性学校办学。（4）控制权在基金会大学中具有极其重要的地位，它代表着学校重要事项的决策和管理权力。具体来说，控制权主要涵盖校长任免权和学校财务决策权这两大核心方面。除此之外，它还涉及学校分立、合并、终止以及举办者变更等重大事项的决策权等重要方面。董事会作为基金会大学的最高决策机构，对学校的决策和管理拥有最终话语权。这意味着，谁控制了董事会，谁就能够掌握学校的决策和管理实权，从而对学校的运行和发展施加直接影响。因此，对于那些希望实现自己意志的人来说，争夺董事会的控制权成为一项至关重要的任务。《民办教育促进法》及其实施条例明确了民办高校董事会的人员构成和成员资格；规定了举办者应推选首届董事会的组成人员；同时明确了党委、监事会的职责和人员组成，以减少举办者或出资者对民办高校的过度控制，确保民办高等教育的可持续发展。[1]

二、保障基金会大学法人财产权的独立性

基金会大学作为法人组织，其法人财产权具有显著特性。实现法人财

---

[1] 王一涛. 民办高校产权：概念的阐释及分析框架的建构 [J]. 现代教育科学，2010 (4)：31 - 35

产的独立性是基金会大学法人财产权的核心，它是学校作为法人对外履行民事行为、承担民事责任、具备行为能力的基础，也是保障学校法人人格完整性的基石，更是确保学校法人制度顺利实施的关键。民办高校的财产构成相对复杂，其来源广泛，包括举办者投入、学生缴费、政府财政奖补、办学积累以及社会捐赠等。这些不同的财产形成主体有着各自不同的诉求。因此，基金会大学的法人财产权的独立性反映了法人财产与财产投入者、捐赠者或相关社会成员之间的关系。具体来说，这种独立性表现在以下三个方面：首先，法人财产独立于"出资人"或"捐赠人"，这意味着出资人或捐赠人不能像支配私人物品那样随意支配法人财产。其次，法人财产独立于财产的实际支配人或组织，使得他们不能像支配私人财物那样直接从中获取利益。最后，法人财产也独立于其他法人或自然人的财产，这有助于阻隔外界力量对法人财产的支配，确保法人财产只遵循法人设立的宗旨和目标。基金会大学法人财产的独立性实质上是阻隔举办者对学校法人财产的支配与使用，这赋予了基金会大学全面、独立、排他的占有和支配学校财产的权利。这是基金会大学法人制度得以建立与实现的基础，也是实现规范化办学的前提条件。[①]

非营利性民办高校的举办者可以是社会法人组织或个人。其中，基金会作为《民法典》中非营利法人的一种，与非营利性民办高校在法人的组织属性和财产所有权方面具有内在的一致性。这种一致性更符合非营利性民办高校法人"非营利目的"的本质要素。由于基金会在学校财产的管理、使用和分配上没有利益冲突，因此能够更有效地切断举办者、出资者、个人、企业与学校之间的财产关系。这有助于杜绝其他组织或个人的潜在营利行为，从而从办学体制、管理机制等方面保障学校法人财产权的完整性和独立性。然而，以基金会作为办学主体、以捐赠产权作为逻辑起点的办学模式在实践中需要用科学发展的眼光和法治思维来审视。我们需

---

① 黄洪兰. 规制举办者权益：非营利性民办高校法人财产权的保障策略 [J]. 教育与经济，2022, 38（3）：67-72, 80.

要将学校法人人格与举办者人格独立开来，并保障举办者的既有法定权益，但前提是必须保障学校法人财产权。这样，我们才能规范办学行为，确保基金会和民办高校各自独立、健康、可持续发展。

三、厘清基金会与基金会大学之间的产权关系

根据《基金会管理条例》的规定，基金会是一种特殊的非营利性法人，其基础资产来源于自然人、法人或其他组织的捐赠，旨在从事社会公益事业。基金会成立后，负责对来自社会各界的捐赠财产进行管理。由于其财产上的独立性，基金会的公益活动不受其他组织或个人的干预，确保了其公益活动的自主性和公正性。基金会的运作中心是其所有的财产，这些财产主要用于支持科学、教育、文化、救灾扶贫、医疗卫生等公益事业。与追求利润的企业不同，基金会的目的是实现其章程所规定的公益目标，而不是为了获得利润。基金会的财产主要来源于社会各界的慈善捐助，这些财产及其增值部分被视为社会公共财产。在捐赠过程中，基金会充当了"中介者"的角色，连接捐赠人、受托人和受益人，形成了一种类似于"代理"的关系。这种关系确保了慈善捐赠能够从全国各地乃至全世界汇聚到基金会，再由基金会作为中介组织将这些捐赠提供给需要的公益领域，从而造福社会并促进其和谐发展。基金会的公益性和中介性是其核心特征。作为公益财产的受托人，基金会利用这些财产来实现社会大众期望的公益目标。然而，基金会对其所管理的财产并不享有完整的财产权。相反，这些财产是为了实现公益目的而存在的，基金会的责任是确保这些财产得到妥善管理和使用，以最大化其对社会的益处。[①] 由此可见，基金会与非营利性民办高校（基金会大学）拥有相同的财产制度和相同的组织属性。基金会法人财产使用目的与管理的高度独立性，一方面，可以大大减少举办者对办学的直接干预；另一方面，利用非国家财政性经费办学，

资源行政性配置力度较弱，具有较大自主性，能充分保证非营利性民办高校的法人财产权。

在基金会大学中，作为举办者的基金会与国内现有的大学基金会或教育基金会在本质上存在显著差异。这主要体现在，基金会并非是大学的附属或辅助机构，而是一个独立的办学主体。它不仅负责管理捐赠资金，更是基金会大学运作的核心力量。这一特点使得基金会能在保障高校财务稳定的同时，更加注重其社会公益目标的实现。基金会以得到的捐赠为依托，通过独立身份完成大学的筹建。这样既为抽象的学校法人找到了落脚点，又使经基金会捐赠的财产成为独立主体，管理、使用学校获得的办学经费，从源头上厘清了学校产权的归属。基金会对其自身的财产和学校的法人财产权负有管理职能，可以通过董事会依据学校章程参与办学管理，能够从宏观决策层面影响学校教育教学的运行和发展。学校的出资人或创办者只能基于捐赠财产所形成的基金会的组织结构参与基金会的管理。同时，基金会作为组织具有永久的存续性，不会因人的自然消亡而造成产权归属的混乱，在减少投资者干预办学的基础上，还能保证学校资金来源的稳定性和学校性质的确定性。

第三节　基金会举办非营利性民办高校的内部治理

教育治理能力与治理体系现代化是新时代我国高质量教育体系构建的核心组成，也是我国国家治理体系和治理能力现代化的重要体现。在这一趋势下，基金会举办的非营利性民办高校需要不断改革内部治理体系，通过基金会本身高度自治、规范化和专业化的运作来完善其所举办的基金会大学内部治理结构，明晰基金会与基金会大学的治理边界，完善内部治理的制度设计，保证基金会大学的办学自主性，提高综合治理能力，强化资源集聚，激发办学新动能。

一、完善章程的建设

章程是基金会大学自主办学、依法治校的重要基石，旨在全面规范法人属性、办学宗旨、发展定位、内部管理体制、教育形式、师生权益和财务活动等关键问题，从而形成纲领性文件。通过章程，基金会大学得以明确自身的办学方向和原则，确保其行为符合法律法规，并维护学校的正常秩序和持续发展。章程是基金会大学内部的最高"宪章"，是学校制定内部管理制度及规范性文件的基础性依据，是现代大学制度的重要内容。制定和完善民办高校的章程，是我国《教育法》《高等教育法》《民办教育促进法》的明确要求。2021 年 4 月修订的《民办教育促进法实施条例》第十九条则详细规定了民办学校章程所应规定的主要事项。可以说，民办高校章程不仅对办学行为进行规范，保障学校的正常、有序运行，而且还维护了学校举办者、办学者、教育者和受教育者等多方面的合法权益。因此，制定合法合理、具有鲜明特色的章程对于基金会大学具有深远意义。

具体来说，基金会大学应进一步提高对章程的重视程度，以章程制定为重要突破口，并准确把握关键性问题。一是要转变观念，提升举办者和办学者对学校章程的认识。章程作为基金会大学举办者和办学者意志的体现，其目的、内容和精神等方面的认识直接决定了章程在学校发展过程中能否发挥积极作用。举办者和办学者应当意识到，章程是保障学校正常运行的基础性自治规范，是举办者规范和监控学校的重要手段和媒介。同时，章程也是保障学校独立人格的前提和学校自主发展、自我约束的依据。[①] 通过提高对章程的重视程度，基金会大学可以进一步明确自身的办学方向和原则，确保行为符合法律法规，维护学校的正常秩序和持续发展。同时，通过制定特色鲜明的章程，基金会大学还可以更好地与社会各界沟通交流，为其健康发展提供坚实的支撑。除了制定合法合理、特色鲜明的章程外，全体师生员

---

① 董圣足，李蔚. 论民办高校章程的制定与完善 [J]. 高等教育研究，2008 (6)：42 – 48.

工也需要深入学习和理解学校的章程。通过多种方式，如解读、交流、宣传和学习等，提高师生员工对章程重要性的认识，使章程的价值目标真正内化为每位师生员工的内在信念和价值共识。这一过程不仅有助于确保章程的有效实施，还能进一步增强学校的凝聚力和向心力，推动学校健康、稳定的发展。二是改革创新，体现基金会办学特色和个性特征。基金会大学能否实现内涵发展，关键是要形成自己的办学特色和个性风格。基金会大学应当借助章程制定、建设的契机，将法律赋予的办学自主权逐条具体化为自治规范，在坚定办学方向、发展定位和不违背法律规定的前提下，守正创新，自主安排、自行设定基金会等有关主体的权利和义务，在章程中就人才培养、专业建设、人事任免、内部资源配置、二级学院主体地位等方面的权力配置和运行机制进行详细规定，为学校提供切合实际的、具体可行的治校规范。在法律及相关政策规定的原则、框架内，基金会大学可以自主创制章程的内容，扬长避短，发挥民办机制的优势，充分利用法律赋予的自由裁量权，将办学模式改革的成果以章程的形式固定和规范下来，把合法的权利和义务写进去，例如非营利性和公益性的办学属性、办学自主权、法人财产所有权、人事权等。① 三是加强监督，保证章程规定的事项得以落实。一方面，需要围绕章程制定一系列相互衔接和配套的规章制度，进一步细化章程的操作层面。这包括对学校各类规章制度的"立、改、废、释"，以推进学校制度体系建设，从而保障章程的有效执行。另一方面，在章程实施过程中，需要充分发挥学校董事会、监事会和教代会等组织的作用。这些组织可以对章程的执行情况进行定位检查和监督，加大检查力度，发现问题及时纠正。通过这种方式，可以维护章程的严肃性与权威性，确保章程得到有效实施。

二、强化党建引领

坚持党的领导是基金会大学办学的关键，也是其高质量发展的重要保

① 巩丽霞. 民办高校章程建设研究［J］. 高校教育管理，2013（5）：41 - 47.

障。党建重要作用的发挥，既能确保基金会大学把稳发展"方向盘"，系紧发展"安全带"，又能充当好发展"推进器"。因此，要以习近平新时代中国特色社会主义思想为指导，深入贯彻新时代党的建设的总体要求，加强党对基金会大学的领导，坚持社会主义办学方向，坚持立德树人、培根铸魂，健全基金会大学的党建工作体系，明确各级党组织工作职责与分工，扎实推进思想文化建设，努力构建三全育人体系，为基金会大学规范办学和高质量发展提供保障。

一是要发挥党组织的政治核心作用。基金会大学在办学过程中，应始终坚守社会主义的办学方向，保持教育的初心，确保学校紧密围绕立德树人这一核心使命。同时，要积极服务于社会经济发展，以培养社会主义事业的建设者和接班人为己任，不断强化党组织的政治核心功能。进一步理顺学校党委和学校董（理）事会、校长的关系，党委政治领导、董（理）事会依法决策、校长依章负责，在工作中，三者应该相互支撑、相互配合、相互补充。在人事安排中，推动落实"双向进入、交叉任职"的工作机制；确保党建引领学校高质量发展方向不偏、步伐不乱、合力不减。二是处理好党建与管理、教学的关系。要确保党建工作、管理工作、教学工作在保障高质量育人问题上同频共振、相互融合、互相促进。将"党建＋"理念贯穿教育、教学、管理全过程，以卓越的党建工作引领教育教学工作，引领学校职能部门全面贯彻党的教育方针，服务教学，促进教学水平的提高。学校党委不仅要在党务工作、干部工作、机构设置、专业建设、人才培养、重要改革事项加强研究，同时，还要对学校教师引进、干部引进、课程建设、教材选用、学术活动等方面严格政治把关，让党建与教育事业深度融合。三是夯实基金会大学基层党组织建设。一方面要加强队伍建设，完善"抓院促系"工作机制，加强党组织负责人培养使用，健全激励约束机制，充分运用好基金会大学体制机制特点，夯实基层党建力量；另一方面要加强基层党组织建设，强化党组织的政治功能，健全党政分工合作、协调运行的工作机制，规范基层党组织议事决策规则；积极培育样板党支部，要深入开展党组织和党员争先创优活动，充分发挥党员先锋模范作用，不断提高党员发展质量，确保基金会大学党员在发展数量与质量上的双保证。四是扎实推进思想文化建设。要努力提高立德树人工作质效，大力培养师生奋发进取精神，积极开展思政课的改革创新，在课程体系、课程内容等方面挖掘思想文化精神元素；强化全体教职员工的师德师风建设，实现全员、全过程、全方位高质量育人。要深入开展爱国主义教育，充分依托团、学组织，大力开展丰富多彩的主题活动，促进学生成长成才。五是落实规范办学，为高质量发展提供治理保障。党委要大力支持董（理）事会和校长依法依规办学治校，要积极引导各级干部规范管理行为，树立师生正面典型，坚决消除影响学生健康成长的土壤，推动形成学校发展正能量；要积极推进提高教职工待遇，积极为学校高质量发展凝心聚力。

三、健全董（理）事会制度

董（理）事会是基金会大学的最高决策机构。建立健全以董（理）事会为核心的决策机制，是完善基金会大学法人治理结构的核心内容和重中之重。对于由基金会举办的民办高校，其财产完全脱离出资人的控制，完全由基金会捐赠。这种模式下，可以在确认其产权"非营利性"属性的基础上，确保董（理）事会的中立性和独立性。从法理上讲，基金会大学的董（理）事会、监事会都应分层级、分权设置。国外基金会举办的民办高校常采取财团法人制度，一旦设立，捐赠人便丧失对捐赠财产的控制权，且不因捐赠人身份自动成为财团法人董（理）事会成员。财团法人的运行完全以法人章程为依据，董（理）事会无权擅自修改章程。因此，出资人和政府都与民办高校董（理）事会相分离，无法直接干预其治理。董（理）事会的构成必须保证利益相关者之间力量的均衡，以公益性为目标进行制度设计，从而确保民办高校独立的法人地位得到有效保障。但目前在我国的实践中，主要捐赠人或基金会负责人往往会担任基金会大学的董（理）事长，在捐赠目标设定、董（理）事会人选选择、董（理）事会重大事项决策等方面起到"强控制"作用；董（理）事会在实际运行中一家独大、党委、监事会等监督功能缺失，师生参与学校治理的途径不畅通，归属感低；校长和董（理）事会之间经常出现办学理念、利益相悖、认识偏差等问题。因此，在办学模式变革中，需要合理配置核心利益相关方的权力，搭建各方需求的利益共同点，构建以董（理）事会为核心、校长独立治校、教职工和党委共同监督的共治的有中国特色的基金会大学董（理）事会治理制度，促使董事会决策达到学校利益最大化，助推民办高等教育健康规范发展。①

一是严格董（理）事会成员选聘机制。对董（理）事会成员的产生办法、身份限制、任职资格、工作经验等作出具体规定，明确选聘要求和标准，优化董事的人员结构，保证董（理）事会成员来源多元化和专业化；董（理）事会成员数不应过少，一般由5人以上组成，应积极吸纳举办者代表、校长、党组织代表、校友代表、师生代表、高等教育专家、相关行业专家以及社会贤达等不同群体，为决策提供多样化的观点和角度，避免出现"利益集团"，保障决策民主化和科学化。二是明确董（理）事会决策机制。通过制定和修改学校章程等途径，明确董（理）事会职责范围，厘清议事规则和权力边界，合理确定董（理）事会例会次数、参与人员人数、表决程序等。董（理）事会的总体职能主要包括：在决策作用方面，董（理）事会负责为学校制定发展战略规划，明确学校的办学方向。作为学校的最高决策机构，董（理）事会在这一方面扮演着至关重要的角色，确保学校的发展符合既定的目标和愿景；在监督执行方面，董（理）事会负责对学校管理团队的工作绩效进行监督，特别是校长在学校办学中的业绩。通过有效的监督机制，董（理）事会确保管理团队按照既定的战略和目标执行工作，并对任何偏离轨道的行为进行及时纠正。此外，董（理）事会还需要与学校管理团队保持适当的"决策距离"，以确保其决策的独立性和公正性。这种距离不仅有助于避免利益冲突，还能确保董

（理）事会在关键时刻能够作出基于长远利益的决策。除了上述核心职能外，董（理）事会还发挥其他职能，如遴选校长、筹集资金以及协调外部关系等，并建立委员会或秘书处等必要的工作机构，做到各司其职，规范办学行为，保障董（理）事会的正常运转。三是完善激励与约束机制。一方面，合理提高董（理）事会成员薪酬待遇，基金会大学可根据自身实际情况制定报酬标准，从物质方面给予相应激励；同时以创新评选活动、工作贡献信息公开等为载体，从精神方面给予荣誉激励，提高董（理）事会成员参与的积极性和主动性。另一方面，要从制度层面规范董（理）事的行为符合组织的服务宗旨和价值目标，强调董（理）事有义务确保董（理）事会的决策和活动符合法律的相关规定，尤其是在有利益交易等重大事项决策时，相关董（理）事要予以回避。① 四是完善监事会制度。不同的利益相关者有着不同的利益诉求，基金会大学又属于非营利法人，先天的"所有者缺位"，更需要加强对董（理）事会的监督，构建相互制衡的监督体系，保障办学公益性。因此，要完善监事会制度，建构起监事会与党组织、教代会等分工合作的监督体系。监事会成员应由各方代表组成，包括一定比例的专业人士，如会计师、审计师和律师等。监事会的定位是代表举办者和以校长为首的管理团队之外的利益相关者，以独立性为核心特征。其主要职责在于监控董（理）事会及管理团队的决策和办学管理行为，如列席董（理）事会、检查学校财务、监督决策与执行机构成员履职等。监事会成员人数不应低于三人，可以由学校各利益相关者推荐或者选派。为确保监事会的客观性和有效性，应明确监事的任职条件、权力职责、任期任届和退出机制。通过这些措施，可以形成决策、执行机构之间的分工合作和有效制衡，确保基金会大学按照公平正义的原则办学。在基金会大学的治理结构中，监事会扮演着至关重要的角色。通过强化监事会的监督职能，可以更好地维护学校的整体利益和利益相关者的权益，确

---

① 董圣足. 我国民办高校法人治理问题研究［D］. 上海：华东师范大学，2009.

保学校的健康、稳定发展。①

四、保障校长办学自主权

校长是大学的灵魂人物，在基金会大学的内部治理中发挥着举足轻重的作用。校长的办学理念、治学水平、管理能力都是学校平稳运行、进步发展的重要保障。现行的《民办教育促进法》和民办教育分类管理的一系列政策都提出，要进一步完善民办高校校长队伍建设；完善校长选聘机制，依法保障校长行使管理权。可见，民办教育进入新发展阶段，对民办高校校长提出了更高的要求，也对校长职权做了详细规定，校长职业化、保障校长办学自主权将是民办高校生存与发展的必然要求。

保障校长办学自主权、推进校长职业化主要体现在完善选聘机制、明确职责范畴、建立评价激励机制等方面。一是要完善校长遴选制度。构建一套既符合国情、又规范且操作简便的基金会大学校长遴选与聘任机制，是实现校长职业化的关键环节。我国基金会大学可以参照国外私立高校的做法，成立校长遴选委员会，由遴选委员会制定候选人的条件，承担寻找候选人、确定拟选聘人员名单，最后由董事会、党组织共同确定最终结果，任命校长。基金会大学都非常注重校长队伍建设，向全国甚至全球招聘校长的现象较为普遍，比如西湖大学、贵州盛华职业技术学院。二是明确校长及其管理团队的工作权责。进一步明确校长在依法治校中负有的责任，举办者和学校董（理）事会都不能任意干预学校事务，要充分保障校长及其管理团队独立贯彻办学理念、独立行使教育教学和行政事务的管理权，执行相关决定、负责学校日常运行等工作职责。三是健全校长绩效考核制度。建立科学、合理的校长评价和考核机制，旨在全面评估校长的工作绩效，激发其工作积极性，促进学校的持续发展。该机制应以校长的工

---

① 吕宜之. 非营利性民办高校内部治理的主要特征、现实困境与优化对策［J］. 浙江树人大学学报，2021（21）：25－30.

作职责为依据，以实现学校使命、愿景和目标为基础，并设定具体的评价指标，确保评价的客观性和公正性。对于基金会举办的民办高校，校长绩效考核应更加关注办学内涵和质量的提升。评价主体应以学校董（理）事会为主导，同时吸纳党组织、师生和其他利益相关者的参与，形成多元化的评价主体，确保评价的全面性和准确性。为确保校长绩效考核制度的顺利实施，还应建立有效的校长激励机制。激励措施包括物质激励和精神激励两个方面。物质激励方面，基金会大学可以借鉴企业的成功做法，结合自身特点，设计具有竞争力的薪酬体系，如实行校长年薪制、期权金和住房奖励计划等。同时，注重精神激励，对办学成绩显著的校长给予荣誉称号等表彰，激发其工作热情和创新能力。四是建立校长激励机制。激励机制主要包括物质激励和精神激励两个方面。在物质激励方面，基金会大学可以根据自身特点，建立具有基金会大学特色的校长薪酬制度。美国私立高校校长的年薪普遍较高，远超一般教授的收入水平。例如，《高等教育年鉴》在 2013 年的调查显示，美国私立高校校长的平均年收入为 43 万美元，是全职教授的 3.8 倍。部分优秀的私立高校校长因在任期内取得显著成就，其收入甚至更高。例如，2015 年哥伦比亚大学校长的总收入高达460 万美元，包括基本年薪、奖金、免费入住学校公寓和递延补偿等。①尽管我国部分民办高校已开始尝试以百万年薪招聘优秀校长，但与美国高校校长的薪资水平相比仍存在一定差距。因此，在基金会大学的管理中，为了充分发挥校长的能动性和创新性，促进学校的高质量发展，可以借鉴企业的成功做法，对校长的薪酬制度进行创新设计。具体而言，可以在实行校长年薪制的基础上，引入"期权金""住房奖励计划"等激励措施。这些措施旨在最大程度地调动校长的工作积极性、能动性和创造性，推动学校的持续发展。除了物质激励外，精神激励同样不可忽视。对于那些在办学过程中取得显著成绩的基金会大学校长，应当给予相应的荣誉称号等

① 王一涛，申政清. 我国民办高校校长的产生方式及遴选优化路径［J］. 浙江树人大学学报，2019（7）：8－13.

表彰。这种表彰不仅是对校长工作的认可和肯定，更能激发他们的工作热情和归属感，进一步推动学校的发展。

五、探索独立董事制度

《国务院关于鼓励社会力量兴办教育促进民办教育健康发展的若干意见》第十九条明确提出，"民办学校要依法制定章程；健全董事会（理事会）和监事（会）制度；董事会（理事会）应当优化人员构成；探索独立董事（理事）、监事制度"。《民办教育促进法实施条例》第二十六条也提出，"鼓励民办学校理事会、董事会或者其他形式决策机构吸收社会公众代表，根据需要设独立理事或者独立董事。"与民办教育相关的法律和政策中的这些规定，旨在从顶层设计上破解民办学校董（理）事会制度的缺陷及实践中举办者控制型或单一主体控制型董事会带来的办学失范、效能不高、公益不足、公信力不够等问题。在分类管理背景下，为提升民办高校治理水平，推动其引入独立董事制度是必要的，契合现代学校制度建设和非营利性民办高校法人治理的需要，有助于非营利性民办高校强化办学的公益性和公信力，推进办学规范化、治理专业化，助力基金会举办的民办高校董（理）事会向以独立性、专业性为核心特征的决策机构转型。这一制度的核心在于构建一个系统化的框架，包括选任机制、权责配置、运行机制和保障机制等，以确保独立董事的有效参与和职能发挥。

在基金会大学探索建立独立董事制度，可以借鉴上市公司独立董事和国外私立学校外部董事相关制度的有益经验，结合我国民办高校董事会实际，明确基金会大学独立董事的功能定位，构建基金会大学独立董事的选任机制、权责配置、运行机制和保障机制等制度体系。一是基金会大学的章程中应该明确独立董事提名、选举、退出等程序，以保障独立董事选任公开、公平、公正；独立董事的任职资格与条件必须符合《民办教育促进法》等相关法律法规，且不得在基金会大学任职，不得与该高校及其利益相关者存在可能影响其进行独立客观判断的关系。二是独立董事具有决策

217

监督和咨询建议的职能。独立董事作为董事会成员，主要通过出席董事会会议参与决策，并以"独立性"为本质特征履行监督职能；同时，独立董事还可以发挥其专业知识和社会声誉为董事会科学决策提供咨询建议。三是基金会大学独立董事除了享有国家法律法规和学校章程赋予董事的一般职权以外，还应当赋予其特别职权和对学校重大事项发表独立性意见的权力，尤其是涉及学校重大关联交易或特定事项的时候发表独立意见；允许在特别情况下赋予独立董事在重大事项上的一票否决权；同时独立董事身份和履职的独立性不受学校举办者或出资人及其他存在利害关系的单位或个人的影响。四是独立董事履职应该遵守法律法规及学校章程的相关规定；独立董事必须要保证有足够的时间和精力主动、勤勉、诚信履职，且接受相关履职培训；对董事会的决议承担责任，维护学校的整体利益。五是探索建立独立董事信息保障机制、独立董事责任保险制度、声誉评价和信息披露机制等，以帮助独立董事获得充分有效的信息，并在履职中能通过责任保险制度降低独立董事因过失行为可能导致的责任与风险，解决其积极履职的后顾之忧；同时通过履职考核、履职效果评价和信息披露等方式，引导独立董事自律、公正地履职。①

六、保障其他利益主体的决策参与权

基金会作为举办者的非营利性民办高校，其核心特征更契合非营利法人组织的本质——"非营利目的"。这一特性要求这类民办高校不仅要注重捐赠人、教师和学生等内部利益相关者的主体意识和能动性，更要确保他们在学校重大决策、民主管理和评估监督中的核心地位。这样的模式有助于提高学校决策的民主化和科学化水平，从而更好地服务社会公共利益。为了实现这一目标，基金会大学需积极协调各利益相关者之间的关系，寻求共同办学诉求。通过价值共创和分享，共同面对学校发展所面临

---

① 刘永林.民办学校独立董事制度研究［M］.北京：中国政法大学出版社，2019.

的未来挑战，并对学校的未来蓝图作出共同的承诺。这不仅有助于实现共同的办学目标和价值追求，更有助于推动学校的持续健康发展。

一是建立学术委员会、教学工作指导委员会等学术组织，培养基金会大学的学术氛围，提升学术影响力，强化大学内部学术权力对行政权力的制约，确保教授学者参与学术事务决策的权力，避免基金会大学因行政权力的泛化而造成对学术事务的过多干涉；明晰学术组织的功能与职责，建立切实有效的运行机制，尊重教育规律，淡化企业式的管理制度、评价制度，真正将这些学术组织建成基金会大学学术研究领域具有权威公信力的评价指导机构。二是加强教职工工会建设。为提升基金会大学内部治理水平，应加强教职工工会建设并健全职工代表大会制度。确保选举产生的代表真正代表广大教职工的利益，使所有的利益相关者都能参与决策，为学校的发展战略和方向提出宝贵建议，共同参与改善组织绩效的过程。要充分发挥教职员工的主人翁精神，激发其凝聚力和创造力，促进全体员工与学校事业紧密相连、共进退。这为学校的科学发展提供有力监督，保障民主决策的实施。通过教职工工会的建设与职工代表大会的完善，可以进一步增强内部治理的透明度和公正性，提高决策的科学性和民主性，为学校的可持续发展奠定坚实基础。三是探索纪检审计和校务公开等多种形式的民主监督。在基金会大学的治理体系建设中，建立健全的监督机制是关键环节。首先，应探索纪检审计和校务公开等多元化的民主监督形式，以充分发挥党委纪律检查部门在党员纪律监督和校风、教风、学风建设中的积极作用。通过深化和规范校务公开工作，完善捐赠人和教职工的民主参与、民主监督和民主管理机制，确保决策的透明度和公正性。按照既定程序，学校应将建设和发展中的重大事项、重大决策、涉及教职工和学生切身利益的事项以及学校廉政建设情况予以公开，接受各方监督，形成监督合力。这有助于完善内部监督和权力制衡机制，确保学校的健康发展。此外，政府的监督和指导职责不容忽视。作为社会公共利益的代表，政府应加强对基金会大学办学方向和办学行为的监管，防止违规、违法行为的发生。政府可以通过委派督导专员、党组织书记等形式，提升监督的针对性和有效性，确保基金会大学坚守办学初心。政府在民办高等教育发展中不仅担任监管者和服务者的角色，更是受益者。因此，政府应进一步健全民办教育的公共政策，完善相关法律法规，创新监督手段，对基金会大学进行科学有效的监管。

第四节　现有民办高校转设为基金会大学的程序

自然人或企业举办的现有民办高校在选择登记为非营利性民办高校时，转设为基金会大学符合国家对民办学校的宏观制度设计和民办高校自身健康可持续发展的现实需求。如何转设及转设后的资产处置和管理问题是一个亟待解决的重要问题。在实际操作中，需要科学、客观设计基金会办学模式的制度范式，不能盲目照搬国外私立高校的做法，尤其是涉及举办者变更程序、清产核资、产权归属、基金会与学校权责界定等关键环节，要充分考虑我国特定的政治、经济、文化等因素，根据《民办教育促进法》及其实施条例、各级政府出台的相关配套政策，结合民办教育分类管理改革实际和各校实际，在实践中不断摸索、完善。

一、摸清家底，厘清存量资产权属

清晰而完整的产权是民办高校实施分类管理改革、构建现代大学制度的核心内容。尤其是对于资产混合度高、多个办学主体联合办学的民办高校，往往在资产增值、无形资产作价、举办者利益诉求方面存在较大差异，如果资产权属得不到厘清，就会导致办学类型不明、责任机制混乱，出现举办者挂"非营利"之名，行"营利"之实的不规范现象。

如果民办高校举办者选择非营利性办学，并愿意将现有民办高校举办权变更为基金会举办，在选择分类登记之前，应该聘请第三方资产评估机构先行清产核资，把民办高校的现有资产按照举办者投入、政府补助、受赠、收费、办学积累等分类登记，摸清固定资产底数，全面、真实地厘清办学过程中资产增减变动和实际使用状态，特别是房屋、土地占有和使用情况，明晰存量资产所有权，梳理出资产账实不符、产权登记有问题、资产处置不当等历史遗留问题，并对学校有形资产和无形资产客观地评估作价，核算办学结余，确保资产的真实价值和权属清晰，避免后续可能出现的纠纷和争议。在处理由举办者白手起家、初始实物性出资不多、通过"以学养学"滚动发展起来的民办高校时，我们必须特别关注其产权核算问题。对于这类民办高校的举办者，在核算其原始实物性投入产权时，可以考虑将学校历年来的部分滚动投入以一定比例计入其原始产权范畴。同时，为更全面地体现举办者的投入，还应将他们办学过程中投入的人力资本等无形资产纳入原始产权构成。明确举办者在办学过程中的增值部分产权，这不仅是政府对举办者理解和尊重的体现，也是解决历史问题的重要步骤。这样的做法有助于确保民办高校的产权明晰，推动其健康、可持续发展。

二、整合各方资源，设立基金会

民办高校的原举办者可以作为基金会发起人，将通过存量资产清核后认定为举办者权属的资产（包括有形资产和无形资产）全部捐赠给基金会，同时通过自身多年办学积累的人脉、社会关系汇聚一批有教育情怀的企业家，共同为基金会出资；或由业务主管部门出面牵头，汇聚慈善力量，以支持公益性民办教育发展为主要宗旨，成立基金会。这不仅可以增加基金会的资金规模，还能够为基金会提供更多的资源和支持。基金会的章程应明确其宗旨和使命，确保与捐赠者的意愿和目的相符。同时，基金会应遵守相关的法律法规和监管要求，确保合规运作。

原民办高校举办者作为主要捐赠人，不再享有民办高校的财产收益权和剩余财产分配权，但可以进入基金会的决策机构，享有学校重大事务参与权、处分权等非财产性权利，有权约定所捐赠资产的用途以及查看资产使用情况。基金会承接举办权后，尽管民办高校举办者从学校权力结构中剥离出来了，但依然可以在基金会继续发挥宝贵办学经验，实践其办学理念。同时，也能在一定程度上缓解学校师生对举办者变更的抵触情绪，保证举办者变更的平稳有序，保证学校教育教学的正常运转。

三、变更举办者，完成资产过户

基金会成立后，由基金会出面与原举办者签署捐赠协议，将原举办者拥有的资产全部转为捐赠资金，同时由基金会承接民办高校的举办权。捐赠行为应符合相关的法律法规和税务政策，双方应签订正式的捐赠协议，明确捐赠的资产种类、数量、价值以及双方的权利和义务。民办高校存量资产中原先登记在举办者名下的资产，需办理资产过户手续，登记到民办高校或基金会名下，理顺产权归属。原举办者通过基金会这个平台真正实现捐资办学，民办高校通过基金会这一渠道，能够更有效地吸引和利用社会资金，从而确保新投入的增量资产具有"公益"属性。当非营利性民办高校面临终止办学的情况时，基金会可以接受学校办学过程中形成的国有资产、社会资产和捐赠资产。作为法人实体，基金会能够独立高效地管理剩余资产，确保这些资产继续用于其他非营利性学校的办学，从而完善非营利性办学的退出机制。

在举办权变更后，对于原民办高校举办者而言，可以选择终止办学。根据《民办教育促进法》的规定，存量民办高校选择非营利性办学，终止时可以给予出资者相应的补偿和奖励。因此，当原举办者与基金会签署资产捐赠协议时，业务主管部门可以通过"一校一策"的方式，在学校办学结余中对原举办者实施奖励与补偿。这样，原举办者原先的投入就完全归属学校，他们不再享有学校存续期间的财产权和终止办学时剩余资产的索取权。在《民办教育促进法》之后，所有投入均属于捐赠投入，不再是资本投资。这一规定有助于厘清非营利性民办高校办学性质与投资办学之间的历史遗留问题。此外，当企业或个人通过基金会举办民办高校时，其原始投入等同于捐赠。原举办者成为基金会的捐赠者，理应享受税收优惠政策，其投入资金可以在个人所得税或相关企业所得税税前扣除。然而，目前相关政策及具体操作办法尚需进一步细化落实。

四、实现分权制衡，完善内部治理结构

现有民办高校转变为基金会办学后，必须重构其内部治理结构，让基金会、民办高校的董（理）事会、监事会、党委、学校管理团队各司其职、各负其责，完善分权制衡的治理体系。一是明晰基金会与学校的权力边界。尽管民办高校原举办者是基金会的主要捐赠者，但基金会与学校法人在人员、资产、财务等方面需要实行完全分离，双方应明确议事规则和权力边界，并保持良好的"决策距离"。二是完善董事会决策机制。转设后的基金会大学需要重新改组董事会，以确保其符合新的组织结构和运营需求。根据基金会大学章程的规定，严格董事选聘和履职管理，合理配置具有不同背景和专长的董事，以确保董事能够积极履行职责，为基金会大学的发展作出贡献。三是推进校长职业化。明确校长和其管理团队的工作职责，健全目标责任制及激励考核制度，保障校长以独立的办学理念、卓越的学术水平和高超的管理能力实行科学管理。四是健全内外监督机制。在内部监督机制方面，学校党委的参与决策机制是一个重要的组成部分。通过让学校党委参与学校重大问题的决策，可以确保学校在教育方针、办学理念、发展规划等方面的决策符合法律法规和社会道德标准，从而督促学校依法治校、诚信办学。监事会制度是基金会大学内部另一个重要的权力制衡机制。监事会负责全面监督学校的财务状况，确保资金使用的透明度和合规性，同时维护师生的合法权益。监事会还应对董事和校长的履职行为进行监督，防止权力滥用和不当行为的发生。为了增强监事会的独立性和有效性，还可以考虑引入外部监事。同时，可以发挥工会（教代会）、纪检审计等基层监督机构的作用。这些机构可以对学校内部治理、运行效率等方面进行评估和考察，发现存在的问题并提出改进建议。在外部监督机制方面，可以引入外部第三方机构对学校进行审计和评估，以确保学校的运营符合法律法规和行业标准。

第七章 基金会举办非营利性民办高校的政策体系完善

良好的法律和政策环境是促进非营利性民办高校发展的切实保障，也是政府实现对非营利性民办高校的规范和导向、控制和协调、管理和发展的基本依据和主要手段之一。基金会办学具有推动非营利性民办高校高质量发展的机制优势，也将逐渐成为新时期我国非营利性民办高校的发展的重要选择和政策取向之一。党的二十大报告中明确指出"要办好人民满意的教育，加快建设高质量教育体系，引导规范民办教育"，再一次为新时代我国民办教育事业的发展指明了前进方向。鼓励社会力量捐赠资产设立基金会举办非营利性民办高校顺时应势，契合我国"高质量教育体系"的新特征和人们对美好高等教育的新追求。为此，为促进基金会举办的非营利性民办高校健康发展，需要进一步完善相关政策体系。在这一过程中，应始终坚持并贯彻"支持和规范"的总基调，既要提供有力支持，又要确保规范办学。具体而言，第一，落实对基金会办学的相关扶持政策至关重要。政策扶持是激发办学活力的关键，通过制定和实施一系列优惠政策，可以为基金会大学提供更好的发展空间和条件，从而增强其办学实力和竞争力。第二，规范基金会办学行为是不可或缺的一环。完善的监督机制是规范办学的基础，通过加强监督和评估，可以确保基金会按照规定的要求和标准办学，防止违规行为的发生，保护学生的权益。第三，加强宏观调控并优化外部环境同样重要。政府应发挥宏观调控职能，为基金会办学创造良好的外部环境，提供必要的政策支持和公共服务，促进基金会大学的可持续发展。

第一节　落实扶持政策，激发基金会办学活力

2016 年修订的《民办教育促进法》是民办教育法制发展的里程碑。随后的近五年时间里，各项民办教育政策密集出台，多套政策形成组合拳，对民办教育整体发展带来较大影响。北大法宝数据库数据显示，截至 2022 年 12 月，我国发布的涉及民办教育的中央法规总共 25 篇，其中法律 7 篇，行政法规 5 篇，部门规章 12 篇，党内法规 1 篇；地方性法规规章达 770 篇，其中地方性法规 35 篇，地方政府规章 8 篇，地方性行政规范文件 417 篇，地方工作文件 307 篇，行政许可批复 3 篇。从各省份制定法规的情况来看，山东省（61 篇）、浙江省（57 篇）、广东省（47 篇）居于前三位；从法规公布实践来看，主要集中在 2017~2019 年这三年；其中有不少政策涉及了非营利性民办高校。尽管分类管理的地方性文件陆续出台，但现阶段政策供给大体上仍具有粗放型的特点，新旧制度衔接和操作细节方面还存在诸多政策盲点，许多关键性问题亟待政策回应，包括如何鼓励基金会举办非营利性民办高校，如何体现差别化扶持，如何加强营利和非营利学校监管等问题。不少民办高校举办者对分类管理改革有困惑，对设立基金会举办非营利性民办高校更是心存疑惑，无从下手。为此，为了鼓励和引导基金会举办非营利性民办高校，需要采取一系列措施来增强举办者的信心和动力。

一、完善基金会办学的财政资助政策

高水平大学建设需要巨额的投入，仅仅依赖于基金会无法建成高质量

的民办高校，这也是世界新型高水平私立高校的普遍经验。基金会大学作为一种新的办学模式，是未来我国非营利性民办高校高质量发展的历史选择。政府应从维护基金会大学公益性出发，以公共教育财政"公共性"为支点，着力构建基金会举办的非营利性民办高校政府公共教育财政资助体制，建立财政投入的长效保障机制，优化基金会大学的财政资助制度环境，使基金会大学财政扶持制度常态化，实现事权与财权统一，从根本上解决基金会大学的办学后顾之忧，从财政制度层面保障民办高校发挥高等教育重要组成部分的作用，提高基金会大学的公信力和社会影响力。正如印度学者迪拉克指出的，私人的努力应该是国家投资的补充和辅助形式，国家对私立高等教育发展的财政资助更有助于推动和激励私人和社会团体的努力。① 美国、日本、印度等国的私立高等教育立法和财政资助政策与制度较为完善，国家为发展私立高等教育颁布了一系列法律法规和政策，保护了私立高校及其教师、学生和社会捐资者的合法权利。目前，我国基金会办学正处于探索期，政府可借鉴国外成熟的经验，研究制定基金会办学的财政资助办法，将对基金会办学的财政资助政策具体化、政策化，结合我国国情和实际，以间接资助为主，直接资助为辅，供给导向与需求导向相结合的方式逐步落实。②

就财政资助内容而言，政府可以对基金会大学给予补助，也可以给予基金会大学的教师和学生补助。当然，政府对基金会大学的补助占其中最重要的份额，即由政府给予基金会大学一定比例的直接财政拨款，可以采用生均经费或按项目实施一次性奖励。如自 2011 年起，上海开始根据民办高校的资产过户情况，按照生均 500～1200 元的标准拨付内涵建设经费。③ 这一举措旨在支持民办高校的发展，提升其教育质量和内涵。此外，

① 张庆. 论民办高等教育中政府职能的"越位"与"缺位"[J]. 湖南涉外经济学院学报，2013（2）：7–11.

② 李钊. 民办高校办学失信治理中的政府责任[J]. 高等工程教育研究，2008（5）：104–108.

③ 上海民办教育系列探索 扶持中规范[EB/OL].（2012–07–19）[2024–02–20]. https：//www. canedu. org. cn/site/content/1158. html.

一些地方政府也采取了类似的措施，以激励民办高校提升办学质量和教育水平。例如，对办学特色鲜明、教育质量高的民办高校实施一次性奖励，或者向办学条件差、基础薄弱的学校拨付专项建设经费，以改善其办学条件。间接资助是指不以金钱的形式资助，而是通过减免税收等方式间接增加学校收入或直接减少学校支出。对教师的资助可以包括师资培训、"五险一金"补助、职业年金补助、科研经费补助等；对学生的资助则包括各种奖学金、助学金、助学贷款等。在财政资助模式方面，可以采用多种模式相结合的方式，以更全面地支持民办高等教育的发展。具体而言，可以采用直接资助和间接资助相结合的方式，通过直接拨款或提供优惠政策等形式，为民办高校提供实质性的资金支持。同时，也可以结合一般资助和重点资助的模式，既关注民办高校的日常运营和发展，又对具有特色和优势的领域进行重点投入，以推动其特色发展。此外，竞争性资助和非竞争性资助的结合也是有效的模式，通过竞争选拔优秀的项目或学校，给予其更多的资源和支持，同时保持一定的稳定性，为民办高校提供持续的发展动力。当然，在兼顾财政资助公平与效率的基础上，应建立导向明确、内容齐全、结构合理、核定科学的公共财政资助体系。结合我国现阶段财力的实际情况，可以分层次分类型设置资助标准，采用有重点、动态资助的方式，把绩效成为财政资助的重要杠杆，把基金会大学作为财政资助民办高校的重点资助对象，实施倾斜性资助，通过财政手段帮助基金会大学增强办学实力，推动高水平民办大学建设，最大限度激发基金会办学的改革和发展活力。

二、落实基金会办学的奖励与补偿

我国民办教育正处于分类管理的关键时期，受到政策鼓励和社会期待等影响，大多数民办高校会选择成为非营利性民办学校。在从目前的办学模式向非营利性民办高校转型的过程中，部分学校可能会发生举办主体的变更。目前我国民办学校主要由自然人和企业举办，其实，基金会是更加契合非营利性民办学校办学属性的举办者主体。为了引导鼓励存量民办高校举办者选择基金会办学，各地政府应落实基金会办学的"奖励和补偿"政策，即如果存量民办高校原举办者（自然人或企业）选择非营利性办学，且愿意将举办者变更为基金会，则可以视同该存量民办高校终止办学，重新以基金会作为举办者办理登记手续。按照《民办教育促进法》中"存量民办高校选择非营利性办学，终止时可以给予出资者相应的补偿和奖励"的规定，在其与基金会签署原先投入资产的捐赠协议并将原举办者投入全部转移到基金会名下时，应通过"一校一策"的方式对原举办者实施奖励与补偿。具体实施时要注意三点。首先，明确奖励与补偿的标准是关键，需要考虑多个因素，包括但不限于原举办者的投入规模、学校的运营状况、发展成果、对社会的贡献等。通过综合评估这些因素，确定一个公平、合理的奖励与补偿标准。其次，确定奖励与补偿的方法也很重要。可以考虑多种方式，如给予现金奖励、提供税收优惠、赋予特定权益等。具体方法应根据学校的实际情况和原举办者的需求来确定，以确保奖励与补偿能够真正起到激励和补偿的作用。最后，明确奖励与补偿的程序也是必要的。这包括申请、审核、批准、发放等步骤，需要建立一套清晰、透明的程序，确保奖励与补偿的发放公平、公正、公开。同时，还应设立专门的机构或部门负责奖励与补偿的管理和监督，以确保整个过程的顺利进行。这样不仅体现了对原举办者历年办学贡献的尊重，而且通过捐赠，举办者原先的投入就完全实现了学校所有，原举办者不再享有学校存续期间的财产权和终止办学时剩余资产的索取权，而存量民办高校在完成举办者变更后，可以按照基金会办学模式继续办学。变更过程中不会发生资金外流现象，保证了学校办学资金的稳定性。而在此以后，基金会对学校的所有投入均属于捐赠投入，不再是资本投资。由此，也就厘清非营利性民办高校办学性质与投资办学之间的历史遗留问题。

此外，在基金会办学的初步探索阶段，应充分信任捐资者，尊重并保障他们的教育愿景和办学主张，保护举办者在基金会决策机构的地位，积极引导鼓励存量民办高校举办者选择基金会办学，同时鼓励他们继续投入于存量民办高校的运营、管理中。理事会是基金会的决策机构，其成员构成应充分体现捐资举办者的参与和影响力。因此，非营利性民办高校的捐资举办者不仅有权成为基金会的理事，更有资格被选举为理事长。这一安排不仅符合《民办教育促进法》的相关规定，也确保了举办者，特别是自然人举办者，在失去财产权属后，依然能够依据章程规定享有对学校的管理权，从而保护并推动他们的教育理想。[①]

三、落实基金会办学的税费优惠政策

税收制度，特别是税收优惠，是基金会获取慈善资源的关键优势，同时也是其开展公益性事业的政策回报。完善我国基金会办学的税收制度，规范相关税收优惠，避免滥用公益待遇，是激发更多潜在捐赠者和管理者参与公益事业、壮大基金会办学的重要外部支持。目前，我国关于公益慈善事业捐赠的税收规定散见于《中华人民共和国公益事业捐赠法》《中华人民共和国企业所得税法实施条例》《中华人民共和国个人所得税法实施条例》及相关部门的规范性文件中。我国企业的公益性捐赠支出的税收制度主要依据2018年发布的《财政部 税务总局关于公益性捐赠支出企业所得税税前结转扣除有关政策的通知》。根据该规定，企业通过公益性社会组织或者县级（含县级）以上人民政府及其组成部门和直属机构，用于慈善活动、公益事业的捐赠支出，在年度利润总额12%以内的部分，准予在计算应纳税所得额时扣除；超过年度利润总额12%的部分，准予结转以后三年内在计算应纳税所得额时扣除。居民个人公益捐赠支出的税收扣除规定则依据2019年12月30日财政部、国家税务总局发布的《关于公益慈善事业捐赠个人所得税政策的公告》。根据该规定，我国居民个人发生的公益捐赠支出，在综合所得、经营所得中扣除的，扣除限额分别为当年综

---

① 黄洪兰.基金会举办非营利性民办高校现实基础、产权保障与推进策略［J］.黑龙江高教研究，2021（5）：22－27.

合所得、当年经营所得应纳税所得额的百分之三十；在分类所得中扣除的，扣除限额为当月分类所得应纳税所得额的百分之三十。与欧美国家相比，我国在鼓励捐赠行为的税收制度方面还存在一定差距。欧美国家的税收制度在税收优惠上不设上限，这意味着只要捐赠的资金用于慈善事业，就可以享受免税优惠。这种政策极大地促进了慈善事业的发展。在我国慈善事业尚未充分发展的情况下，对捐赠金额设置了上限，超过一定标准的捐赠额不允许在税前扣除。这在一定程度上阻碍了我国慈善事业的发展。此外，非营利组织的免税资格和公益性捐赠税前扣除资格的分别申请和审批制度也增加了基金会的操作难度和时间成本。基金会需要向登记管理机关和财税管理两个部门分别递交申请，并按照各自的要求提供材料和证明。这不仅增加了基金会的工作量，还可能导致信息的不对称和重复劳动。同时我们也发现，获得公益性捐赠税前扣除资格的认定较为困难。这主要是因为认定标准相对严格，要求基金会必须满足一定的条件，如捐赠活动的公益性、捐赠款项的使用透明度等。财税管理部门对基金会的审查和监管较为严格，需要基金会提供充分的证据和材料来证明其符合认定标准。

未来，对于企业或个人通过基金会举办的非营利性民办高校，我们应进一步完善相关税收政策，以激励更多的社会力量参与办学。（1）举办者的原始投入应被视为捐赠，原举办者成为基金会的捐赠者，从而享受税收优惠政策。具体而言，投入基金会大学的办学资金应被允许在个人所得税或相关企业所得税税前扣除，相关政策及具体操作办法需要进一步细化和落实。（2）尝试将免税资格与税前扣除资格相统一，即采用统一的标准和程序来认定这两种资格，减少不必要的环节和要求，降低基金会的操作难度和时间成本。登记管理机关和财税管理部门应加强协调和信息共享，避免基金会重复递交材料和证明。同时，可以建立联合审查机制，提高审批效率和准确性。（3）对于基金会举办的非营利性民办高校应当享受公办高校同等的税收待遇，将学校的学费收入纳入财政管理的行政事业性收费的范畴，减免企业所得税；将学校的住宿费、课本费、作业本费、考试报名费收入以及学校食堂提供餐饮服务取得的伙食费收入等纳入增值税减免范畴。在优惠力度上，除了贯彻落实企业所得税中捐赠企业准予扣除比例和可抵扣捐赠额占个人所得税应纳税所得额比例外，免除基金会投资收入的相关税收；切实落实公益股权信托的税收优惠，使慈善信托能够吸引更大规模的资产。同时，我国应尽早征收遗产税和赠与税，制定遗产税和赠与税的征收金额及税率等级，以激励更多的人将遗产投向慈善或公益领域。总之，完善相关法规不仅有助于确保税收政策的公平性和透明度，还能有效激励更多人加入捐赠事业中来，从而推动社会公益事业的蓬勃发展。

四、落实基金会办学的捐赠配比资金

捐赠配比政策是指通过财政配比调节民办高校的资金筹措、运作、管理等环节，对地方财政部门及高校拓展筹资渠道的决策与执行具有实践导向作用。这一政策旨在激励社会捐赠，推动高校社会捐赠体制的改革与创新，为高校可持续发展奠定经济基础。在美国、新加坡等国家和地区的高校中，"捐赠配比政策"早已得到应用。以新加坡为例，政府在1991年成立了大学捐赠基金，这是新加坡大学教育发展历程中的一项重要管理创新举措。政府率先出资500万美元用于鼓励学校自筹资金。如果大学能够独立筹集到办学资金，政府将资助与其筹集金额相匹配的金额，同时在5年之内政府再资助1倍相应的金额。这一举措极大地降低了大学对政府的依赖，促进了学校主动与校友、社区的沟通协作。在美国，有一种被称为"配套资金法规措施"的制度。根据这一规定，不同用途的捐赠将会获得不同比例的配套资金，并且这些资金将被计入捐赠者的名下。当企业员工向慈善组织捐赠时，公司老板通常会按照员工捐款的数额进行匹配捐赠。美国各大公司普遍实行"捐赠匹配"的制度，这意味着任何员工只要向合法慈善机构捐款，公司都会如数追加捐赠。这种做法不仅激励员工积极参与慈善活动，同时也提升了公司的社会形象和声誉。中国香港地区也实施了类似的配套资金法规措施，为捐赠提供1∶1的配套资金来支持受捐助者。

"财政配比政策"在调动高校和捐赠者的积极性、吸引社会资源向高校流动方面具有显著作用。为了完善我国高校社会捐赠体制并促进高等教育事业的可持续发展，财政部、教育部于 2009 年 10 月 12 日联合发布了《中央级普通高校捐赠收入财政配比资金管理暂行办法》（以下简称《配比办法》）。该政策通过设立中央财政配比资金，对中央级普通高校接受的捐赠收入实行奖励补助。值得注意的是，《配比办法》规定，"中央财政仅对各高校通过在民政部门登记设立的基金会接受的捐赠收入进行配比"。这一规定促使高校迅速建立与发展基金会组织机构，并制定周密的募捐计划，确保筹集活动有组织、有计划地展开。2009 年，全国 110 多所中央级普通高校共接受了 15.6 亿元的社会捐赠收入，同时获得了 10 亿元的财政配比资金支持。① 目前，许多省、市级地方财政也设立了捐赠配比专项资金。然而，民办高校由于资金未纳入财政专户等原因，无法享受这一激励政策。因此，建议政府借鉴发达国家的做法，通过给予基金会大学捐赠资金额 1∶1 的配套资金，鼓励学校自筹资金，持续获得更多的社会捐赠；配比资金既可以来自省、市等地方政府，也可以由高校自身设立配比资金。同时，在制定扶持政策时，需要打破部门间的利益牵制，加强各部门之间的联动，以提高政策的系统性、整体性和协同性。

第二节　规范办学行为，完善基金会办学监督机制

一、研究制定基金会办学的实施条例

《民办教育促进法实施条例》中对基金会办学的规定，为基金会办学提供了法律层面的支持；《民法典》及其他法律法规清晰界定了基金会属

---

① 荣国权. 高校上调学费引争议 专家：不能缺钱就向学生伸手［EB/OL］.（2014－08－23）［2024－02－20］. http：//edu. people. com. cn/n/2014/0823/c1006－25524848. html.

于非营利法人，可以承担起作为民事主体从事公益性质的民事行为，可以依法成为单独的办学主体。这些法律条文中的基本内容为解决或缓解基金会办学中的问题扫清了很多障碍。但实践中仍有许多需要进一步明晰、细化的地方，如社会力量如何设立基金会、基金会作为办学主体如何办学、设置标准如何、基金会大学的财产权如何确认等问题。因此，教育、民政、财政等相关部门应加快研究基金会办学实施细则，针对基金会办学行为加紧研究制定出台具体可操作的条例，建立基金会办学的制度框架，加强基金会大学办学行为遵循，明晰政策导向，完善基金会大学的顶层设计。

此外，可以探索基金会办学的负面清单管理，设置行为底线，划定清晰的自主办学范围，规范办学行为，强化政策导向作用和政府引导作用，避免基金会大学借助非营利性民办高校的产权属性外衣，进行违法违规的关联交易，危害师生合法权益。尤其是在校舍租赁、餐饮服务、后勤物业管理、教育教学类服务、委托管理、品牌授权、资金借贷等领域进行的关联交易，需要进行重点监管，梳理问题清单，建立关联交易管理制度、信息披露制度和回避制度等。通过一系列配套制度和负面清单的建立，形成较为完整的基金会办学法规体系，可以较好地改变现有法律规定过于原则化、理念化以及操作性不强的状况，促使基金会大学的运作进一步规范化、法治化，避免政策不明带来的制度性风险，推动基金会大学循规律、讲规矩、守规则，突出底线和问题意识，努力提升学校治理能力和治理水平，推动学校自主规范办学。

二、健全对基金会大学的财务规制

建立合法、规范的内部财务管理制度是确保基金会大学健康发展的关键制度保障。在美国，私立学校每年需要向政府的税务部门和教育部门提交详细的经费收支报告，并接受政府部门的定期检查。此外，州政府立法审计员也会对私立学校的财务状况每年或每两年进行一次最终审计。这种严格的监管和审计制度确保了私立学校的经费使用透明、合规。相比之下，我国民办高校在财务上拥有较大的自主权，其经费开支属于内部行为。然而，这也导致了财务监管和审计的制度体系存在空缺或不完善的问题。为了促进民办高校的健康发展，需要加强对其财务的监管和审计，完善相关制度体系，确保经费使用的合规性和透明度。尤其是在分类管理背景下，基金会大学财务管理的不规范将难以保证其资金运转的透明度与公益性，从而也容易产生社会对基金会大学的信任危机，不利于政府的财政投入，更不利于大学的进一步发展。同时，随着基金会大学的发展和第三次分配的到来，基金会大学所募集的各类捐赠款项会逐渐增多，资金规模不断扩大，经济活动不断增多，对举办者基金会及基金会大学的财务管理尤其是内部控制管理提出了更高的要求。基金会大学在这种形势下，需要建立内部与外部完备的财务合规管理体系，规范大学的日常财务行为，加强财务风险控制，推进财务公开，保证财务管理的透明度与公益性，提高社会口碑与信任度，为基金会大学健康持续发展夯实前进之路。

首先，根据基金会大学的法人属性，执行非营利组织会计制度，明晰财务管理权责，规范设置会计账簿和会计科目，并根据资产来源按举办者投入、政府补助、受赠、收费、办学积累等分类登记入账，明确产权关系，建立健全资产管理制度；制定科学的投资战略，促进资产保值增值，探究适合我国国情和院校发展需要的投资、支出金额占比及组合策略。其次，探索制定符合基金会办学特点的财务管理办法，建立不相容职务分离制度，减少治理结构的资本关联，明确基金会、学校管理团队在经费运作中的权力和职责，根据学校教育教学实际，将资金使用规模逐层分解，统筹规划，合理降低和控制运行成本；完善基金会大学的年度财务预、决算报告报备制度。再其次，建立财务预警系统，合理控制学校贷款规模，优化负债结构，强化投资监控，做到及时止损。建立贷款额度控制机制，借助有关技术指标进行科学测算，在实事求是的基础上，研究确定学校合理的贷款规模，随时掌握自身财务风险状况，防范和化解财务风险；建立内部监控机制，对项目贷款必须进行可行性论证，确保项目科学化、合理化，同时对贷款项目实施全方位、全过程的监控，确保项目安全、高效地投入使用，尽快发挥效益。① 基金会大学对限制性捐赠资产的用途也要加强过程性监管，尊重捐赠人的捐赠意图，避免引起不必要的纠纷。最后，加强外部监督。基金会与基金会大学均实行独立运作，但也要始终把自己置于党和政府的监督之下，需要通过年检、年报、主动汇报等形式，自觉接受民政、教育等部门的监督管理。同时，应聘请权威的审计、评估部门，每年对基金会及学校的财务进行严格审计，对基金会的风险、发展前景、信用度等各方面进行评估，并通过一定渠道向社会公开。在此，必须明确的是政府对基金会大学的财务规制不是干预大学具体的财务运作，而是通过对基金会大学的经济激励，指导其依据财务和会计行业规范进行财务活动，提高财务效率，提升财务水平，促成科学理财，规范支出，防止基金会大学公共财产贬值与流失，增强基金会大学发展的后劲，确保办学公益性的实现。②

三、设立基金会大学信息公开制度

信息公开是让更多的群体以舆论的力量，间接参与学校管理，提高社会信任度和捐资力度的有效途径。基金会大学的公益办学性质以及其资产社会性的特点，使得社会公众需要了解基金会大学的基本信息，然后基于对该基金组织和基金会大学的信任，进行捐款等行为。在某种意义上，慈善捐赠行为很容易受到基金会组织主观印象的影响。也就是说，基金会组织内部的廉洁程度、基金会组织成员的社会声誉等因素都可能在一定程度上影响慈善捐赠行为。这种影响可能是基于捐赠者对基金会组织的信任度、形象认知等方面的考虑，从而决定是否进行捐赠以及捐赠的规模和频率。对基金会大学来讲，公开信息有利于增强学校软资本，减少政府、社会、学校、校友、学生（家长）之间的信息不对称，展现组织能力，提高

---

① 李钊. 防范办学风险：政府和民办高校的责任［J］. 高等教育研究，2007（10）：49－55.
② 邱小健. 民办高等教育政府公共教育财政资助研究［D］. 北京：北京师范大学，2010. 4.

学校的社会信誉，改善外部环境。可以说，信息披露是基金会大学发展壮大必不可少的环节和强劲有力的推手。我国的法律法规在不同层面对基金会的信息公开提出了要求，如《慈善法》《公益事业捐赠法》《基金会管理条例》等；民政部门也为此制定了专门的规章，如《基金会信息公布办法》《公益慈善捐助信息公示指引》等。因此，建立完善的以信息公开为基础的基金会及基金会大学监管体系迫在眉睫。

首先，建立起规范公开的基金会及基金会大学信息披露制度，对捐赠资金的运作进行监督。卡内基基金会主席曾说过："慈善事业要有玻璃做的口袋。"① 也就是说，慈善款项数额、去向都应该透明得像玻璃一样，让公众清楚明了。目前《慈善法》已经从法律政策层面确保了社会公众的知情权，要求慈善组织对资金募集信息、项目信息、财务信息、主要领导人信息等进行公开。对于基金会大学，教育、民政部门也应制定统一的基金会大学信息公开标准，规定信息公开的范围、程序、呈现方式等细节性问题，增加基金会大学的透明度；引导地方政府与专业网络互动，加强政策解读和舆情回应，促进更有效的政策执行和信息公开；在运作捐赠项目时，基金会大学应坚守公开、透明的原则，定期向捐赠者及社会公众公布善款的使用情况，这是建立公众信任的关键措施。其次，基金会大学应重视团队建设，强化基金会的专业化运作。这涵盖团队管理、项目实施和组织治理的专业化建设。除了依靠政府引导、法律约束和社会监督等外部因素，基金会大学更需强化内部自律，在道德责任、制度规范、团队建设和财务透明度等方面下功夫。当前，一些基金会或慈善组织在管理上存在缺陷，缺乏行业自律、监督和审计，这些问题严重影响了其公信力。而一支专业且敬业的团队、规范高效的项目执行以及明晰的组织治理结构，将有助于基金会大学完善信息披露制度。只有这样，基金会大学才能真正提升其公信力，并履行其历史使命。此外，国内外在非营利组织信息披露方面已有许多先进的实践，如设立专门网站、民间咨询和接受官方调查等。基

① 李迎生. 慈善公益事业的公信力建设论析 [J]. 中共中央党校学报, 2015 (6)：85 – 92.

金会大学应加强与基金会行业以及其他非营利组织的交流，定期参与专业培训，学习并采纳其他组织的优秀实践，以持续提升其专业化管理水平，推动基金会大学的专门化管理。

四、健全基金会办学风险防范机制

目前，中国的基金会大学尚缺乏足够的先例和成功经验可供学习、借鉴。创办大学需要巨大的投入，并涉及土地、人才、招生等诸多问题。与公办高校相比，民办高校更加依赖于教育市场，其生存和发展受到市场的直接影响，因此在基金会大学创办和发展的过程中，将面临多种风险，如筹资风险、招生风险、就业风险和办学质量风险等。如何将这些风险转化为发展机遇，对任何一所基金会大学而言都至关重要。然而，基金会大学作为具有公益性质的社会公共事业，其运营困难或倒闭不仅仅是学校自身的问题，还涉及受教育者及其家庭的切身利益，甚至可能引发社会问题。因此，防范基金会大学的办学风险不仅是学校的责任，也是政府的责任。应尽早采取措施识别风险，做到早识别、早防范、早控制，共同为基金会大学的可持续发展保驾护航。

为确保基金会大学办学安全、稳定和可持续发展，提升各类风险的自主可控能力，应采取以下措施。第一，树立风险意识并提高风险应对能力。办学者和管理者应牢固树立风险意识，全面认识办学风险，将风险意识融入日常管理，从源头上预防风险的发生。特别是在高等教育快速发展时期，应保持清醒头脑，客观评估基金会大学的发展空间，合理规划学校发展，规避因生源不足而产生的办学风险。第二，加大与专业部门的合作力度，提高风险预警能力。与金融单位、审计机构、会计公司、律师事务所等专业部门建立合作关系，获得投资和法律等专业支持。对于声誉风险，应迅速联合权威媒体及政府部门组建应急防控指挥部，进行必要的整改和惩治，及时发布官方信息引导舆论。对于财务风险，应尽快协同合作的专业部门建立风险管理小组，以减少资产贬损。第三，加强重点风险管控，确保及时干预。在招生、教学质量、就业、资金等关键节点上建立学校风险防范关键节点，进行重点分析和全程监测。对未来可能发生的风险类型及危害程度及时作出风险评估，并根据评估结果对可能造成危害的风险发出预报，及时干预，实现全周期的风险预警，做到早发现早控制。第四，制定全面风险管理预案，强化整体风险控制能力。完善基金会大学董事会议事章程，规范其运行程序，实现学校决策的民主化、科学化。支持师生参与院校治理，提升关键利益群体满意度。建立专项风险基金以备不时之需。组建风险防控团队，强化日常风险预警。创建风险咨询委员会以应对复杂棘手的风险管控问题。①

此外，防范办学风险是基金会大学和政府共同的责任。政府的正确引导和有效管理在基金会大学办学过程中起着至关重要的作用。通过政府的引导和支持，基金会大学可以克服办学上的盲目性、教学上的随意性以及运行上的无序性，从而降低办学市场风险。在制定和执行具体民办教育政策时，政府应坚持"支持和规范"的总基调。支持是目的，旨在为基金会大学提供必要的资源和条件，促进其健康发展；规范是手段，旨在确保基金会大学遵循法律法规和政策要求，提高办学质量和效益。为了避免政策朝令夕改，政府应保持政策的连续性和稳定性，为基金会大学提供可预期的发展环境。同时，政府应加强对基金会大学的监管，确保其办学行为合法合规，防止潜在的办学风险。在基金会大学的风险防范问题上，政府也应承担相应的责任。政府应与基金会大学建立良好的合作关系，共同防范和化解办学风险。

第三节　强化宏观调控，优化基金会办学外部环境

提升基金会在非营利性民办高校中的影响力，推动基金会大学的特色

---

① 郑淑超，周海涛. 基金会办大学：非营利性民办高校办学模式的创新［J］. 高等教育研究，2022（2）：75－80.

发展，仅靠基金会和基金会大学的自身努力来提高"效力和效率"是远远不够的。社会政治、经济、文化体系在很大程度上影响着基金会及其大学的"效力和效率"。因此，政府、行业和社会力量应当引导基金会在参与我国非营利性民办高校办学过程中更加积极、准确、高效地使用资金，以提高基金会的运作效益，促进基金会大学的健康、可持续发展。

一、加强统筹规划，引导基金会大学高质量发展

基金会大学作为我国民办高等教育的新兴力量，是我国高等教育体系中不可或缺的一部分。2021 年 3 月，《中华人民共和国国民经济和社会发展第十四个五年规划和 2035 年远景目标纲要》明确提出"支持发展新型研究型大学、新型研发机构等新型创新主体"，为基金会举办非营利性民办高校提供了政策支持和发展机遇。这种办学模式的创新探索，不仅可能成为新型高水平大学的重要组成部分，而且对于促进高等教育大众化进程、提供多元教育选择、丰富高等教育生态等方面具有重要意义。它将在高等教育领域发挥重要作用，并承担新的功能和价值。基金会大学的创办不仅有助于公办高校和民办高校共同发展，还可以营造类型多样、适度竞争、可持续性强的高等教育生态。当一批具有高水平民办高校作为竞争者加入到高等教育竞争体系中时，它们会形成一种"鲶鱼效应"，对那些通常处于优势地位的公办高校构成挑战。这种竞争压力将激发公办高校的创新意识，促使它们不断提升自身的教育质量和竞争力。这种竞争格局有助于推动高等教育整体水平的提升，为我国高等教育事业的发展注入新的活力。[①] 但是在同样的政策环境下，基金会大学要跑赢"大盘"，在当前高等教育体系高度发达、院校竞争激烈的社会环境下成长、发展起来，需要有敢为人先、特色办学的勇气，需要摒弃当前跟在公

---

① 王一涛，侯琮，毛立伟. 新型高水平民办高校建设：国际经验与中国路径［J］. 高等工程教育研究，2022（12）：93 - 97.

办高校后面亦步亦趋的局面，聚焦资源，以特色求发展，以创新为驱动，面向社会展示一个有社会担当、锐意进取的公益形象，进而获取更多社会资源支持。

在当前民办教育分类管理改革的背景下，政府相关部门要树立全局眼光，加强系统研究和顶层设计，减少行政管理色彩，树立其"保护者""服务者""监管者"的角色定位，切实履行教育发展职责，优化教育生态。一是建立健全省级政府统筹协调机制，健全多部门协同参与的工作体制，建立协同制度规则，包括时间、地点、议程、协同形式等，形成资源力量整合、权责划分清晰、政策快速联动的制度体系；构建信息化交流平台，打破管理碎片化；利用预算、监督问责等工具增强部门间的协同动力，实现中央和地方有效统筹，教育、民政、税务、人社等行政部门有效联动，实现更高效的政府管理与服务。二是基金会举办的民办高校和公办高校都属于公益性、非营利性办学，要打破属性壁垒，以开放的心态和务实的精神，协力推进高等教育的高质量发展。为了加强公办高校与基金会大学之间的交流与合作，可以采取多种形式，如共同举办教学与学术交流活动、探索教学资源共享和课程学分互认、开展联合培养与合作研究，以及共同建立专业协作组织等。通过这些合作，实现优势互补、合作共赢，共同构建高质量的高等教育体系。基金会大学在制定和实施学校具体的五年事业发展规划时，可考虑选择在发展目标定位、学科专业结构、办学规模层次等方面具有可比性的一所或若干所省属公办本科院校作为对标学校，在学校事业发展的主要指标和改革主要举措以及绩效产出等方面与对标学校进行比较分析，借鉴经验、找出差距、推出举措；在规划实施过程中，要加强与公办本科院校的交流与合作，同时重视错位发展，形成自身的办学特色和优势，提升人才培养质量和办学水平，不断提高社会声誉，提高社会影响力。三是要进一步放宽对基金会大学的管制，在招生、专业设置、收费等方面给予更大自主权。在硕士和博士学位授予权等办学层次方面，应该给予基金会大学一定的政策倾斜和支持，以鼓励其提升办学水平和层次。可以考虑借鉴西部地区、民族高校在申请新增硕士学位授予单位和授权点时降低20%申请条件的倾斜政策，或者在各省新增研究生学位授予单位时，单独为基金会大学列出计划，为其提供更多的发展空间和机会。进一步完善基金会大学的准入门槛，降低土地、校舍等方面的硬件要求，降低在校生规模。引导基金会大学将更多资源用于人才培养、师资队伍建设等内涵发展的关键环节，提高资金使用效益。秉持"小而精、专而新"的特色化办学理念和战略愿景，以打造独特竞争力为核心目标，推动实现跨越式发展。

二、营造浓厚慈善文化，激发社会捐赠活力

慈善文化作为社会文化的重要组成部分，展现了人们基于仁慈、同情和慷慨的互助意识。作为道德范畴，慈善文化不仅体现了利他主义价值观和平等互助的理念，更在激发社会财富向善的力量方面发挥关键作用。这种深厚的慈善文化对社会良性运行、缩小贫富差距、缓解社会矛盾具有不可替代的价值。同时，它也为基金会大学注入了丰富的资源和持续的发展动力。在中国的传统文化中，我们可以找到许多有益于慈善捐赠的价值观念，如"老吾老以及人之老，幼吾幼以及人之幼"提倡人与人之间的关爱，以及墨子的"兼爱"思想，这些都强调了人与人之间的互助和关爱。然而，受到儒家文化中的"中庸之道"以及私有财产保护制度尚存在某些缺陷的影响，一些人担心捐赠会暴露自己的财富状况，从而招来不必要的麻烦。此外，不少中国富翁缺乏公共精神，只想将财产留给子孙，这也是许多人不愿意进行捐赠的内在文化原因。同时，中国社会中的宗教信念与宗教组织对社会的影响力量相对较弱，这也使得慈善文化缺乏坚实的根基。在这种背景下，捐赠行为的力度及影响力被弱化。这些因素都无形中成为中国基金会组织文化发展的障碍。捐赠行为与一个国家的捐赠环境和氛围紧密相连，而这种环境和氛围又与社会文化价值观紧密相关。为了激发社会和个人的捐赠热情与活力，我们需要营造"人人向善"的慈善文化环境与氛围。通过培育慈善意识，我们可以引领慈善行动，帮助捐赠者在

捐赠教育和捐赠基金会大学的行为中实现利他和利己的互动。这样，基金会大学就能持续获得更多的外部支持。

为了推动基金会大学的繁荣发展，迫切需要构建一种既传承传统美德又融入现代意识的慈善文化。在全面建成小康社会并迈向社会主义现代化强国的新时代背景下，第三次分配和慈善事业的重要性与价值愈发突出。确实，道德内化和自觉参与公益活动，尤其是社会捐赠，是一个复杂且多元的过程，其中涉及个人的道德观念、文化背景、社会环境等多个方面的因素。然而，当前我们已经具备了营造深入人心的慈善文化环境所需的充分社会条件。慈善文化作为社会进步的表现形式，应从传统的仁爱观、伦理观向责任意识、人权意识转变，倡导全民参与，逐步提升公众的公益意识，使慈善观念内化，提高个人捐赠比例。尤其要鼓励广大普通民众参与小额捐赠，因为这更有助于激发社会的创新活力。政府应采取多种措施，激励慈善组织开展个人慈善教育。例如，对于个人捐赠占收入总额 50% 以上的公募慈善组织，应给予更大的政策优惠，以此推动慈善组织积极开展慈善教育和文化培育。此外，还应正确评价和引导大学捐赠文化现象，努力营造适合大学捐赠文化发展的社会环境。为了增强公众对基金会大学的信任度和认可度，政府应强化对基金会大学的监督管理，提高其信息透明度，确保公众能够清晰地了解基金会大学的运作情况。同时，为了充分发挥行业组织、媒体、公众和第三方评估机构等社会力量的监督作用，提升基金会大学的资源使用效率和办学质量，需要采取一系列措施。随着数字时代的来临，数字公益的发展也成为重要的趋势。从政策层面加大对基金会大学的技术支持，发展互联网募捐平台，降低个人捐赠门槛，为捐资助学搭建良好的运作平台，提高个人捐款的便捷性和捐赠资源使用信息的透明度，都是必要的举措。此外，中国社会的转型也是实现公益精神现代化的重要基础。从熟人社会逐渐转变为公民社会，形成由感恩与科学反哺构成的现代公益精神，能够实现人与人的关系、人与社会关系的深刻变革。在此基础上，基金会及其举办的大学才能更好地形成其内部的价值取向、行为规则和文化体系，使组织成员在共同行为的基础上达成共识和对组织的认同感，从而成为推动组织发展的文化力量。

三、发挥舆论宣传作用，提高公众捐赠意识

在中国，捐资助学的传统由来已久，但与国际社会相比，我国慈善事业尚处于发展的初级阶段，公众的捐赠意识不强，慈善事业的发展远远落后于经济社会的发展速度。目前，中国的慈善更倾向于传统恩赐式慈善，往往是在灾难发生后，以直接救助为主，与现代公益的公民慈善还有差距。"健康"的慈善不是施舍，而是爱心的主动给予，致富思源，义利兼顾，自觉履行社会责任，从而提高整个社会的福祉。当前，社会对基金会举办的大学、企业家捐资办学的公益性质和非营利属性也普遍认识不足，因此要推动基金会办学的持续健康发展，需要充分发挥新闻媒体舆论喉舌的作用，提高公众现代慈善、捐赠的意识，在全社会构建有中国特色的社会主义慈善文化，鼓励社会力量捐赠教育。

一是要将慈善文化建设纳入社会主义核心价值体系建设和精神文明建设的部署和规划。大力倡导诚信友爱、奉献社会的社会风尚，以此为基石，切实推动共同富裕的进程。为了更广泛地传播慈善文化，需要开展一系列的推广活动，使其深入社区、乡村、机关、企业以及学校。为了积极推广慈善文化和捐资助学行为，应当精心组织与群众生活紧密相连的各类活动，并采用容易被大众接受和喜爱的形式，深入传播蕴含中国特色的教育捐赠文化。鼓励并支持社区、企业在日常实践中积极融入慈善元素，从细微之处着手，逐步营造出一个全民参与、积极向善的社会氛围，使捐资助学行为深深扎根于社会文化土壤之中。同时，随着信息技术的迅猛发展，应充分利用网络媒体等新兴传播手段，大力弘扬中国特色社会主义慈善文化。例如，在报纸的重要版面设立专门的慈善专栏，开通慈善服务热线，为公众提供便捷的信息获取和参与渠道。这些举措不仅有助于推动慈善文化的广泛传播和深入人心，还能为教育捐赠文化的形成奠定坚实基

础。二是要立足重点，树立典范，大力弘扬慈善文化。要使良好的慈善文化最终内化为个人的自觉行为，必须立足于重点人群，树立典型，培育和打造一批"慈善兴学"先进个人、先进单位，由点扩面，适时恰当地给予荣誉奖励，强化宣传，在全社会营造一种良好的"捐资助学"文化舆论氛围，激发公益慈善力量对兴办教育的巨大热情和潜力。三是要从相对富裕人群抓起，引导他们树立正确的财富观和慈善价值观，对主动承担社会责任、愿意捐资助学或慈善兴学有较大社会影响的企业和企业家要广为宣传并给予表彰。通过媒体、网络等各种途径寻找、挖掘并大力宣传捐资助学、慈善兴学的先进事迹，让慈善兴学行为成为这部分人群的志愿行为和自然之举。四是要立足未来，从学校学生抓起，培育一颗颗慈善助学、反哺母校之心。国际经验表明，校友捐赠是世界一流大学获得运营经费的重要支撑，也是学校形成独立生存能力的关键所在。世界一流的私立大学从学生一入学开始就着手培养学生的母校情结。学校应该把"慈善教育"作为学校德育工作的重要组成部分，在校园文化建设中，通过有计划地融入慈善文化元素，例如设立慈善文化长廊、举办慈善主题讲座、开展讨论和课外活动等，将慈善文化有机地融入教育教学过程。这样，积极健康的慈善文化理念能够潜移默化地影响青少年，促使他们将其内化为个人的自觉行为，从而在校园中形成浓厚的慈善氛围。同时通过对捐赠事宜进行不断的运作和创新，为基金会大学发展创建强大的校友捐赠系统。

四、重视行业组织作用，推进"基金会办学"公共治理

民办教育行业组织在民办高校与政府之间起到了桥梁作用，其在维护民办教育公益性方面发挥着市场和政府无法替代的作用。在英美等发达国家，对非营利组织的监管主要依赖于众多的自律组织。然而，我国非营利组织的监管主要依赖于政府相关部门，这不仅增加了政府的监管负担，而且由于信息不对称，导致政府制定的非营利组织活动规范和行为规则缺乏针对性。相比之下，行业组织的自律监管具有更高的效率、灵活性和预防

性。行业组织汇聚了一批精通业务的专业人士，他们深知非营利组织如何利用法律漏洞逃避监管，同时也了解应制定何种规范以更好地指导与约束非营利组织。因此，发挥行业协会的监督和引导作用，对于规范基金会大学的办学行为具有积极意义。同时，通过行业协会这一平台，进行广泛宣传，提高社会对基金会大学的认同度和满意度，为基金会大学的可持续发展奠定坚实基础。

因此，培育发展行业组织应是当前我国基金会大学监管体制改革的主要措施之一。具体可从以下三方面加强行业组织的培育和发展。一是应从法律上明确规定行业组织地位、职权及主要从业人员的资格等设立条件。民办教育行业协会和中介组织在长期的发展中，由于缺乏政策的支持，其发展受到了很大的限制，对民办高校的约束力和号召力也相对较弱，无法充分发挥其治理作用。为了改变这一现状，政府需要制定和实施相应的政策，赋予这些组织一定的权利和职能，确保其能够有效地提供高等教育信息服务、质量监控、效益评估等公共物品和服务。政府应该加强对民办教育行业协会和中介组织的支持和引导，建立健全的政策法规体系，为其发展提供有力的保障。同时，政府还应该鼓励和支持这些组织积极参与高等教育治理，发挥其专业优势和组织力量，推动民办高校不断提高教育质量和治理水平。

二是通过行业组织的管理智慧，共同营造一个高度透明的环境，以提升整个基金会行业的公信力，进而增强其在基金会大学中的影响力。为了实现这一目标，需要加快创建基金会的行业协会和中介评估机构。这些机构将致力于构建行业统一的信息披露标准、建立统一的信息披露平台、明确信息披露的重点。同时，还需要构建和完善基金会财务透明度的评估指标体系，并将信息披露的范围扩展到参与办学的基金会大学的教学绩效、风险承受能力等方面。此外，我们还应对基金会的透明度进行公开评级，以增强公众对基金会行业的了解和信任。

三是完善行业组织的自律机制。行业组织实现自我管理、自主发展的必要条件之一就是加强自律机制建设，维护民办教育行业整体利益和组织内部成员的共同利益。构建行业协会、中介组织的自律机制和监管体系，可以通过批评教育、通报曝光、公开谴责等方式，从重从严惩处行业中的非诚信行为和违规办学行为，并向政府有关部门提出建议，给予违反自律要求的基金会和基金会大学以正式的法律处罚，使行业组织真正成为维护教育公益性方面的重要力量。

参 考 文 献

一、中文著作

［1］彼得·德鲁克. 非营利组织的管理［M］. 北京：机械工业出版社，2007.

［2］毕监武. 社团革命：中国社团发展的经济学分析［M］. 山东：山东人民出版社，2003.

［3］布鲁斯·约翰斯通，帕玛拉·马库奇，高等教育财政：国际视野中的成本分担［M］. 武汉：华中科技大学出版社，2014.

［4］陈秀峰. 当代中国大学教育基金会研究［M］. 北京：中国社会科学出版社，2010.

［5］戴志敏，石毅铭，蒋绍忠. 大学教育基金会管理研究［M］. 杭州：浙江大学出版社，2010.

［6］董圣足等. 民办学校分类管理推进策略研究［M］. 上海：华东师范大学出版社，2020.

［7］董圣足. 民办院校良治之道——我国民办高校法人治理问题研究［M］. 北京：教育科学出版社，2010.

［8］范先佐. 筹资兴教——教育投资体制改革的理论与实践问题研究［M］. 武汉：华中师范大学，1999.

［9］菲利浦·科特勒、艾伦·R. 安德里亚森. 非营利组织战略经营（第五版）［M］. 北京：中国人民大学出版社，2003.

［10］弗兰克·H. 奥利弗. 象牙塔里的乞丐：美国高等教育捐款史

[M]. 广西：广西师范大学出版社，2011.

[11] 葛道顺等. 中国基金会发展解析 [M]. 北京：社会科学文献出版社，2009.

[12] 郭国庆. 现代非营利组织研究 [M]. 北京：首都师范大学出版社，2001.

[13] 何国伟. 我国非营利性民办高校公共财政资助问题研究 [M]. 重庆：西南师范大学出版社，2016.

[14] 柯佑祥. 适度盈利与民办高等教育的发展 [M]. 南京：南京师范大学出版社，2003.

[15] 莱斯特·M. 萨拉蒙. 全球公民社会：非营利部门视界 [M]. 北京：社会科学文献出版社，2002.

[16] 刘永林. 民办学校独立董事制度研究 [M]. 北京：中国政法大学出版社，2019.

[17] 罗伯特·伯恩鲍姆. 高等教育的管理时尚 [M]. 北京：北京师范大学出版社，2008.

[18] 罗先锋. 我国非营利性民办高校发展研究 [M]. 厦门：厦门大学出版社，2020.

[19] 宁本涛. 中国民办教育产权研究 [M]. 济南：齐鲁书社，2003.

[20] 潘留仙，陈文联，等. 民办高等教育的治理创新与风险防范 [M]. 长沙：中南大学出版社，2017.

[21] 阙明坤. 中国高水平民办高校生成机制研究 [M]. 北京：中国社会科学出版社，2023.

[22] 石猛. 民办高校治理能力及其现代化 [M]. 青岛：中国海洋大学出版社，2017.

[23] 陶西平，王佐书. 中国民办教育 [M]. 北京：教育科学出版社，2010.

[24] 王名，刘国翰，何建宇. 中国社团改革：从政府选择到社会选择 [M]. 北京：社会科学文献出版社，2001.

［25］吴东民，曹西明．非营利组织管理［M］．北京：中国人民大学出版社，2003．

［26］徐绪卿．民办院校办学体制与发展政策研究［M］．北京：中国社会科学出版社，2018．

［27］杨维东．中国大学基金会治理问题研究［M］．北京：中国政法大学出版社，2015．

［28］尤玉军．中国高校基金会治理结构：理论与实践［M］．北京：人民出版社，2018．

［29］俞可平．治理与善治［M］．北京：社会科学文献出版社，2000．

［30］喻恺，徐扬．世界一流大学永续型基金发展与管理研究［M］．青岛：中国海洋大学出版社，2016．

［31］詹姆斯·P.盖拉特.21世纪非营利组织管理［M］．北京：中国人民大学出版社，2003．

［32］詹姆斯·杜德斯达.21世纪的大学［M］．北京：北京大学出版社，2005．

［33］张纯．非营利组织理财［M］．上海：上海财经大学出版社，2007．

［34］张远凤．非营利组织管理：理论，制度与实务［M］．北京：北京大学出版社，2016．

［35］赵庆典．高等学校办学模式研究［M］．北京：人民教育出版社，2005．

［36］周海涛等．民办教育分类管理政策实施跟踪与评估研究［M］．北京：经济科学出版社，2019．

［37］周雁．耶鲁大学史［M］．上海：上海交通大学出版社，2012．

［38］资中筠．财富的责任与资本主义演变：美国百年公益发展的启示［M］．上海：上海三联书店，2015．

二、学位论文

［1］安萧宇，马奇炎，杨垒垒．高校基金会支持大学生创新创业发展

探究 [J]．北京教育（德育），2021（11）：57 – 60，95．

[2] 陈凡．非营利组织参与扶贫价值实现策略研究 [D]．武汉：华中科技大学，2021．

[3] 陈可鉴．中国非营利组织市场化：影响因素、策略与效应 [D]．杭州：浙江大学，2018．

[4] 丁美东．非营利组织及其价格机制研究 [D]，南昌：江西财经大学，2004．

[5] 董雨洁．我国高校教育基金会信息披露问题研究 [D]．上海：东华大学，2022．

[6] 黄洪兰．非营利性民办高校支持政策研究 [D]．长春：东北师范大学，2019．

[7] 林鹏．非营利组织向社会企业转型过程研究 [D]．成都：电子科技大学，2021．

[8] 马坚．我国非营利组织资金筹集问题研究 [D]．西安：长安大学，2010．

[9] 邱大兴．我国大学教育基金会发展运作研究 [D]．上海：上海师范大学，2021．

[10] 苏颖聪．制度性同形：大学教育基金会行政化的逻辑 [D]．广州：暨南大学，2020．

[11] 唐静．民办高等教育领域中政府治理机制研究 [D]．武汉：华中科技大学，2017．

[12] 王诺斯．营利性与非营利性民办高校分类管理研究 [D]．大连：大连理工大学，2017．

[13] 杨滢．土耳其高校考试招生制度研究 [D]．厦门：厦门大学，2021．

[14] 曾强．非营利组织筹资问题研究 [D]．厦门：厦门大学，2008．

[15] 张利国．民办学校退出法律问题研究 [D]．重庆：西南政法大学，2012．

三、中文期刊

[1] 曹崇延，翟亚飞．高校教育基金会管理问题及解决方法 [J]．中国高校科技，2018（8）：70 - 71．

[2] 曹辉，李茹莹．美国大学基金会的资本输入、投资行为与治理方略 [J]．黑龙江高教研究，2016（2）：81 - 85．

[3] 陈晓春，李苗苗．非营利组织的发展：动力、机制与作用 [J]．湖南大学学报（社会科学版），2006（1）：72 - 77．

[4] 成梁，王宇明，丁峰，汤超颖．一流大学教育基金会发展的中国道路——基于多元治理逻辑的讨论 [J]．北京师范大学学报（社会科学版），2021（3）：104 - 112．

[5] 单大圣．非营利性民办学校的法人实现形式与治理机制 [J]．浙江树人大学学报（人文社会科学），2021，21（2）：1 - 6，33．

[6] 邓海峰．基金会立法的缺陷与矫正 [J]．学会，2005（9）：32 - 34．

[7] 董圣足，王一涛．民办高等教育领域"公私伙伴关系"的构建 [J]．教育发展研究，2009，28（Z2）：40 - 44．

[8] 董圣足．教育领域探索"混合所有制"：内涵、样态及策略 [J]．教育发展研究，2016（3）：52 - 56．

[9] 董圣足．民办学校分类管理：冲突与调适 [J]．教育经济评论，2016，1（2）：16 - 19．

[10] 董雨洁．高校基金会社会服务功能剖析——以我国42家高校基金会为例 [J]．理论观察，2021（9）：158 - 162．

[11] 杜卫华，任平．德国公法基金大学模式探究 [J]．高教探索，2020（8）：33 - 36，65．

[12] 方芳，王善迈．我国公共财政支持民办高等教育研究 [J]．北京师范大学学报（社会科学版），2011（5）：23 - 29．

[13] 方芳．财政支持民办高等教育的必要性和可行性分析 [J]．高教探索，2015（5）：94 - 98．

[14] 方芳. 分类财政扶持营利性和非营利性民办高校的问题研究 [J]. 教育与经济, 2016 (2): 68-73.

[15] 房欲飞. 我国民办高校吸纳社会捐赠的机遇、障碍与对策建议 [J]. 黑龙江高教研究, 2022 (7): 46-51.

[16] 费坚, 李斯明, 魏训鹏. 基于复杂性范式的非营利性民办高校风险治理 [J]. 教育发展研究, 2018 (23): 23-28, 37.

[17] 符少花. 优化非营利组织免税资格管理比较与借鉴 [J]. 税务研究, 2020 (12): 102-106.

[18] 葛道顺. 我国基金会发展的定位和政策 [J]. 学习与实践, 2009 (4): 97-105.

[19] 耿长娟. 萨拉蒙对非营利组织理论的新发展及其启示 [J]. 江南大学学报 (人文社会科学版), 2014, 13 (4): 35-40.

[20] 宫法明. 分类管理视域下非营利性民办高校面临的困境与发展策略 [J]. 黑龙江高教研究, 2019 (1): 40-43.

[21] 顾鑫城, 许冬平, 陈勇. 国内外高校基金会研究热点、发展趋势与异同比较——基于 CNKI 和 WOS (2006-2019) 的文献计量可视化分析 [J]. 高校后勤研究, 2022 (2): 76-80, 84.

[22] 韩宗纯. 中国民办高校区域分布的发展态势及影响因素 [J]. 教育观察, 2022, 11 (19): 13-16.

[23] 郝晶. 关于民办高校法人财产权的法学思考 [J]. 北京工业大学学报 (社会科学版), 2011, 11 (3): 62-66.

[24] 何国伟. 论我国非营利性民办高校获公共财政资助的应然性 [J]. 成都大学学报 (社会科学版), 2016 (1): 109-115.

[25] 何国伟. 我国非营利性民办高校获公共财政资助现状——基于我国四所非营利性民办高校的调研 [J]. 江西科技师范大学学报, 2016 (2): 68-76, 100.

[26] 何荣山, 宋宗宇. 论基金会信息公开法律制度的完善 [J]. 重庆大学学报 (社会科学版), 2018, 24 (1): 104-112.

[27] 胡卫，董圣足，方建锋．民办学校资金来源及债务情况调查 [J]．教育发展研究，2012 (Z1)：14 – 19.

[28] 黄洪兰，姬华蕾．共同治理：非营利性民办高校内部治理模式走向 [J]．现代教育科学，2013 (4)：49 – 52.

[29] 黄洪兰．法人产权：现代民办大学制度建设的要义 [J]．黑龙江高教研究，2018 (2)：1 – 4.

[30] 黄洪兰．规制举办者权益：非营利性民办高校法人财产权的保障策略 [J]．教育与经济，2022 (3)：67 – 72，80.

[31] 黄洪兰．基金会举办非营利性民办高校的现实基础、产权保障与推进策略 [J]．黑龙江高教研究，2021 (5)：22 – 27.

[32] 黄茗湘，杨浩然．民办高校开展留学生教育的挑战及对策 [J]．黄河科技学院学报，2022，24 (7)：22 – 26.

[33] 雷旭东．关于高校捐赠基金科学管理的若干思考 [J]．福建农林大学学报（哲学社会科学版），2010，13 (4)：103 – 105.

[34] 李锋亮，王云斌，王丹．对中美顶尖大学基金会投资的比较分析 [J]．教育发展研究，2017 (7)：70 – 77.

[35] 李锋亮，王云斌．教育基金会的发展与世界一流大学建设 [J]．复旦教育论坛，2016，(3)：19 – 25.

[36] 李恒光．非营利组织概念界定的国际比较 [J]．青岛科技大学学报（社会科学版），2004 (1)：41 – 49，58.

[37] 李虔，刘亮军．民办高校分类管理的风险识别与防范 [J]．浙江树人大学学报（人文社会科学），2020 (3)：14 – 19.

[38] 李虔，刘亮军．民办高校分类管理的风险识别与防范 [J]．浙江树人大学学报（人文社会科学），2020，20 (3)：14 – 19，26.

[39] 李虔．国外一流私立大学发展的多元模式研究——基于对美国、韩国、土耳其和拉美经验的考察 [J]．外国教育研究，2018 (8)：44 – 55.

[40] 李虔．论中国民办高等教育发展的逻辑转向 [J]．东北师大学报（哲学社会科学版），2018 (4)：190 – 194.

[41] 李虔. 民办学校分类管理推进难点与破解路径 [J]. 四川师范大学学报 (社会科学版), 2019, 46 (2): 125 - 132.

[42] 李文章. 美国营利性与非营利性私立高校办学差异探析 [J]. 浙江树人大学学报, 2020 (4): 16 - 24.

[43] 李旋旗. 民办高校教师权益的实现: 困境、成因与路径 [J]. 现代教育科学, 2022 (4): 45 - 51.

[44] 李亦楠. 中美慈善捐赠结构比较研究 [J]. 治理研究, 2020, 36 (6): 81 - 87.

[45] 梁快. 我国民办高校的办学模式及其生存与发展问题研究 [J]. 教育与职业, 2008 (9): 34 - 36.

[46] 刘焕江. 民办高校实现立德树人过程中辅导员队伍存在的问题及对策研究 [J]. 产业与科技论坛, 2022, 21 (13): 256 - 257.

[47] 刘金娟, 方建锋. 我国基金会参与非营利性民办高校办学探索 [J]. 复旦教育论坛, 2019 (6): 41 - 47.

[48] 刘丽珑. 基金会信息披露质量和捐赠收入关系分析——基于中国基金会样本数据的实证分析 [J]. 厦门理工学院学报, 2018, 26 (2): 72 - 77.

[49] 刘亮军. 非营利性民办高校政府监管的 "善治" 选择 [J]. 高教探索, 2019 (11): 84 - 89.

[50] 刘强. 共同治理视角下我国高校法人所有权及其治理机制的构建 [J]. 复旦教育论坛, 2017, 15 (6): 26 - 32.

[51] 刘植才. 我国非营利组织的课税问题 [J]. 税务研究, 2004 (12): 10 - 13.

[52] 卢威, 李廷洲. 走出体制吸纳的误区: 增强非营利性民办高校教师职业吸引力的路径转换 [J]. 中国高教研究, 2020 (10): 62 - 68.

[53] 陆光新. 我国高校基金会发展中存在的问题与对策探究 [J]. 重庆开放大学学报, 2022, 34 (3): 31 - 36.

[54] 吕宜之, 周海涛. 畅通民办学校融资路径对策探究 [J]. 教育

理论与实践，2020（9）：7－10.

［55］吕宜之．非营利性民办高校基金会办学模式探究［J］．江苏高教，2020b（9）：42－47.

［56］吕宜之．分类管理视域下非营利性民办高校多元筹资的境遇与对策［J］．教育与经济，2020a（5）：71－77.

［57］吕宜之．民办高校融资路径优化与选择策略［J］．教育发展研究，2019（5）：60－65.

［58］孟东军，范文亮，孙旭东．我国高校教育基金会管理组织结构模式研究［J］．高等农业教育，2006（12）：22－24.

［59］孟东军，张美凤，顾玉林．我国高校社会捐赠管理比较研究［J］．高等工程教育研究，2003（2）：52－55.

［60］孟祥萍，秦小莉．广东民办高校办学模式研究［J］．理工高教研究．2003（6）：71－72.

［61］潘留仙，陈文联．论非营利性民办高校约束机制的构建［J］.中国高教研究，2015（2）：86－90.

［62］潘懋元，别敦荣，石猛．论民办高校的公益性与营利性［J］.教育研究，2013（3）：25－34.

［63］潘懋元，邬大光．世纪之交中国高等教育办学模式的变化与走向［J］．教育研究，2001（3）：3－7.

［64］潘懋元，徐辉，邬大光，胡卫，徐绪卿，郭建如．民办高校内部管理体制改革与发展研究——第四届中外民办高等教育发展论坛演讲摘编［J］．浙江树人大学学报（人文社会科学版）．2010，10（3）：1－11，17.

［65］钱颜文，孙林岩，梁莉．非营利性组织战略管理形成及其概念模型［J］．科研管理，2005（5）：73－78.

［66］潜力．"双一流"建设下高校社会成本共担研究——中美大学教育基金会比较［J］．金融教育研究，2019，32（5）：61－68.

［67］秦和．基金会：非营利性民办高校制度创新的一种探索［J］.

教育发展研究，2019（21）：47－53.

　［68］邱小健. 政府财政资助民办高等教育的相关理论及其解释力［J］. 教育发展研究，2010，30（20）：40－45.

　［69］曲顺兰. 非营利组织税收问题研究［J］. 山东经济，2005（3）：81－86.

　［70］阙明坤，阙海宝. 基于实证调查的独立学院转设政策研究［J］. 复旦教育论坛，2015，13（4）：87－93.

　［71］任海涛. 非营利民办高校的理事会治理及其制度完善［J］. 江苏高教，2021（2）：78－84.

　［72］申毅. 非营利组织兴起的经济分析［J］. 贵州工业大学学报（社会科学版），2003（1）：38－41.

　［73］苏洋，赵文华. 中美一流大学教育基金会的比较与借鉴［J］. 高教探索，2016（3）：53－57，74.

　［74］苏钰琰. 我国高校基金会的人才配备问题浅析［J］. 教育导刊，2010（12）：50－51.

　［75］孙国茂，陈国文. 大学教育基金管理问题及对策研究［J］. 清华大学教育研究，2015，36（5）：53－59.

　［76］孙玄，顾建光. 基于税收政策对慈善捐赠和非营利组织筹资的效应分析［J］. 上海对外经贸大学学报，2017，24（3）：59－69.

　［77］谭力文. 非营利性组织及战略管理工作［J］. 武汉大学学报（哲学社会科学版），1994（4）：45－50.

　［78］汤超颖，成梁，杨维东，徐慧. 高校基金会新媒体应用问题研究——以39所一流大学建设高校为例［J］. 湖南大学学报（社会科学版），2022，36（3）：147－153.

　［79］王名，贾西津. 中国NGO的发展分析［J］. 管理世界，2002（8）：30－43，154－155.

　［80］王任达，刘春生. 发展大学教育基金会，促进大学教育捐赠［J］. 内蒙古师范大学学报（教育科学版），2005（11）：28－30.

[81] 王锐兰,刘思峰.我国非营利组织融资"脆弱性"及相机治理 [J].审计与经济研究,2005 (6):75-77.

[82] 王一涛,李宝枝.分类管理后民办学校税收政策梳理与优化建议 [J].浙江树人大学学报 (人文社会科学),2017,17 (6):27-32.

[83] 王一涛,徐绪卿.民办高校家族式管理现象的成因及对策 [J].中国高等教育,2009 (8):55-56.

[84] 王誉臻.政府补助对我国非营利组织筹资效率的影响——以公募基金会为例 [J].佳木斯教育学院学报,2020,36 (6):57-59,61.

[85] 魏晓栋.高校教育基金会实际运作之法律问题分析 [J].煤炭高等教育,2011,29 (4):18-20.

[86] 邬大光,卢彩晨.艰难的复兴 广阔的前景——我国民办高等教育30年回顾与前瞻 [J].中国高教研究,2008 (10):12-16.

[87] 吴华,高树昱.民办教育地方立法需要关注的两类主题和五个关键问题 [J].教育发展研究,2006 (10):17-22.

[88] 伍卓深,许中华.高校基金会精细化管理研究 [J].华南理工大学学报 (社会科学版),2016,18 (5):122-126.

[89] 谢昕,侯俊东,丁燕.非营利组织筹资多元化对社会捐赠的挤出效应 [J].统计与决策,2020,36 (22):169-172.

[90] 熊丙奇.西湖大学的办学模式和办学制度设计值得关注 [J].上海教育评估研究,2018 (3):24-27.

[91] 徐绪卿,王一涛.民办学校产权制度的确立与明晰——对《民办教育促进法实施条例》修订的建议 [J].教育与经济,2018 (3):9-13,19.

[92] 徐绪卿.关于民办高校正确定位的思考 [J].中国高等教育,2005 (2):39-40.

[93] 许青云.民办高校党建工作存在问题与改革创新对策探析 [J].河南教育 (高等教育),2022 (6):22-24.

[94] 阎凤桥.中国民办高校内部治理形式及国际比较 [J].浙江树

人大学学报（人文社会科学版），2007（5）：1－8.

［95］阎光才. 高校教师参与治理的困惑及其现实内涵［J］. 中国高教研究，2017（7）：6－11

［96］颜克高. 公益基金会的理事会特征与组织财务绩效研究［J］. 中国经济问题，2012（1）：84－91.

［97］杨树兵. 民办高校核心竞争力影响要素及构成要件［J］. 黑龙江高教研究，2009（5）：86－89.

［98］杨维东，赵文莉. 大学生公益精神培育与高校基金会可持续发展：互益框架与路径选择［J］. 华北电力大学学报（社会科学版），2020（1）：125－133.

［99］杨维东. 美国公立大学基金会：功能、挑战及其应对［J］. 比较教育研究，2019（12）：80－86.

［100］杨炜长. 公平对待民办高等教育：政府不可推卸的责任［J］. 当代教育论坛（综合研究），2010（7）：29－32.

［101］杨增国. 高校基金会参与学校重大突发事件应对的实践探索——基于抗击新冠肺炎的思考［J］. 上海教育，2020（31）：78－79.

［102］姚遥. 美国私立高校对捐赠基金控制权的法律保障——以"罗伯逊诉普林斯顿大学案"为例［J］. 高等教育研究，2021（4）：103－109.

［103］于凌云. 完善中国非营利组织税收制度研究［J］. 财政研究，2006（6）：50－51.

［104］俞可. "学者自治共和国"的终结？——教育领导在德国大学的变革［J］. 比较教育研究，2008（7）：46－50.

［105］张辉，洪成文. "双一流"建设的社会成本分担机制研究——基于美国大学与捐赠基金关系的数据分析［J］. 中国高教研究，2016（3）：56－60.

［106］张善飞，严霞，余萍，倪军. 基金会办大学的德国启示［J］. 江苏高教，2018（12）：59－62.

［107］张伟. 大学教育基金会在中国大学治理中的角色［J］. 中国人

民大学教育学刊，2018（1）：41－48.

[108] 张晓军，齐海丽. 中国非营利组织筹资能力建设思考 [J]. 时代金融，2006（4）：83－85.

[109] 张晓玲. 以"目标协商"为导向的德国高校公法基金会改革——以哥廷根公法基金会大学为例 [J]. 德国研究，2011（4）：59－65.

[110] 张晓玲. 以"目标协商"为导向的德国高校公法基金会改革——以哥廷根基金会大学为例 [J]. 德国研究，2011（4）：59－65.

[111] 张曾莲. 高校教育基金会投资管理的国际比较与启示 [J]. 教育财会研究，2012，23（5）：37－40.

[112] 赵亮，倪娟. 高校基金会参与新冠疫情危机应对的提升策略研究——基于对42所一流建设高校基金会战"疫"的考察 [J]. 煤炭高等教育，2020，38（4）：26－35.

[113] 赵庆典. 高等学校办学模式研究 [M]. 北京：人民教育出版社，2005.

[114] 赵文莉. 高等院校基金会的育人功能 [J]. 学术论坛，2013，36（10）：232－236.

[115] 赵雅琼，刘蕾. 结构－功能视阈下高校基金会资产增长的影响因素探究 [J]. 教育发展研究，2022，42（9）：21－29.

[116] 郑淑超，周海涛. 基金会办大学：非营利性民办高校办学模式的创新 [J]. 高等教育研究，2022（2）：75－80.

[117] 郑淑超. 独立学院转设的新选择：基金会办学 [J]. 黄河科技学院学报，2021（9）：20－27.

[118] 钟秉林，周海涛，景安磊，郑淑超. 民办高校集团化办学的发展态势、利弊分析及治理路径 [J]. 中国高教研究，2020（2）：29－32，39.

[119] 钟秉林. 我国民办高等教育发展若干重要问题探析 [J]. 中国高教研究，2011（7）：8－10.

[120] 周海涛，闫丽雯. 新时期高校内部治理创新的路径 [J]. 国家

教育行政学院学报，2019（10）：59-64.

四、英文文献

［1］ Altbach P G. The Coming Crisis in International Education in the United States ［J］. International Higher Education. 1997. DOI：10. 6017/ihe. 1997. 8. 6398.

［2］ Blazek J. Financial Planning for Nonprofit Organizations ［M］. New York：John Wiley & Sons, Inc. , 1996.

［3］ Deng G. The Influence of Elite Philanthropy on NGO Development in China ［J］. Asian Studies Review, 2015, 39（4）：554-570.

［4］ Frumkin P, Kim M T. Strategic Positioning and the Financing of Nonprofit Organizations：Is Efficiency Rewarded in the Contributions Marketplace ［J］. Public Administration Review, 2001, 61（3）：266-275.

［5］ Geiger R. Private Sectors in Higher Education：Structure, Function, and Change in Eight Countries ［M］. Ann Arbor：The University of Michigan Press, 1986.

［6］ Irvin R A. State Regulation of Nonprofit Organizations：Accountability Regardless of Outcome ［J］. Nonprofit and Voluntary Sector Quarterly, 2005, 34（2）：161-178.

［7］ Kotler P. Marketing for Nonprofit Organizations ［M］. Prentice-Hall Inc. , New Jersey, USA, 2006.

［8］ Levitt T. The Third Sector：New Tactics for a Responsive Society ［M］. New York：Amaeom, 1973.

［9］ Najam A. The Four-C's of Third Sector-Government Relations：Cooperation, Confrontation, Complementarity, and Co-optation ［J］. Nonprofit Management & Leadership 2000, 10（4）：375-396.

［10］ Petrovits C, Shakespeare C, Shih A. The Causes and Consequences of Internal Control Problems in Nonprofit Organizations ［J］. Accounting Review,

2010, 86 (1): 325.

[11] Roger G. Private Sectors in Higher Education: Structure, Function, and Change in Eight Countries [M]. Ann Arbor: The University of Michigan Press, 1986.